景德镇
陶瓷史料
1949—2019（中）

景德镇陶瓷史料编委会　　编著

江西人民出版社
Jiangxi People's Publishing House
全国百佳出版社

景德镇瓷器饮誉中外

——江泽民

1991 年 12 月 28 日，江泽民总书记
在外经贸部举办的"全国外贸出口商品生
产基地成果展览会"上，参观江西景德镇
陶瓷展馆，高度评价景德镇陶瓷

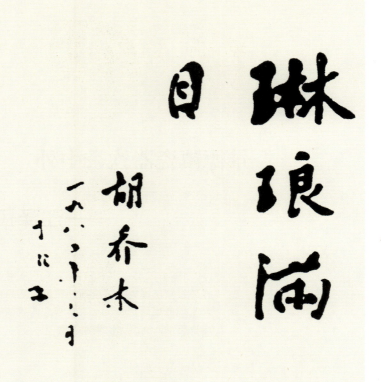

1984 年 9 月 22 日，中共中央政治局委员、
中央书记处书记胡乔木到北京中国美术馆参观
景德镇艺术瓷展览预展并题词

国运兴瓷

运盛

1986 年 8 月，国务院副总理方毅
到景德镇视察并题词

گۈزەل يار ـ جۇڭ گۇئو
مائارىتلىق خەلق

ئىسمائىل ئەخمەت
12ـ ئاي 1989

美丽的瓷都
智慧的人民

司马义·艾买提
1989.12.29

1989 年 12 月 29 日，全国政协副主席
司马义·艾买提到景德镇视察并题词

中国瓷都景德镇

王震

一九九〇年八月一日

1990 年 8 月 1 日，国家副主席
王震到景德镇视察，并为景德镇题词

朝天阁重放光辉——
景德镇名扬四海

薄一波

一九九〇年八月十六日

1990 年 8 月 16 日，中顾委副主任
薄一波为景德镇题词

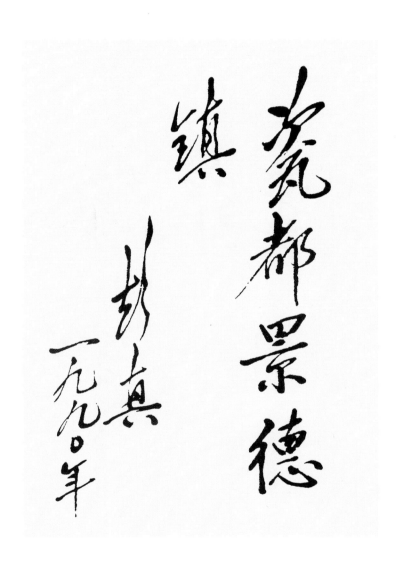

瓷都景德镇

彭真

一九九〇年

1990 年 9 月，全国人大常委会
原委员长彭真为景德镇题词

中國瓷都景德鎮

李先念

1990 年 9 月，全国政协主席
李先念为景德镇题词

玲瓏之家

光明瓷廠

劉瀾濤

一九九一年六月九日

　　1991 年 6 月 9 日，中央顾问委员会
常委刘澜涛到景德镇视察，并为景德镇光
明瓷厂题词

1991 年，中共中央政治局原常委、
中央委员会原副主席李德生题词

目录

中册
（1979—1998）

概　述

　　党的十一届三中全会以后，在以经济建设为中心和改革开放的总方针指引下，景德镇陶瓷迎来大好的发展机遇，国营陶瓷企业取得了巨大的发展，规模与效益均创历史新高，收获了国企规模经营的红利。随着国家由计划经济向市场经济转轨，陶瓷产业格局出现新的变化，国内其他产瓷区凭借区域优势迅速崛起，陶瓷产业发展格局也发生重大变化，市场竞争激烈。景德镇陶瓷产业结构、管理体制的调整改革滞后，陶瓷企业经营遭遇重大挑战。探索创新，锐意改革，振兴图强是这一时期陶瓷产业的主旋律。

　　20 世纪 80 年代，中共景德镇市委、景德镇市人民政府做大做强陶瓷国营企业，提出战略发展重点是：集中力量创名牌，上档次，抓配套，全面提高产品质量，打开欧美市场，以适应世界范围的产品竞争。明确"大陶瓷"的概念和战略重点，提出"振瓷都声誉，创一流水平"的总目标，努力提高产品质量。同时，调整产品结构，扩大陶瓷出口，提高经济效益。90年代，以社会主义市场经济为目标，推进企业管理体制和经营机制改革，扩大改革开放。制订发展外向型经济战略，市委、市政府下发《关于振兴陶瓷、调整结构、深化改革、快速发展的规划要点（1994—2000年）》和《关于进一步加强陶瓷宏观管理、支持陶瓷稳定发展10个问题的意见》，举全市之力，振兴陶瓷产业，振兴瓷都经济。

80年代开始，景德镇陶瓷业逐步呈现出以国营公司所属企业为主体，包括集体、个体、私营、三资企业多种经济形式不同发展的新格局。尤其是乡镇集体企业和个体户异军突起，打破过去国营陶瓷企业的单一经济结构，形成国营、集体、个体、私营、三资企业并存，相互竞争的局面，出现集体、个体、私营陶瓷业大发展的繁荣景象。集体和个体私营陶瓷业机制灵活，在人才、生产、市场、流通等各个方面与国营企业开展激烈的竞争，倒逼国营、集体老企业实施改革。

1988年，省陶瓷工业公司在深化企业改革方面推行五项具有重大意义的改革措施：强化厂长目标管理责任制，将竞争机制、风险机制引进企业；公开择优选拔企业经营者，围绕搞活企业中心环节，逐步完善企业管理机制；全系统企业单位一律实行"基数递增包干"，实行利润上缴，递增承包；划小核算单位，建立多种形式的经营责任制；实行党政分开，强化厂长的中心地位，明确企业党组织职能，发挥职代会、工会的作用；开展横向经济联合，发展外向型经济，通过联合投资、相互参股、技术投资等多种形式与外地企业合资合作办厂、办店，搞活陶瓷生产和流通。

进入90年代，在计划经济向市场经济转轨过程中，景德镇传统陶瓷工业面临前所未有的困难，大部分国有陶瓷企业生产陷入困境，经营难以为续，陶瓷国企改革随之展开。

到 90 年代中期，省陶瓷工业公司对所属的东风瓷厂、人民瓷厂、建国瓷厂、艺术瓷厂、红旗瓷厂、为民瓷厂、红光瓷厂、曙光瓷厂等 8 家企业实施以两权分离、租赁经营为主要内容的改革，共划分成 297 个生产经营实体，实行风险抵押，承包经营，调动职工的积极性，保持了企业和社会的稳定。省陶瓷工业公司在总结经验之后，继续对所属 20 户陶瓷企业推行"股、租、包、并、破"等为主要内容的产权制度改革，景德镇陶瓷工业由国有为主逐步转入多种经济形式并存的格局。

在陶瓷国企艰难实施改制过程中，一些曾经是企业或车间负责人的党员干部挺身而出，承包原企业的车间、班组，靠个人的技术、管理、信用，凝聚下岗职工，自筹资金，努力恢复生产。实现企业改制不停产，工人下岗不离厂，安定了人心、稳定了社会，保证了整个改革有序推进。

这一时期，景德镇陶瓷产业在经历经营管理体制改革的同时，陶瓷生产的工艺技术、设备更新改造也取得巨大成就。景德镇陶瓷产业初步形成独立完整的生产体系，生产的发展从以建新厂为主的外延式扩大再生产转向以加强对现有企业技术改造为主的内涵式扩大再生产。通过引进、消化、吸收，对景德镇陶瓷工业进行全面技术改造，推进生产技术向国际先进水平看齐。特别是"八五"期间，围绕轻工总会提出的"五化"目标，推进 10 多个技改项目。同时，景德镇陶瓷工业通过不断采用新技术，推广新工艺，开发新产品，陶瓷产品不断向高档化、多元化方向发展。生产、科研和出口创汇等综合效益明显提高，在全国各产瓷区中排在前列，获得各种技术发明奖、科技进步奖和优质产品奖的数量和层级为全国各产瓷区之首。

景德镇陶瓷工业通过实施原料、匣钵、石膏等生产技术改造，初步实现原、辅材料生产专业化、标准化；采用冲压、注浆、烘干、贴花、喷雾干燥等一系列新工艺，特别是引进90年代国际先进水平的等静压成型和其他关键设备，实现成型生产自动化；通过窑炉改造，基本上实现烧瓷煤气化。"八五"陶瓷技改，大幅度地提高陶瓷生产的技术装备水平，极大地增加高档瓷的生产能力，增强景德镇在国际市场上的竞争力，是对景德镇日用瓷传统生产工艺技术的一场革命，为中国传统陶瓷工业向现代化工业迈进，闯出一条新路。

　　一是形成门类齐全、规模庞大的陶瓷产业体系。经过改革开放20年的发展，景德镇陶瓷生产体系门类齐全、配套完备，拥有从矿山开采、原料精制到成型、烧成、彩绘、包装的生产体系以及陶瓷机械、瓷用化工、模具窑具等配套产业；经营体系包括专营陶瓷出口的省陶瓷进出口公司，有在国内具有庞大销售网络的省陶瓷销售公司，省陶瓷工业公司也设有从事陶瓷内外贸易的业务机构，生产企业取得了自营出口权；科研教育体系有全国唯一的陶瓷学院，有国家、省、市三级陶瓷研究所和古陶瓷研究所，有陶瓷职工大学、陶瓷专科学校以及景德镇陶瓷馆、陶瓷历史博览区、陶瓷工业设计院等机构。

　　二是初步形成"大陶瓷"的产业格局。经过多年的产业结构调整，景德镇在保持日用陶瓷生产的同时，传统陈设艺术瓷取得了很大发展，在全国独占鳌头；建筑卫生瓷形成地砖、外墙砖、高中档卫生洁具的规模生产能力；电力陶瓷开始向系列化发展，在工业陶瓷领域中占有重要地位；电子陶瓷形成一批高技术、有竞争力的产品，新型特种陶瓷的开发势头良好。

　　三是逐步探索出适合生产力发展的途径。景德镇陶瓷经济从高度集中统一的计划经济，向有计划的商品经济和市场经济转变过程中，有过曲折和阵痛。在这一过程中，陶瓷企业"转机建制"，加快建立现代企业制度，一批国有骨干企业开始按公司制、股份制进行改造，中小企业实行"国有民营"、租赁经营全面推行；城乡陶瓷集体企业推行股份合作制，通过招商引资建立起一批"三资"企业；个体和私营陶瓷企业也有较快发展，混合所有制经济单位也不断出现。景德镇这种以公有制为主体、多种所有制并存发展的经济形式，与这一时期陶瓷产业所形成的不同规模、不同层次的生产力状况相适应，实现了市场机制在资源配置中的基础性作用。

1990 年 10 月，首届景德镇国际陶瓷节
开幕式展示陶瓷工业成就的彩车

首届陶瓷节开幕式现场

首届陶瓷节花车巡游

第一章

景瓷品牌　提质创优

创新是产业发展的根本。党的十一届三中全会至 20 世纪 80 年代末，景德镇陶瓷工业迎来改革开放的发展机遇，景德镇陶瓷产品创新活跃、新产品不断涌现。进入 90 年代，景德镇陶瓷遭遇市场经济带来的各种挑战。激烈的市场竞争，使企业的生存发展和维护瓷都地位成为第一要务。以市场为导向，以提高经济效益和社会效益为主导，调结构、上档次、创品牌、拓市场，便成为这一时期景德镇陶瓷产业发展的重要任务和显著特点。

产品创新

（一）传统瓷优势凸显

青花、青花玲珑、粉彩、高温颜色釉、薄胎和雕塑瓷等，是景德镇的传统名瓷，具有悠久的历史和鲜明的地域特色。在海内外久负盛誉，倍受青睐。

改革开放以后，广大技艺人员利用新技术、新工艺，不断改进创新，使这些传统名瓷得到进一步发展，创制出许多精美绝伦的精品。

青花瓷在历史基础上品种更加齐全，装饰更加丰富，技法不断革新。人民瓷厂生产的"青花梧桐"餐具，造型端庄、轮廓明晰，画面通过点、线、面的巧妙组合，细腻地描绘出花鸟树木园林风光，清秀雅致，明丽不俗，被誉为"瓷中瑰宝"。青花梧桐餐具作为一种美观实用的饮食器皿，畅销世界60多个国家和京津沪穗各大宾馆饭店，我国驻外使馆大都用来举行宴会和招待外宾。1983年，集传统青花、影青、刻花为一体的青花影青餐具、茶具、咖啡具及陈设瓷研制成功，属国内首创，是传统青花瓷继承与创新相结合的又一新成果。

青花艺术瓷的创作，不断吸取中国水墨画及其他画种的技艺，大大丰富了青花瓷的艺术语言。20世纪80年代以后，许多陶瓷美术设计人员在吸取彩陶、敦煌壁画、汉书石、民间青花及写意图画的基础上，创出了大量既富乡土气息，又有时代精神的作品，使传统青花艺术显示出新时代的青春活力。

玲珑瓷有进一步发展。品种越来越多，装饰题材越来越广泛，色彩越来越丰富。如"玲珑"过去只有单一的米粒形，发展制能制作水形、浪花形、花瓣形、菱形等多种形状，而且能将玲珑组合成牡丹、凤凰、蝴蝶等多种图案。同时还创新了与半刀泥玲珑相结合的产品，由过去玲珑只有单一的碧绿色，发展到红、黄、绿、蓝多种彩色玲珑。

光明瓷厂、红光瓷厂专业生产青花玲珑瓷，充分运用这些成果，不断拓展产品创新领域，产品既有日用瓷、陈设瓷、旅游瓷，又有礼品瓷、民族用瓷、国家用瓷等，品种齐全、器型新颖、画面美观。

粉彩瓷主题画面不断创新，彩绘技法也日益进步，创制出金线粉彩、落地粉彩、没骨粉彩等新技法。装饰范围不断扩大，不仅用于陈设瓷装饰，还广泛用于各类日用陶瓷和建筑物装饰。

颜色釉品种更加丰富。继恢复钧红、豆青、祭红、郎窑红、三阳开泰、窑变花釉、乌金釉以及大小纹片等 67 种高低温颜色釉产品外，20 世纪 80 年代又继续恢复和创新了 70 多个品种，其中钧红、郎窑红、窑变花釉、三阳开泰、玫瑰紫、宝石红等传统名贵铜红釉，都超过历史最好水平。1981 年研制成功的"羽毛花釉"，1982 年研制成功的"凤凰衣釉"，1983 年应用稀土元素研制成功的高温稀土花釉——彩虹釉等，在工艺上都有很大突破，具有很高的艺术价值，大大丰富了景德镇陶瓷火焰造化的色彩，颜色釉品种达 130 多个。

雕塑瓷作为造型艺术瓷，发展迅速，瓷雕种类已多达 2000 多种。制作技法日益新颖，常常在一件作品上就综合运用堆、塑、捏、刻、镂等多种技法，在三维空间充分展现景德镇陶瓷质感的人文思想。雕塑作品的装饰也不断创新，除新创釉下五彩、金彩、综合装饰外，又将各种名贵色釉经艺术处理，运用到瓷雕作品上，大大丰富瓷雕的艺术语言。1982 年，雕塑瓷厂开发的大型陶瓷群雕"水浒一百零八将"在新加坡及东南亚引起轰动，在国内外产生很大影响。

青花餐具

"玩玉牌"青花玲珑 45 头牡丹图案餐具

"福寿牌"古墨新彩瓷荣获全国工艺美术百花奖"金杯奖"

"水浒 108 将"

薄胎瓷工艺有新突破。品种从原来的 40 多种发展到 150 多种，随着工艺技艺的不断进步，薄胎瓷的规格也不断刷新，薄胎碗最大口径达到 1.1 米，薄胎瓶、薄胎皮灯分别达到 300 件、500 件以上，薄胎双面彩绘的创制成功，更使薄胎瓷增加异彩，为名瓷锦上添花。

景德镇发挥传统优势，抓住传统瓷推陈出新的良好势头，努力推进陶瓷生产迈上新台阶。一是提高传统瓷生产比例，从 20 世纪 80 年代末至 90 年代初，传统瓷生产稳步发展，所占比例均在三分之一以上，高时达到 40%；二是扩大传统瓷的出口创汇，90 年代初，四大传统瓷年出口创汇均在一千万美元以上，占陶瓷创汇总额三分之一以上，且出口换汇成本低，出口综合效益好，名列全国各产瓷区日用瓷之首；三是在 80 年代国内外各种质量评比及博览会上，四大传统瓷所获金质奖牌、银质奖牌、优质产品称号的时间最早，规格和数量在全国大产瓷区中名列前茅。

（二）调结构更新换代

1978 年以后，随着改革开放的不断深入和社会主义市场经济的逐步建立，景德镇陶瓷企业逐步被推向市场，面对国内外市场的激烈竞争，促使景德镇陶瓷各企业对各自的产品和经营进行调整。一是产品结构的调整，以适应和满足各领域不同层次的需求；二是产品档次和质量的调整，以参与国际市场的竞争，更多地提高市场占有率，获得更大的经济效益。

产品结构调整的主要措施是实现"两大转变"。一是经营思想上从以产定销转到以需定产，从单纯追求数量和速度转到注重市场和经济效益；二是产品从单一、小件品种转到上大件、上配套、多样化、系列化。围绕以上两项主要措施，从20世纪70年代末到80年代中期，各陶瓷企业都经历前所未有产品结构大调整，并且各展所长，亮点纷呈。

1981年9月，人民瓷厂青花梧桐古典画面的青花餐具在美国纽约礼品中心天山公司展出，被誉为"王牌产品"，并承接批量订货。国内青花日用瓷市场的需求量与日俱增，青花梧桐系列深受国内外客户的青睐，呈现出供不应求的局面。人民瓷厂抓住机遇，及时成立高档瓷生产车间，专门生产高档梧桐餐具，并对其他青花画面如芙蓉、双龙、双梨花、金鱼等也应客户要求而扩产，全厂日用瓷、艺术瓷全是青花画面，青花瓷比例100%。

1982年初，人民瓷厂成立青花研究所，负责新产品开发。1985年企业结束建厂32年来在亏损和微利中徘徊的局面，全年青花瓷比例、青花梧桐产量和青花瓷配套率均创历史最好水平，年利润突破百万元大关，超省陶瓷工业公司下达的承包指标，经济效益跨入全省先进单位的行列。

光明瓷厂为适应国内外陶瓷市场的需要，大力调整品种结构，实施大转产，上传统、上大件、上配套。1981年，企业首次接受美国和智利的瓷器订单，产品打进欧美市场。

红旗瓷厂压缩不适销对路的小杯小碟和单件品种，及时调整产品方向和结构，转产适销对路的釉下青花瓷，由单件瓷向成套瓷发展，并逐步扩大青花瓷的生产比例，该厂研制开发的釉下彩缠枝莲餐具畅销全国20

缠枝莲餐具

多个省市的60多家宾馆酒店。

1979年上半年，曙光瓷厂针对港澳市场凉墩、箭筒、莲子缸等传统大件瓷脱销情况，决定由专一生产低压电瓷转为生产大件传统陈设瓷、日用瓷、仿古瓷。1984年以后，该厂生产的产品已有仿古瓷、大件青花、粉彩陈设瓷以及各式美化环境的花钵、花盆等五大类60多个品种、100多种花面。

东风瓷厂、新华瓷厂以市场为中心，调整产品结构，成效显著。1980年，在进行市场调查的基础上，东风瓷厂参加当年广州"中国进出口商品交

系列景德壶

易会"，接到大批量苏联及中东、西欧等国家碗类产品订单。为圆满完成出口瓷任务，企业加大碗类生产的力度，组建以原二分厂为基础，技术科、试制组等部门参与的碗类新产品开发中心。根据广交会出口瓷订单的图样，新产品试制组克服技术资料不全、机械设备简陋、工艺技术力量不足等困难，解决试制中的工艺技术和产品质量等一系列问题。一个多月后试制成功的产品定名为系列英碗，共8种规格40多个花面，试制出来的系列英碗样品造型精致、花色新颖、瓷质优良，已下订单的外国客户见到样品后非常满意。

青花斗彩民族用瓷

20世纪80年代末到90年代初，东风瓷厂研制的"景德系列壶"在当年更是一段佳话。"景德壶"系列产品月产量达10000多把，单件售价60元，不仅是当时东风瓷厂其他壶类产品单价的十几倍，而且填补了景德镇生产系列功夫小茶壶空白。

18

1982年5月，为了尽快恢复民族用瓷生产，新华瓷厂厂长带领厂技术科和销售科的业务骨干，专程奔赴内蒙古自治区呼和浩特市，甘肃省兰州市，宁夏回族自治区宁夏县（今贺兰县），甘肃省甘南藏族自治州合作县，青海省瑶中县、湟源县，新疆维吾尔自治区乌鲁木齐市，四川省成都市，西藏自治区拉萨市等地，进行为期3个月的市场调查，回厂后编写《景德镇新华瓷厂关于民族用瓷市场情况的调研报告》，此后组织专业技术人员组成民族用瓷创作设计小组，创作出一系列的民族用瓷新产品，并投入生产，主要品种有：石榴汤碗、矮子石榴汤碗、石榴工碗、法口盅、法口饭碗、大肚茶盅、石榴饭碗、马蹄饭具等。青花花面有：双龙、龙凤、八宝五福寿、七尊八宝、满地菊、串枝莲八宝、双八宝、五狮、神马等。粉彩花面有：双龙、龙凤、八宝、双八宝、五福寿、七尊八宝、赤五福寿、牡丹花等，还有青花斗彩、虎皮釉等花面。配套瓷有：青花斗彩缠枝莲八宝49头藏民族餐具、青花吊球如意葡萄53头新疆维吾尔族餐具、釉下五彩巴旦森木花纹50头穆斯林餐具等。翌年，订货量陡增至480万件，占全厂产品的 40% 以上。新华瓷厂也由此成为国家民委唯一定点民族用瓷生产厂家。

1989 年 12 月 28 日、29 日，全国政协副主席、国家民委主任司马义·艾买提视察新华瓷厂，并题词"美丽的瓷都，智慧的人民"。同年，新华瓷厂被江西省人民政府授予"民族团结进步先进集体"称号。

从 20 世纪 70 年代到 80 年代，景德镇陶瓷产品结构调整"两大转变"主要措施的实施，促进了景德镇陶瓷工业产品品种增加，质量提高，销路扩大，效益大幅度增长的良好发展局面。以 1977 年至 1980 年景德镇陶瓷出口换汇额为例，四年达到 8300 余万美元，为前 26 年出口总和的 68%；1989 年景德镇陶瓷年出口创汇达 2701 万元，比 1976 年增加 796 万元，增长 87%。

（三）创名牌亮点纷呈

景德镇推行产品结构调整和产品创新的另一目标，就是"创名牌，上高档"，推进产品结构从低技术含量、低附加值向高技术含量、高附加值发展，在提高名优传统产品产值率、销售率的同时，各类产品尤其是日用瓷，积极开发高技术含量、高附加值的新产品，形成在国内市场具有较强吸引力和在国际市场具有竞争力的高声誉、高效益、高创汇的畅销产品。在这一指导思想引领下，宇宙瓷厂、人民瓷厂、玉风瓷厂和景德镇陶瓷股份有限公司积极作为，其他各陶瓷企业也不甘示弱。

1979 年 8 月，全市成立高档瓷会战指挥部，市委主要领导，市经委主要领导和轻工业部陶瓷研究所[*]所长，分别担任会战总指挥和副总指挥。

---

[*] 轻工业部陶瓷工业科学研究所自成立以来，隶属关系及称谓几经变革，其前身是 1954 年 8 月 5 日成立的景德镇陶瓷试验研究所；1957 年 6 月 28 日划归省辖，改名为"江西省轻工业厅陶瓷研究所"；1965 年 2 月 2 日，轻工业部上海硅酸盐研究所陶瓷室并入，更名为"第一轻工业部陶瓷工业研究所"；1968 年 12 月撤销，1972 年 7 月恢复，由省管理，名为"江西省陶瓷科学研究所"；1978 年轻工业部收回，改名为"轻工业部陶瓷工业科学研究所"。为表述方便，本册均简称为"部陶研所"。

"米卡沙"器型荷口西餐具

同时，从全市各有关部门共抽调50余名工程技术人员和干部到指挥部工作。这次会战，以部陶研所为中心，以宇宙瓷厂、玉风瓷厂为基地，主攻目标是高档成套日用瓷，即能够在欧美市场上竞争的餐具、咖啡具。围绕上高档瓷的需要，指挥部设立几个大组，分头攻关。从矿山开采到原料精制，从制作 α 石膏到制作 α 石膏模型，从制作莫来石匣钵到等静压成形、真空脱泡注浆等，广泛开展一系列的试验，并在轻工业部陶研所建成一座小型高温抽屉式窑炉焙烧瓷器。会战期间，全市各瓷厂紧密配合，有的瓷厂还分担单项试验任务。其时，宇宙瓷厂承担为美国米卡沙公司生产1000套高档餐具的任务，这批订货质量要求特别高，超过了部颁标准的要求。开始时，生产出的产品质量与要求相距甚远，但经过会战指挥部成员和该厂职工八个月的共同努力，如期完成订货任务，赢得美商"非常满意"的称赞。

1984年5月，美国米卡沙公司又向宇宙瓷厂提出生产新一代45头高档西餐具的要求，宇宙瓷厂经过两个多月的试制攻关，成功推出9个品种的全部样品，得到米卡沙公司的认可和高度赞赏，一次性订货就达62000套，共计279万件。1984年9月，"45头西餐具"陆续投入批量生产并销往美国，为国家创造了外汇，争取了荣誉。

高档瓷会战，不仅锻炼了职工队伍，增强了企业的质量观念和竞争意识，更重要的是探索和总结出一套上高档的路子与经验，有效地促进了全市出口瓷的生产。

在认真总结宇宙瓷厂上高档经验的基础上，景德镇陶瓷企业乘势而上，一方面继续以宇宙瓷厂、玉风瓷厂为重点，组织协作攻关。同时积极助推红星瓷厂、为民瓷厂适应市场需求，创造条件生产中、高档对美出口瓷。其他具有一定条件的瓷厂也抓紧进行试制，逐步组建一批高档瓷车间，不断培养新的出口力量和生产基地。

1980年秋交会，红星瓷厂在外贸部门的支持下，接受美国商人维尔2500套"玉燕"牌新彩西餐具订货，提前一个月完成任务，1982年又继续接受4万套的订货任务，从此对美出口业务不断。

为民瓷厂美研人员自行设计，开发出大量适合中东、欧美国际市场需要的"高美牌"45头西餐具、15头咖啡具。技术改造后，产品更趋向中高档化发展，花面、品种的设计瞄准美国市场，对美出口瓷20头西餐具首先投入生产，并获得良好效益。45头各式西餐具相继投入生产，成交数逐年以30%递增，成为该厂主导产品，深受国外客户青睐。

1991年是艺术瓷厂开发西欧国家与美国艺术瓷市场繁忙的一年。美国数家公司先后订购陈设艺术瓷10余批，其中有"蝶恋花"黑地系列冬瓜坛、西瓜坛以及莲子缸、花钵、花瓶、杂技花面的艺术瓷，数量逾万余件（套）。接着又有两家公司订购油画系列的瓷板画，画面皆为千姿百态的西洋名画，该厂在短时间内完成了这批订货。

光明瓷厂根据市场需要，从1992年初开始研发新产品强化瓷，经过数百次的试制，获得成功。当年6月，强化瓷在二车间投入批量生产。后来，专门成立了强化瓷生产车间。

景德镇陶瓷股份有限公司，是经过技改以后，新建的陶瓷出口基地，由于产品品位高、质量好，上市后立即成为市场的抢手货，产品供不应求。上海南京西路景德镇陶瓷商店经常因54头中餐具供不上货而出现顾客预先付钱排队等货的现象。该公司按照"以新、以优、以技取胜"的方针，坚持"人无我有、人有我新、人新我变、实现一代、储备一代、研制一代、构思一代"的生产经营思路，使公司竞争力不断提高，企业品牌也在激烈的市场竞争中成长为国内外高档日用陶瓷品牌。

上高档与创名牌相互促进，相得益彰。从20世纪70年代末开始，景德镇陶瓷在国内外的各种质量评比活动或其他商务活动中都有获奖，尤其是人民瓷厂发挥了很好的引领作用。

22

1979年，人民瓷厂长青牌青花瓷荣获国家金奖，在景德镇陶瓷系统引起巨大反响。1984年，该厂青花梧桐45头西餐具又在民主德国莱比锡、捷克斯洛伐克布尔诺、波兰波兹南三个国际博览会上连获三枚国际金奖，这在全国陶瓷行业中尚属首次。省政府专致贺电，赞扬该厂是"提高产品质量创优质产品的带头企业和榜样"。此后，在"金牌效应"的影响下，景德镇陶瓷频频获奖。

人民瓷厂获得的国际、国家金牌

贺　电

景德镇市人民政府并请转人民瓷厂：

欣悉人民瓷厂生产的青花梧桐四十五头西餐具，在民主德国莱比锡春季国际博览会、捷克布尔诺十五届消费品国际博览会和波兰波兹南第五十六届国际博览会上连续荣膺金质奖章的消息，全省人民都感到十分高兴，你们为祖国赢得了荣誉，为社会主义争了光，为振兴景德镇瓷业带了好头，立了新功。省人民政府谨向人民瓷厂广大职工表示热烈的祝贺！

党的十一届三中全会以来，人民瓷厂认真端正经济工作的指导思想，紧紧围绕提高经济效益这个中心，努力提高企业素质，狠抓全面质量管理，在提高产品质量、创优质名牌产品方面做出了优异成绩：继 1979 年青花梧桐餐具获国家优质产品金质奖之后，今年又连续获三次国际金质奖。这不但在我省陶瓷史上是首次，在全国陶瓷行业也是没有先例的。古老的瓷都升起了一颗璀璨的新星，人民瓷厂一跃成为我省提高产品质量、创优质名牌产品的带头企业，成为值得全省陶瓷行业和整个工业战线认真学习的榜样。

人民瓷厂取得的成绩，值得热烈庆贺，但更为重要的是，他们在提高产品质量、创制优质名牌产品的长期奋斗中，培育、锻炼出来的精神和作风，总结、积累起来的成功的经验和方法，尤其值得珍视，值得学习，值得推广。"一花独放不是春，万紫千红春满园。"我们要把人民瓷厂的经验变成每个企业的财富，推动全省经济战线在提高产品质量、创制优质名牌产品、全面提高经济效益上大大前进一步，创造出一个新的水平，开拓出一个新的局面。

学习人民瓷厂的成功经验，首要的一点，就是学习他们有为国争光，敢于夺魁，攀登高峰的雄心壮志，有强烈的进取精神，强烈的进取精神，是一种高尚的品质：一种巨大的物质力量，正因为有了这种精神，他们才能够认真继承传统技艺，继承中有创新，创新中有突破；立足景德镇，面向全中国，面向全世界，胜不骄，败不馁，百折不挠，再接再厉，力攀高峰，永不停步。

要学习他们有强烈的质量意识，扎扎实实地开展全面质量管理工作。多年来，他们坚持进行质量教育：培育质量意识，使职工牢固树立"质量第一""用户第一"的观念，为提高产品质量打下了坚实的思想基础。他们运用科学的管理方法，在全面质量管理工作中下苦功夫，做工作。"QC 小组"活动十分活跃，细致扎实，坚持不懈。

要学习他们严格的科学态度和严细的工作作风。他们有精湛的工艺，高超的技术，严细的作风，才创造出了青花梧桐餐具这样精美异常，举世闻名的产品。他们严字当头，细字入手，好中求好，精雕细刻，精益求精，"严细"之花结出了丰硕之果。

要学习他们重视科学，重视人才培养。多年来，他们始终围绕创优质、争名牌，狠抓工艺改革，技术革新，技术改造，好"钢"用在"刀刃"上。他们关心科技人员和老艺人，充分调动他们的积极性、创造性，使古老的传统技术不断创新，不断发展。

人民瓷厂连创四枚金质奖是一件具有重大意义的事。这对全省是一个巨大的鼓舞。她表明，我们完全有能力赶超世界先进水平。任何停止的论点，悲观的论点，无所作为和故步自封的论点，都是没有根据的。景德镇市人民政府在召开庆功大会之际，要大张旗鼓地表彰和宣扬人民瓷厂的先进事迹，广泛开展学习人民瓷厂的活动，鼓舞全市职工争上游，创名牌，上水平的信心，恢复和发扬景德镇的历史声誉，把陶瓷工业和全市经济工作大踏步地推向前进。这就要求做到：

24

一、要解放思想，振兴瓷业，把景德镇办成名副其实的、誉满中外的瓷都。景德镇瓷器素以"薄如纸，白如玉，明如镜，声如磬"，古朴端庄，风格独特，蜚声中外，赢得了瓷都的美誉。继承传统贵在独创，保持荣誉贵在出新。盲目自满，墨守成规，安于现状，不求上进，只会导致退步和落后。一定要继续解放思想，坚决清除"左"的影响，开阔视野，拓宽思路，彻底打破小生产者因循守旧，不愿接受新鲜事物的习惯势力的束缚，所有从事陶瓷生产、科研教学、流通、服务、管理等单位的全体职工，都要行动起来，积极、进取，奋力开拓，打一场振兴瓷业的翻身仗。

二、要牢固树立"质量第一"的观念，向创制大批优质产品的目标奋进。质量是企业的生命，对陶瓷工业目前状况来说，质量就是希望，质量就是效益。景德镇陶瓷具有优越的自然条件，有雄厚的技术基础，有世代相传的工艺绝技，完全有条件在创优质品方面做出更大的贡献。要在全市广大职工中广泛开展争优质、创名牌活动，造就人人关心产品质量，人人为提高产品质量献计献策的新局面。要认真学习和推广人民瓷厂创名牌产品的经验，对全市陶瓷产品创优做出规划，分期分批达到省优、部优、国优标准，并且要瞄准国际标准，称雄世界。所有产品都要在短期内达到历史最好水平，已经达到的要向更高目标迈进，做到厂厂有"拳头"，厂厂有名牌。要采取强有力的措施，大幅度提高陶瓷产品的一级品率，出口品瓷合格率，配套率和创汇率，大力改进包装装潢，今年内，产品质量要取得突破性的进展。

三、要充分依靠技术进步，加强智力开发，努力提高企业素质。要把传统工艺和现代化管理手段结合起来，把手工操作同使用现代技术设备结合起来，使老企业焕发青春活力，努力扩大优质名牌产品的生产。"江山代有才人出，各领风骚数百年。"要破除小生产和手工业思想的影响，进一步落实知识分子政策，按照四化要求大胆起用有胆略，有见识，思想敏锐，眼界开阔，有创新精神的干部。要热情关心工程技术人员、能工巧匠、老艺人，把他们组织起来，开发新产品，充分发挥他们的作用。要加强职工的思想政治和业务技术培训，造就一支觉悟高，懂技术、会管理、作风硬的职工队伍。

四、要大力加强经营活动，积极开拓销售渠道，把陶瓷产品打向四面八方。陶瓷产品积压，有质量品种方面的原因，但同时也有销售方面的问题，要加强市场信息工作，做到两只眼睛看市场，既看到国际市场，又看到国内市场，根据国内国外市场需要，调整产品结构，努力发展新花色、新品种、新产品，做到适销对路。要组织强有力的推销队伍，采取灵活变通措施，多渠道，多层次，多形式，扩大产品销路，尤其要注意开发旅游区的销售，迅速地把产成品资金占用降下来。

五、要狠抓降耗，努力提高经济效益。当前，工业生产存在的薄弱环节，突出的是生产过程中成品率较低，消耗偏高成本上升，一定要在提高质量的前提下，把消耗和成本降下来。要发动职工，广泛开展节电、节煤、节油和节约原材料的活动，从节约中求效益。要切实加强全面计划管理，全面经济核算，加强标准、计量、统计、定额、定员等管理基础工作，做到一切按定额核算，一切按标准计量，一切用数据说话，不断挖掘企业内部潜力。要把降低消耗、降低成本作为企业下半年的奋斗目标，首长负责、层层分解、落实到人。同推行经济责任制结合起来，保证既定目标的胜利实现。陶瓷是易碎品，减少各个环节的破损率对陶瓷业提高经济效益具有特别重要的意义，要采取措施，迅速取得成效。

为了实现今年的任务和长远发展战略，当前要特别抓好改革和开放两件大事。这是能否抓住时机胜利迎接新技术革命挑战的关键，也是建设有中国特色社会主义的关键。希望景德镇市人民政府和全市广大职工按照中央的指示和省委、省政府的部署，在改革和开放两方面迈大步，取得新的进展，努力完成今年的国民经济计划。与此同时，希望人民瓷厂要把成绩和荣誉作为新的起点，戒骄戒躁，保持荣誉，发扬光大，继续前进。

省政府深信，景德镇市人民在党中央和国务院的正确领导下，一定能够树雄心，立壮志，勇于开拓，勇于创新，勇攀高峰，团结一致，奋战几年，开创陶瓷新局面。创第一流的产品，建第一流的信誉，办第一流的企业，争第一流的效益，大踏步走进国际市场，大面积占领国内市场，使景德镇古瓷大放异彩，使瓷都重展光辉，为开创社会主义的新局面而奋发努力。

江西省人民政府
一九八四年 七月二十四日

首届景德镇国际陶瓷节开幕式上的金牌方阵

1979 年至 1991 年，景德镇日用陶瓷获省以上优质产品奖共计 264 项，其中：国外国际金奖 4 项、北京国际金奖 22 项、北京国际银奖 6 项、北京国际铜奖 3 项、国家金奖 9 项、国家银奖 6 项、工艺美术金杯奖 5 项、工艺美术银杯奖 5 项、部优产品奖 74 项、省优产品奖项 131 项。

随着景德镇陶瓷产品档次及名声的不断提高，越来越多的产品跨进了高档瓷行列，走向国际市场，为国家赢得了声誉，带来了可观的经济效益。例如玉风瓷厂生产的黑地金花 45 头西餐具，瓷质优良，装饰精美，每套出口离岸价 84.28 美元，平均每件瓷创汇 1.87 美元；宇宙瓷厂生产的"红楼梦十二金钗"高档系列艺术彩盘，从 1985 年进入美国布莱普德"世界彩盘交易中心"深受消费者欢迎，获得第六届美国消费者满意奖，平均每块出口离岸价 2.5 美元，仅彩盘一个产品每年为国家创汇 200 多万美元，成为当时我国陶瓷行业中日用瓷单件创汇值最高的产品。此外，新开发的国徽瓷、细炻器、强化瓷、稀土系列瓷等，均达到较高水准。能够生产高档出口瓷，并有一定生产能力的大中型企业已有 10 多家，越来越多的产品逐步打入欧美市场。1993 年，经景德镇陶瓷出口公司直接出口创汇 2022 万美元，出口瓷合格率为 67.3%。经上海、天津和广东其他口岸公司出口的换汇值有 1000 多万美元。

附表 1：景德镇日用陶瓷优质产品获奖汇总表（1）

（1979—1985）　　　　　　　单位：获奖个数

获奖类别	1979 年	1980 年	1981 年	1982 年	1983 年	1984 年	1985 年	7 年合计
国外国际金奖						3		3
北京国际金奖								
北京国际银奖								
北京国际铜奖								
国家金奖	1	1	1			2		5
国家银奖	1				1	1	1	4

续表

获奖类别	1979年	1980年	1981年	1982年	1983年	1984年	1985年	7年合计
工艺美术金杯奖								
部优产品奖	2	3			7		9	21
省优产品奖	1	7	5	4	6	7	11	41
全年合计	5	11	6	4	14	13	21	74

景德镇日用陶瓷优质产品获奖汇总表（2）

（1986—1991年）　　　　　单位：获奖个数

获奖类别	1986年	1987年	1988年	1989年	1990年	1991年	6年合计	13年合计
国外国际金奖	1						1	4
北京国际金奖				9		13	22	22
北京国际银奖						6	6	6
北京国际铜奖						3	3	3
国家金奖		1		3			4	9
国家银奖				1	1		2	6
工艺美术金杯奖	1		1		2		4	4
工艺美术银杯奖			2		3		5	5
部优产品奖	3	12	10	3	3	22	53	74
省优产品奖	16	8	16	17	15	18	90	131
全年合计	21	21	29	33	24	62	190	264

景德镇日用陶瓷优质产品获奖汇总表（3）

获奖年份	获奖单位	获奖内容与级别
1979年	人民瓷厂	长青牌青花瓷获国家金质奖
1979年	建国瓷厂	珠光牌高温色釉陈设瓷国家银质奖
1980年	艺术瓷厂	福寿牌粉彩瓷国家金质奖
1981年	光明瓷厂 红光瓷厂	玩玉牌青花玲珑瓷国家金质奖

续表

获奖年份	获奖单位	获奖内容与级别
1983 年	艺术瓷厂	景德镇牌薄胎瓷国家银质奖
1984 年	人民瓷厂	长青牌青花梧桐 45 头西餐具在德国莱比锡国际博览会获国家金质奖；同年在捷克斯诺伐克布尔诺十五届消费品国际博览会获国家金质奖； 同年在波兰波兹南五十六届国际博览会获国家金质奖
1984 年	人民瓷厂	长青牌青花梧桐餐、茶具国家金质奖
	光明瓷厂 红光瓷厂	玩玉牌青花玲珑瓷国家金质奖
	宇宙瓷厂	高岭牌 45 头西餐具国家银质奖
1985 年	人民瓷厂	长青牌青花影青餐具国家银质奖
1986 年	光明瓷厂	玩玉牌青花玲珑 45 头清香西餐具在德国莱比锡国际博览会获国际金奖
1986 年	艺术瓷厂	景德镇牌瓷板画获百花金杯奖
1987 年	雕塑瓷厂	散花牌传统人物雕塑国家金质奖
1988 年	艺术瓷厂	福寿牌古墨彩陈设瓷百花银杯奖
1989 年	人民瓷厂	长青牌青花梧桐餐茶具国家金质奖（复评）
	光明瓷厂 红光瓷厂	玩玉牌青花玲珑餐茶具国家金质奖（复评）
	宇宙瓷厂	高岭牌 45 头西餐具国家银质奖（复评）
1989 年获首届北京国际博览会 9 块金质奖：		
人民瓷厂		长青牌青花梧桐 45 头西餐具
人民瓷厂		长青牌青花影青 58 头中餐具
光明瓷厂		玩玉牌青花玲珑瓷
建国瓷厂		珠光牌高温色釉陈设瓷
艺术瓷厂		景德镇牌薄胎人物陈设瓷
红光瓷厂		玩玉牌青花玲珑瓷
雕塑瓷厂		散花牌传统人物瓷雕

续表

获奖年份	获奖单位	获奖内容与级别
	为民瓷厂	高美牌新彩45头西餐具
	曙光瓷厂	玉乐牌仿古粉彩莲子缸
	人民瓷厂	万年青牌58头影青中餐具国家银质奖（复评）
	艺术瓷厂	福寿牌工艺美术百花金杯奖
	青花文具厂	青龙牌青花六头文具百花金杯奖
	雕塑瓷厂	散花牌瓷雕百花银杯奖
	建国瓷厂	珠光牌瓷器百花银杯奖
	曙光瓷厂	玉乐牌重工粉彩莲子缸银杯奖
1991年获第二届北京国际博览会13块金质奖		
	人民瓷厂	长青牌青花梧桐餐具
	人民瓷厂	万年青牌青花影青餐具
	雕塑瓷厂	散花牌捏缕瓷雕
	雕塑瓷厂	散花牌紫罗兰变色釉瓷雕
	艺术瓷厂	福寿牌粉彩陈设瓷
	艺术瓷厂	福寿牌粉彩瓷板画
	曙光瓷厂	玉乐牌凉墩、箭同
	曙光瓷厂	玉乐牌金钟系列花钵，特艺系列圆盘
	东风瓷厂	远航牌系列景德壶
	光明瓷厂	玩玉牌青花玲珑瓷
	红光瓷厂	玩玉牌青花玲珑瓷
	为民瓷厂	高美牌45头西餐具15头咖啡具
	青花文具厂	青龙牌青花文具
1991年获第二届北京国际博览会6块银质奖		
	人民瓷厂	万年青牌满莲餐具、青花陈设瓷
	新华瓷厂	彩云牌53头青花新疆民族餐具
	东风瓷厂	远航牌系列英碗

30

续表

获奖年份	获奖单位	获奖内容与级别
	红旗瓷厂	玉花牌釉下彩中餐具、稀土釉下彩系列产品
	立新瓷厂	锦绣牌粉彩 92 头中餐具
	青花文具厂	青龙牌青花 8 头酒具
1991 年获第二届北京国际博览会 3 块铜制奖		
	东风瓷厂	远航牌系列气球壶、荷莲碗
	人民瓷厂	万年青牌枫叶青花斗彩影青餐茶具
	春光瓷厂	彩云牌石榴饭碗

"百花" 竞放

省陶瓷工业公司采取评比大赛形式，调动广大美术设计人员的积极性，推动产品创新深入持久地发展，这是适应市场经济发展的一种新举措。

1982 年至 1989 年，省陶瓷工业公司与景德镇市文联合作，连续开展四届景德镇陶瓷工艺美术"百花奖"评选活动，此后又相继开展陶瓷节精品大奖赛等活动。通过这种模式调动广大产品设计人员的积极性，催生了景德镇陶瓷美术工作者的创作热情，推动产品创新深入持久地发展，也掀起了产品创新的高潮。尤其是"百花奖"评选活动，发动面广，参评作品新，创作热情高，题材广泛，生产和市场结合紧密，成效显著，影响深远。

（一）第一至四届陶瓷美术百花奖概况

1. 景德镇首届陶瓷美术 "百花奖"

1982 年，景德镇市举办首届陶瓷美术"百花奖"活动，旨在调动广大职工、特别是陶瓷美术工作者的积极性，繁荣陶瓷美术创作，提高陶瓷设计制作水平，促使产品更新换代，提高产品竞争能力。经市文联、景德镇陶瓷学院、省陶瓷工业公司、部陶研所等单位共同协商和配合，按市政府批转的文件精神，组成景德镇市陶瓷美术百花奖评选委员会，并设立评委会办公室，具体组织陶瓷美术百花奖的各项活动。各企业、单位分别成立领导机构，指定专人负责，研究落实本单位的创新计划和任务，全市各陶瓷单位掀起创作"百花奖"作品的热潮。

景德镇市首届陶瓷美术"百花奖"授奖大会

1982 年 7 月，评选委员会集中时间对送评的陶瓷美术产品进行民主评定，从 171 套（件）日用瓷，873 件（套）陈设瓷中，共计评出获奖作品 171 件（套）。其中：一等奖 21 个（日用瓷 8 个、陈设瓷 13 个），二等奖 60 个（日用瓷 13 个、陈设瓷 47 个）；三等奖 90 个（日用瓷 23 个、陈设瓷 67 个）。此外，还评出单项优秀奖 7 个。

首届送评作品 1044 件（套），来自 37 个单位，作者 500 多人，从单位看除省陶瓷工业公司的各个厂、所外，还有电子工业、建工系统的一些单位，城市区、社办的一些企业也有作品参加评比。从作者对象看，除专业的陶瓷美术工作者外，还有业余的美术工作者，他们有的专搞科研、设计，有的从事教学，有的在生产岗位。

首届"百花奖"评比，用无记名评分制鉴别每件作品装饰艺术效果，不带名气框框，除了老艺人的作品获奖外，更有相当数量的青年作品得到好评。

首届送评作品，日用成套瓷增多，质量显著提高。装饰方法种类繁多，题材广泛，山水、翎毛、人物、走兽、花草、金鱼，应有尽有；粉彩、古彩、墨彩、新彩、釉下五彩、青花、青花玲珑、各种斗彩、色釉、壁画种类繁多。仅雕塑就有镂、圆、浮、捏、半刀泥等各种刻、塑作品。更为可喜的是，第一次出现"无光釉"刻瓷与"铜红新花釉"等新的装饰方法和品种。艺术瓷实用化有了新发展，如80件半刀泥的两节花瓶，既可作为花瓶欣赏，又可安装灯头灯泡做台灯使用；釉下彩的500件加大皮灯，具有陈设和作为落地台灯使用两种功能。

研制了一批新的装饰材料。新材料在装饰中占有重要地位，市瓷用化工厂在研制新的颜料和新的印刷工艺上，取得了显著成绩。该厂先后研制出"丝印白颜料""通用熔剂""低铅深蓝颜料""珠宝颜料"等新品种，这些新的颜料，具有发色力强，烧成范围宽，耐酸性能好的特点，装饰后立体感强，进一步丰富了装饰的效果。

1982年景德镇市第一届陶瓷美术"百花奖"获奖名单

作品名称	单位	作者	奖级
优秀造型设计		秦锡麟	单项奖
优秀画面设计		孙同鑫	单项奖
优秀花纸设计		陈荣明	单项奖
优秀花纸制作		刘爱风　夏忠润 余洋生　朱学礼 朱慧敏	单项奖
优秀造型制作		熊友根　汤墨生 吴清辉　万吉生	单项奖
优秀画面填色		熊群安	单项奖
优秀材料装饰		邓希平	单项奖
日用瓷			

续表

作品名称	单位	作者	奖级
贴花"香水玫瑰"49头玉风餐具	省陶瓷工业公司美研所 玉风瓷厂 瓷用化工厂	秦锡麟 陈荣明	一等奖
"兰叶菊"18头旋纹餐具	瓷用化工厂 玉风瓷厂	黄水泉 饶炳良	一等奖
贴"穿枝牡花"45头凯旋餐具	省陶瓷工业公司美研所 瓷用化工厂 玉风瓷厂	秦锡麟 胡光震	一等奖
青花斗彩45头西餐具	宇宙瓷厂	李延龄 蓝国华 伍恒荣 汪长序 曹金兴	一等奖
青花"菊牡"20头八角餐具	宇宙瓷厂	曹翠花 黄明杨 黄文光	一等奖
"连年有余"22头玉风茶具	省陶瓷工业公司美研所 瓷用化工厂 玉风瓷厂	秦锡麟 胡光震	一等奖
绿釉"荷莲"34头家庭餐具	建国瓷厂	曾章义 曾勇 邓希平	一等奖
窑彩描金"洁雅"15头咖啡具	红旗瓷厂	陆涛 吴锦茂 黄纪海	一等奖
新彩20头八角餐具	宇宙瓷厂	邵天助 黄明杨	一等奖
"牵牛花"15头咖啡具（花面）	为民瓷厂	王恩怀	一等奖
水晶刻虾"青竹"45头餐具	红星瓷厂	罗晓涛 王应槐 毛永清 秦全寿	二等奖
蓝绿图案茶具	瓷用化工厂	程坤	二等奖
窑彩3头案具	红旗瓷厂	孙同鑫 黄显坤 黄纪海 吴兴荣	二等奖
贴金焰"白丽菊"旋纹餐具	瓷用化工厂 玉风瓷厂	饶炳良 陈荣明	二等奖
青花斗彩"梨花"5头餐具（画面）	人民瓷厂	袁迪中	二等奖
5127花22头昌南茶具	瓷用化工厂 东风瓷厂	胡光震 傅平	二等奖
青花玲珑"山茶花"15头咖啡具	红光瓷厂	罗山东	二等奖
贴"纯梅"22头玉风茶具	省陶瓷工业公司美研所 瓷用化工厂 玉风瓷厂	秦锡麟 宋建华	二等奖
窑彩"水仙"15头咖啡具	红旗瓷厂	李文钟 吴兴荣 陈棋	二等奖
青花玲珑5头酒具	红光瓷厂	罗山东 徐姣里	二等奖
釉下彩"月季"5头餐具	红旗瓷厂	孙同鑫 黄纪海	二等奖

续表

作品名称	单位	作者	奖级
贴焦蓝"白菊"旋纹餐具等23件作品（略）	瓷用化工厂等单位	陈荣明等	三等奖23项
陈设瓷			
粉彩"水仙花"圆盘	部陶研所	李 进	一等奖
凤凰衣釉100件醉仙瓶	建国瓷厂	邓希平 徐江云 聂冬平	一等奖
窑彩500件皮灯	红旗瓷厂	余松林 占开狮 刘显民 倪永桢 吕惠芳 陈红明	一等奖
纹片"钟馗"200件斛桶瓶	部陶研所	李 进 戴荣华	一等奖
雾蓝捏雕"菊花"150件瓶	部陶研所	杨苏明	一等奖
古彩"山水"300件枣子瓶	艺术瓷厂	余仰贤 施尚荣 汪茂才 李爱春 田慧棣 熊友根	一等奖
青花斗彩"丝路花雨"300件瓶	省陶瓷工业公司美研所	傅尧笙	一等奖
玲珑斗彩33公分斗笠碗	艺术瓷厂	熊友根 田慧棣 潘文复 龚田根	一等奖
"花神"12寸瓷雕	省陶瓷工业公司美研所 雕塑瓷厂	唐自强 占淑君	一等奖
加彩唐代仕女	雕塑瓷厂	刘玉庭 刘美珍	一等奖
"飞天天女散花"	雕塑瓷厂	刘远长 涂月华 胡晓静 余雪梅	一等奖
粉彩"孔雀牡丹"28公分薄胎碗	东风瓷厂	余少石 钱鹤云 陈金海 陈 亮	一等奖
釉下彩"山水"150件双耳鸡心瓶	艺术瓷厂	田慧棣 徐炳发 潘文复	一等奖
釉下彩"花卉"150件双耳鸡心瓶	艺术瓷厂	田慧棣 徐炳发 潘文复	二等奖
古彩"四爱"200件斛桶瓶	艺术瓷厂	朱乐耕	二等奖
粉彩"鹭鸶"2尺4长条瓷板画	艺术瓷厂	翟筱翔	二等奖
粉彩"松鹰"2尺4长瓷板画	艺术瓷厂	翟筱翔 钟用清	二等奖

36

作品名称	单位	作者	奖级
粉彩"黄莺玉兰"300件枣子瓶	艺术瓷厂	翟筱翔　刘秋根 汪茂才 田慧棣　熊友根	二等奖
粉彩"蝴蝶图案"100件鸡心瓶	艺术瓷厂	翟筱翔　刘秋根 汪茂才	二等奖
金口天蓝边"孔竹"150件腰鼓瓶	艺术瓷厂	邹甫仁　王运铭 田慧棣　徐炳发	二等奖
粉彩"十二牡"300件大口梅瓶	艺术瓷厂	彭元清　龚田根 李淑媛	二等奖
料边"听读"300件皮灯	艺术瓷厂	章　亮　殷经树 江正华	二等奖
粉彩"西厢记"200件高薄莲子瓶	艺术瓷厂	任义平　雷罗汉	二等奖
金地"百菊"边花100件鸡心瓶	艺术瓷厂	邹甫仁　钟用清	二等奖
青花玲珑100件玉兰皮灯	艺术瓷厂	潘文复　田慧棣 熊友根	二等奖
墨彩描金"四美骑兽"2尺4瓷板画	艺术瓷厂	韩德荣	二等奖
粉彩"十二美女"2尺4瓷板画	艺术瓷厂	章　亮　殷经树	二等奖
"李白"圆盘	部陶研所	戴荣华	二等奖
半截红釉"红叶题诗"200件瓶	部陶研所	戴荣华	二等奖
"雪景山水"150件上下纹片	部陶研所	张松茂　汪桂英	二等奖
粉彩"人物"30公分薄胎碗	部陶研所	王怀俊	二等奖
"鱼乐图"300件箭筒	部陶研所	陈庆长	二等奖
镂雕"洛神"	部陶研所	涂金水	二等奖
"春"瓷雕	部陶研所	张育贤	二等奖
铁骨泥150件萝卜瓶	部陶研所	嵇锡贵	二等奖
粉彩"富贵寿考"4尺2瓷板画	省陶瓷工业公司美研所	傅尧笙　熊群安	二等奖
粉彩山水"溪山行旅图"4尺瓷板画	省陶瓷工业公司美研所	陈耀星　熊菊花	二等奖

续表

作品名称	单位	作者	奖级
粉彩边脚"西厢记"100件高薄瓶	省陶瓷工业公司美研所	傅尧笙　汪茂才　熊群安	二等奖
粉彩"嫦娥奔月"满尺挂盘	省陶瓷工业公司美研所	傅尧笙　熊群安	二等奖
古彩"穆桂英挂帅"瓷板画	省陶瓷工业公司美研所	万　涓　傅长发	二等奖
釉下彩"人物"100件高白釉瓶	红旗瓷厂	万志军	二等奖
釉下彩"桂林山水"文具	红旗瓷厂	吴锦茂　孙同鑫　王水玉	二等奖
釉下彩高白釉40件芭蕉瓶	红旗瓷厂	孙同鑫　陆　涛　江国孟	二等奖
釉下彩高白釉200件梅花瓶	红旗瓷厂	吴兴荣　孙同鑫	二等奖
综丝釉150件花篮瓶	建国瓷厂	丰裕顺　聂冬平　丰禄如	二等奖
综合装饰"桂林山水"150件红梅瓶	建国瓷厂	曾　勇	二等奖
金砂釉5头文具	陶瓷职大	张学文	二等奖
金砂釉50件吊花钵	陶瓷职大	张学文	二等奖
花釉"达摩"	雕塑瓷厂	何水根　叶明凯	二等奖
花釉"孔雀"烟缸	雕塑瓷厂	肖丽瑜　金坤起	二等奖
新彩"鸟投林"	宇宙瓷厂	谢本贵	二等奖
"李白"挂盘	宇宙瓷厂	徐　震　李延龄	二等奖
青花斗彩"貂婵拜月"圆盘	人民瓷厂	傅岩春	二等奖
火焰红200件梅瓶	古窑瓷厂	左小萍　江显享	二等奖
半刀泥刻"孔雀牡丹"300件皮灯	红星瓷厂	罗晓涛	二等奖
半刀泥刻"精卫填海"80件皮灯	红星瓷厂	黄卖九　杨建林　帅平保	二等奖
青花万花地皮斗方"山水"30公分薄胎碗	景兴瓷厂	邹惠生	二等奖
开光"牡丹"薄胎碗	为民瓷厂	施家美　余式栋	二等奖
高白釉"荷花"5头文具	为民瓷厂	王恩怀	二等奖
粉彩"白来克鸡"薄胎盘	为民瓷厂	冯上玉	二等奖
窑彩"金鱼"80件瓶等67件（套）作品	红旗瓷厂等单位	孙同鑫等	三等奖67项

续表

作品名称	单位	作者	奖级
	瓷用化工厂 省陶瓷工业公司美研所		先进 集体
	艺术瓷厂　红旗瓷厂		先进 集体

2. 景德镇第二届陶瓷美术"百花奖"

1983 年举办,参加选评作品有 1290(套)产品,其中日用瓷 247(套)、陈设瓷 1043 件(套)。通过认真细致的评比,共评出作品奖 170 个,其中:一等奖 30 个(日用瓷 10 个,陈设瓷 20 个),二等奖 45 个(日用瓷 15 个,陈设瓷 30 个),三等奖 95 个(日用瓷 39 个,陈设瓷 56),评出单项奖 2 个、荣誉奖 3 个、特别奖 5 个。

第二届"百花奖"参加评选活动的有科研、教育和生产单位 36 个,作者 738 人。有年过八十高龄的老教授,也有年仅七岁的业余小作者;有从事美术工作的专业人员,也有业余爱好者;也有刚入伍不久的"新兵";有年富力强的中年作者,也有年青一代新人。在赶制"百花奖"作品的过程中,许多设计人员连续加班,雕塑瓷厂的创研人员在赶制"水浒一百零八将"时,正处炎天暑热,一个个汗流浃背,日夜奋战。从设计到成瓷,仅用了短短的三个月,就完成了创制任务。

第二届参评美术作品注意了"四性"(思想性、艺术性、工艺性、商品性)和"四美"(材质美、色彩美、造型美、纹样美)的统一。充分展现出科学和艺术结合的特点。突出了思想性,主题鲜明,引起了人们思想的共鸣;艺术性就是提高了艺术水平,在继承传统的基础上,有提高和发展;工艺性就是设计的产品考虑工艺上能便于生产;商品性就是适应了市场需要,具有针对性。我国第五届全国运动会和中国长城杯国际足球赛,第一次选用陶瓷奖杯和奖品,无论在国内还是国际上影响都很大,深受好评。

由于指导思想明确，第二届参评产品品种丰富，新造型、新装饰不断增加。参评新作有粉彩、古彩、新彩、贴花、釉下彩、青花、青花斗彩、青花玲珑、高中温颜色釉、半刀泥、圆雕、镂雕、捏雕、浮雕等。题材表现有山水、人物、花鸟、图案、走兽以及花草蝶鱼……

第二届参评作品品种上有新的增加，双面釉大型瓷板、玲珑吊灯、啤酒具、旅游酒具、果汁具、花瓶台灯座等新品种，有的与客商见面就立即受到欢迎。日用瓷作品247套（件），其中130套（件）是新造型；陈设瓷1043件（套），其中有509件（套）是新造型，有不少产品在继承传统的基础上创新，既有新意又不失传统特色，如人民瓷厂青花影青凤牡45头西餐具，在广州秋交会上受到美商的赞赏，立即订货。

同时，产品设计与新材质、新工艺和科研相结合，迈开了新的步伐。红旗瓷厂的色泥皮灯，部陶研所新珐琅瓷挂盘，效果都很好；东风瓷厂的磁水壶，是20世纪80年代的新产品，具有防病治病功能，经北京、上海等地48家医疗部门临床证明，磁水壶所产生的磁化水，对治疗尿道结石有特效，对胆结石、口腔溃疡，咽喉炎等亦有一定疗效，受到东南亚各国、美国、日本及港澳地区客商的欢迎。

创新结合了生产，取得了初步的经济效益。第二届参评作品，分别在旅游瓷订货会、内销瓷订货会和广州秋交会接受订货。据不完全统计，接受订货的品种和花面达百余种。如雕塑瓷"水浒一百零八将"就接受订货。瓷用化工厂内外销花纸就有十个订货花面，仅5358花纸就接受订货15万张。

第二届"百花奖"评比，在评比和奖励办法上做了改革。改变了专业人员单方面打分评比的办法，采用专业人员、销售业务人员、群众代表"三结合"的形式，无记名的打分方法，进行民主评定。同时还邀请老专家进行评议。在奖励办法上，设立订货投产奖。使设计与生产，设计与市场销售更加紧密地结合，促使设计服务于生产。

1983 年景德镇市第二届陶瓷美术"百花奖"获奖名单

作品名称	单位	作者	奖级
	部陶研所　雕塑瓷厂		先进集体
	省陶瓷工业公司美研所　瓷用化工厂		先进集体
全运会"双龙"奖杯	省陶瓷工业公司美研所　建国瓷厂	秦锡麟　汪茂才　江联　徐江云　聂新壮	特别奖
长城杯足球赛 200 件薄胎瓶	艺术瓷厂	邹甫仁　邵伧仁　夏忠勇　徐炳发　汤墨生	特别奖
最佳运动员捧杯人物雕塑	省陶瓷公司美研所	龚循明　汪茂才　江联	特别奖
全运会单项奖粉彩挂盘	省陶瓷公司美研所艺术瓷厂	陈耀星　熊群安　余仰贤　邵伧仁　翟筱翔　江联　熊菊花　刘小云　钟用清　刘秋根	特别奖
长城杯足球赛 80 件薄胎奖瓶	艺术瓷厂	徐焕文　熊菊花　邹甫仁　夏忠勇　孔沛文	特别奖
优秀花纸制作	瓷用化工厂	康芬华	单项奖
优秀造型制作	雕塑瓷厂	许真仔　余金祖　胡国华　李志远　吴志坚　余春煌　陶家秀　蔡敬标　聂藻喜　朱新春　段兴国　张小平　李秋莹	单项奖
"梅花"挂盘	景德镇陶瓷学院	胡献雅	荣誉奖
"月季花"瓷板画	艺术瓷厂	吴康	荣誉奖
10 寸"双猫"	第七小学	游华桦	荣誉奖
日用瓷			
影青青花"凤牡"45 头西餐具	人民瓷厂	秦豹生　牛道镜　刘书阁　袁迪中	一等奖
水晶刻花"水纹"美艳西餐具	红星瓷厂	罗晓涛　王应槐　毛永清　秦全寿	一等奖
贴白"大理菊"52 头华晶餐具	省陶瓷工业公司美研所	秦锡麟	一等奖

续表

作品名称	单位	作者	奖级
釉下斗彩"满花"玲珑5头餐具	红旗瓷厂	陆 涛 占开狮	一等奖
贴花45头玉皇餐具	省陶瓷工业公司美研所 瓷用化工厂	田鸿喜 黄水泉	一等奖
青花玲珑"梅鹿"15头茶具	光明瓷厂	王宗涛	一等奖
贴"双鹿"图案3头旅游酒具	省陶瓷工业公司美研所 为民瓷厂	黄学虎 陈秀雅	一等奖
贴花"飞鸽"22头茶具	省陶瓷工业公司美研所	田鸿喜	一等奖
釉下彩"君子兰"15头咖啡具	红旗瓷厂	孙同鑫 吴锦茂	一等奖
贴花"景光"酒炉	省陶瓷工业公司美研所	李 兵 蔡 杰	一等奖
贴"小月季"图案八角西餐具	宇宙瓷厂	黄凤绥	二等奖
贴花西餐具	瓷用化工厂	胡光震	二等奖
贴花"扁柿"9头茶具	部陶研所 省陶瓷公司美研所	李雨苍 李 兵	二等奖
贴灰底"雪枝"餐具	瓷用化工厂	程 坤	二等奖
贴"白菊花"餐具	瓷用化工厂	姚三友	二等奖
贴"景蓝"啤酒具	省陶瓷工业公司美研所 瓷用化工厂	秦锡麟 彭荣新	二等奖
贴"碧浪银珠花"36头餐具	瓷用化工厂	徐磷华	二等奖
贴花"清香山茶"餐具	瓷用化工厂	程 坤	二等奖
色釉雕塑"遐想"烟缸	古窑瓷厂	冯祖华	二等奖
捏花"荷叶"烟缸	部陶研所	杨苏明	二等奖
纹片釉鱼形烟缸	省陶瓷工业公司美研所	蔡 杰	二等奖
直型15头咖啡具	部陶研所	李雨苍	二等奖

42

续表

作品名称	单位	作者	奖级
青花玲珑"大理菊"8头扁品茶具	红光瓷厂	陈义芳　陈楚南	二等奖
釉下彩"白菊"15头咖啡具	红旗瓷厂	孙同鑫	二等奖
"栀子花"15头青松茶具	省陶瓷工业公司美研所	秦锡麟	二等奖
粉彩"紫藤小鸟"15头茶具等39件（套）作品	部陶研所等	徐亚凤等	三等奖39项
陈设瓷			
青花玲珑吊灯	光明瓷厂	王宗涛	一等奖
粉彩双面釉"鹰"大瓷板画	部陶研所	李　进　万仲安　胡敬跃	一等奖
"水浒108将"瓷雕	雕塑瓷厂	集体创作	一等奖
红鳞釉"景光"80件灯台	建国瓷厂	周乐康　邓希平　任荣生	一等奖
"惜春作画"瓷雕	雕塑瓷厂	刘玉庭　余雪梅　刘玉明	一等奖
花釉"双鹿"钟座灯台	雕塑瓷厂	李恭坤　刘建华　涂全根	一等奖
古彩"乐女图"400件枣子瓶	艺术瓷厂	朱乐耕　熊友根　汤墨生　潘文复　田慧棣	一等奖
粉彩"山水"80件多角皮灯	部陶研所	汪桂英	一等奖
"黄山风景"八角皮灯	红旗瓷厂	李文钟　周品亮	一等奖
粉彩"菊花"80件花蕾瓶	为民瓷厂	陈秀雅	一等奖
"蜻蜓荷花"5头组合画具	为民瓷厂	王恩怀	一等奖
"草鱼50件皮灯"	红星瓷厂	黄卖九	一等奖
粉彩"牛郎织女"皮灯	为民瓷厂	施家美	一等奖
红羽毛釉150件佛肚瓶	建国瓷厂	王伟明　任荣生	一等奖
雾蓝捏雕"荷花蜻蜓"瓷板	部陶研所	杨苏明	一等奖

续表

作品名称	单位	作者	奖级
虎斑釉"卧虎"瓷雕	部陶研所	郭琳山	一等奖
"八仙"500件皮灯	红星瓷厂	黄卖九 方 复 傅国胜 杨建林 聂贵根	一等奖
"敦煌乐舞"瓷雕	雕塑瓷厂	刘建华 刘美珍	一等奖
釉下彩"葡萄"100件四方扁瓶	省陶瓷工业公司美研所 为民瓷厂	张素珍 秦锡麟	一等奖
粉彩"山涧春色"80件纹片扁瓶	为民瓷厂	吴胜华	一等奖
粉彩"下凡"2尺8瓷板画	省陶瓷工业公司美研所	万 涓 熊群安	二等奖
粉彩"紫藤花鸟"150件宝塔瓶	部陶研所	刘 平	二等奖
"三阳开泰"蚩福瓶	建国瓷厂	曾 勇	二等奖
粉彩"十八罗汉"22公分薄胎碗	省陶瓷工业公司美研所	傅尧笙 熊群安 汪茂才	二等奖
粉彩"十八罗汉"4寸挂盘（18块）	省陶瓷工业公司美研所	傅尧笙 熊群安	二等奖
粉彩"鹿"长条瓷板	部陶研所	李 进	二等奖
综合装饰"春"8寸挂盘	瓷用化工厂	彭荣新	二等奖
粉彩"十二美"2尺4长条瓷板画	陶瓷历史博物馆	范敏琪 关木根 范自魁	二等奖
粉彩"晨"尺4圆盘	部陶研所	戴荣华	二等奖
"峡江烟云"陶瓷壁画	景德镇陶瓷厂	赵思福	二等奖
孔雀绿色釉台灯	建国瓷厂	曾 勇 邓希平	二等奖
新彩"翔"12寸挂盘	新光瓷厂	饶雄华	二等奖
青花"秋菊"尺6瓷板画	部陶研所	辛青山	二等奖
粉彩"十八罗汉"3尺6瓷板画	艺术瓷厂	康志成 殷经树	二等奖
霞光釉100件地球瓶	建国瓷厂	曾 勇 丰裕如 周毛仔	二等奖
粉彩"孔雀"玉笔花插	为民瓷厂	朱绪海 韩金保 黎保生	二等奖

44

作品名称	单位	作者	奖级
粉彩"云鹤"石榴皮灯	红星瓷厂	游钧泉　杨建林　聂青生	二等奖
古彩"山水"满尺挂盘	艺术瓷厂	程永安　郑丽华	二等奖
子午吊灯斗方"人物山水"500件方肩瓶	艺术瓷厂	杨家鑫　罗后发　施少明 舒国华　吴长鉴　黄明娥 熊菊花　陈翠娥　胡显贵 徐子龙	二等奖
粉彩"菊花"8寸挂盘	为民瓷厂	王恩怀	二等奖
粉彩"秦香莲"尺2瓷板画	部陶研所	舒惠娟	二等奖
红霞釉100件荷莲瓶	建国瓷厂	戴新荣　王伟明　任荣生	二等奖
粉彩"松鹤"100件春光瓶	省陶瓷工业公司美研所	熊汉中　汪茂才　熊群安 黄学虎	二等奖
青釉"墨竹"7头画具	部陶研所	辛青山　汪桂英	二等奖
粉彩"春光蝴蝶"10寸挂盘	部陶研所	向巧云	二等奖
银辉釉80件春蕾瓶	建国瓷厂	方文贤　曹荣海	二等奖
青花"荷花"4头文具	陶瓷馆	李会中　陈孟龙	二等奖
粉彩"热带鱼"80件多角皮灯	部陶研所	李　进	二等奖
红色釉金边刻花50件八角皮灯	红旗瓷厂	孙同鑫	二等奖
影青刻花100件纹片双耳瓶	建国瓷厂	曾　勇　曾章义	二等奖
"雪景"尺4挂盘等56件（套）作品	艺术瓷厂等	余仰贤等	三等奖56项

3. 景德镇第三届陶瓷美术"百花奖"

1985年举办。第三届陶瓷美术百花奖活动，更强调产品对生产工艺和市场的适应性，不仅追求较高的艺术水平，更重要的是把艺术转化为生产力，使产品能批量或小批量生产，达到提高经济效益的目的；更强调产品的创新，改善现有的产品结构，促进产品的更新，增加花色品种及新的配套组合，开拓使用领域，适应国内外市场及欧美市场，继承传统，大胆变革；更强调广泛采用新材质、新工艺、新技术，使产品有时代印记，有科技发展的印记。

第三届"百花奖"参展作品 978 件（套），其中日用瓷 214 件（套），陈设瓷 694 件（套），其中雕塑瓷 7 件（套），包装装潢 70 件（套）。通过对参展作品的认真细致的民主评选，反复比较评出获奖作品 172 个。其中，一等奖 14 个（日用瓷 4 个、陈设瓷 10 个），二等奖 32 个（日用瓷 11 个，陈设瓷 21 个，三等奖 117 个（日用瓷 41 个，陈设瓷 76 个），包装装潢奖 9 个，鼓励奖 2 个，优胜集体奖的单位 4 个。在此同时，展出了景德镇陶瓷学院师生的新作 46 件（套），其中有的作品给人以新的启示。江西省陶瓷研究所（本册以下简称"省陶研所"）通过领导及设计制作人员的不懈努力，连续三届获得集体奖，特授予"三连冠"的荣誉称号。

第三届陶瓷美术百花奖，标志景德镇陶瓷美术已进入一个新的境界，主要特点是：

46

产品好在于"新"。许多作品在继承传统的基础上，采用了新工艺、新材质、新技术，创作出新产品 491 件（套），单新产品 437 件（套），品种丰富齐全，造型装饰新颖；另外增加了壁灯、壁画、啤酒具、旅游瓷、新婚瓷、厨房用具、瓶式台灯等，对壁画、壁灯、台灯配套了附件，注重了整体效果；新材质产品有无光釉、稀土产品等。

青花瓷的造型及装饰，开拓了新的品种，并利用了民间青花豪放拙朴的风格，装饰高档瓷取得了良好的艺术效果，这是把民间青花进行升华的成功尝试。

台灯具采用了多种装饰手法，在造型，纹样装饰以及整体效果上都开拓了陶瓷艺术的新风，成为本届"百花奖"引人注目的产品，如民间青花几何图案 200 件明珠台灯，在全国各地市场受到好评。

造就了人才。第三届"百花奖"活动所参展的 30 个单位中，有年逾古稀的前辈，有刚满学龄的孩童，有年富力强的中青年作者。在参展的 372 名作者中，年轻作者 197 人，占总数的 53.2%，是历届"百花奖"年轻作者最多的一次。并有许多较好的作品出自年轻作者之手。

增加了包装装潢的设计评选项目。为改进提高包装装潢的设计水平，促进包装装潢产品更新，本届百花奖做出更新的尝试，在展品中有几件反映较好的装潢盒，如渣胎碗的装潢盒设计，既把产品风格特点反映出来了，在结构上又较合理。虽然这次装潢设计在数量上、水平上还不够理想，但为今后的工作创作做了一个良好的开端。

产销对路。创新产品更具备有对生产工艺及市场的适应性，贴近市场，取得效益。从第二届"百花奖"以来，新产品的订货量十分可观，产值约1325万元，其中有雕塑瓷"四美"订货8万件，"骆驼"8万件，50寸福禄寿价值20万元，新造型的孔雀酒瓶订货40万支，金玉茶杯20万只，新彩贴花瓷订货 S5170 有 147 万件、S6006 有 180 万件、5348 有 600 万件、S5169 有 1120 万件等。第三届"百花奖"订货产品仅宇宙瓷厂 S5256 花面的餐、茶具订货 140 多万件。

第三届"百花奖"的评奖，以专业人员、销售业务人员及其他方面的代表结合在一起，组成专家、业务人员和群众代表参加的评比小组，采取分类评比、限额记分、专家评议、评委审定的办法，评选各类奖项，（1）优秀作品奖分一、二、三等奖；（2）优秀包装设计奖；（3）投产订货奖：设立此奖，主要对新造型、新装饰（包括日用瓷、陈设瓷）已订货投产取得经济效益的给予奖励（未参加百花奖评比的不予计奖），以便设计与生产、设计与销售密切结合起来，与经济效益挂钩，使设计为生产服务、为销售服务。

景德镇市第三届陶瓷美术"百花奖"获奖名单（1985年）

作品名称	单位	作者	奖级
	省陶研所		三连冠优胜单位
	宇宙瓷厂 建国瓷厂 艺术瓷厂		先进集体
日用瓷			
贴花22头"可乐"茶具	省陶研所 瓷用化工厂	秦锡麟　彭荣新	一等奖
白莲"甘菊"92头西餐具	宇宙瓷厂	黄文光　李延龄	一等奖
青花斗彩"牡菊"45头八角西餐具	宇宙瓷厂	李延龄　蓝国华	一等奖
白莲蓝地开光"芙蓉"15头咖啡具	宇宙瓷厂	李延龄	一等奖
贴花"可乐"45头餐具	省陶研所 瓷用化工厂	秦锡麟　杨德晁	二等奖
青花"云头"中厚胎餐具	人民瓷厂	袁迪中　陈　晶 秦豹生　李秀英 胡银生	二等奖
青花斗彩49头民族用瓷餐具	新华瓷厂	沈　杰　王声怀 赖德全	二等奖
"洁玉"6头新婚用具	东风瓷厂	刘　伟	二等奖
水晶流花45头西餐具	红星瓷厂	罗晓涛　毛永清 揭火根　张学模 王应槐　秦全寿 冯家金　熊寿宫	二等奖
线纹45头厚胎西餐具	红星瓷厂	罗晓涛　毛美清 王应槐　秦全寿	二等奖
釉下斗彩斗金15头高白釉咖啡具	红旗瓷厂 瓷用化工厂	彭荣新	二等奖
青花"凤求凰"45头餐具	红旗瓷厂	李文钟	二等奖
釉下彩稀土15头高白釉咖啡具	红旗瓷厂	陆　涛	二等奖

48

续表

作品名称	单位	作者	奖级
84 型"梨花"45 头西餐具	宇宙瓷厂	黄文光　李延龄	二等奖
贴花"凌霄"图案 45 头西餐具	省陶研所瓷用化工厂	黄水泉　田鸿喜	二等奖
贴花"晶莹"22 头茶具等 41 件（套）作品	江西省陶研所等	田鸿喜等	三等奖41 项
陈设瓷			
新装饰"孔雀"图案 100 件瓶式台灯	省陶研所	许锡嫣	一等奖
青花色釉加彩"唐代仕女"12 寸瓷雕	省陶研所	唐自强　曹金兴余雪梅	一等奖
青花纹片"剪纸人物"200 件瓶式台灯	省陶研所	李　兵	一等奖
民间青花"满菊花"200 件明珠式台灯	省陶研所	秦锡麟	一等奖
民间青花"几何图案"200 件明珠式台灯	省陶研所	秦锡麟	一等奖
釉下刻花 100 件台灯	景德镇陶瓷馆	刘正亚	一等奖
高白釉"水仙"壁灯	红星瓷厂	罗晓涛　杨建林徐庆祥	一等奖
"春风拂槛露华浓"200 件斛桶瓶	部陶研所	王锡良	一等奖
"鹰"瓷雕	雕塑瓷厂	聂乐春　聂福寿方黎波　聂藻喜	一等奖
粉彩花鸟"八鹤"长条屏瓷板画	省陶研所	江　联　熊群安	二等奖
第二十三届奥运会礼品瓷图案	省陶研所	秦锡麟	二等奖
粉彩"四大美女"2 尺 4 四条屏瓷板画	省陶研所	傅尧笙　熊群安	二等奖
色釉刻花加彩"书法源流"200 件梅瓶	省陶研所	田鸿喜　沈　浮	二等奖
加彩瓷雕人物"宫女"12 寸台灯	省陶研所雕塑瓷厂	唐自强　余雪梅	二等奖
综合装饰青花"酒中仙"200 件明珠瓶	省陶研所	沈　浮　方文珍	二等奖
青花"鱼美人"300 件箭筒	省陶研所	田广华	二等奖
皇冠釉 100 件荷莲瓶	建国瓷厂	戴新荣　王伟明聂新壮	二等奖

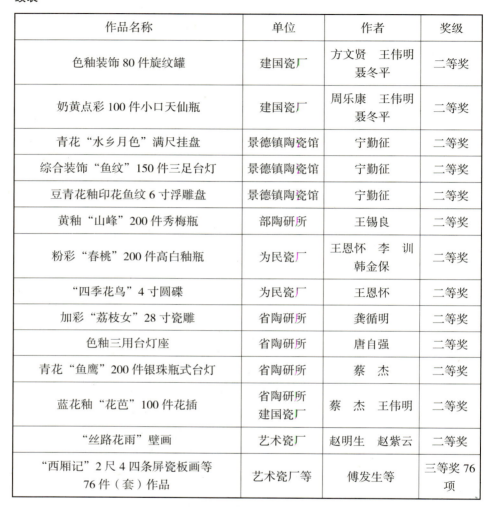

作品名称	单位	作者	奖级
色釉装饰 80 件旋纹罐	建国瓷厂	方文贤　王伟明　聂冬平	二等奖
奶黄点彩 100 件小口天仙瓶	建国瓷厂	周乐康　王伟明　聂冬平	二等奖
青花"水乡月色"满尺挂盘	景德镇陶瓷馆	宁勤征	二等奖
综合装饰"鱼纹"150 件三足台灯	景德镇陶瓷馆	宁勤征	二等奖
豆青花釉印花鱼纹 6 寸浮雕盘	景德镇陶瓷馆	宁勤征	二等奖
黄釉"山峰"200 件秀梅瓶	部陶研所	王锡良	二等奖
粉彩"春桃"200 件高白釉瓶	为民瓷厂	王恩怀　李训　韩金保	二等奖
"四季花鸟"4 寸圆碟	为民瓷厂	王恩怀	二等奖
加彩"荔枝女"28 寸瓷雕	省陶研所	龚循明	二等奖
色釉三用台灯座	省陶研所	唐自强	二等奖
青花"鱼鹰"200 件银珠瓶式台灯	省陶研所	蔡杰	二等奖
蓝花釉"花芭"100 件花插	省陶研所建国瓷厂	蔡杰　王伟明	二等奖
"丝路花雨"壁画	艺术瓷厂	赵明生　赵紫云	二等奖
"西厢记"2 尺 4 四条屏瓷板画等76 件（套）作品	艺术瓷厂等	傅发生等	三等奖 76 项

4. 景德镇第四届陶瓷美术"百花奖"

1989 年举办，为了以最新的陶瓷精品与丰硕成果向中华人民共和国成立 40 周年献上一份厚礼，1989 年九月下旬，省陶瓷工业公司、市文联、部陶研所、省陶研所等单位联合举办了景德镇市第四届陶瓷美术"百花奖"评比活动。

9 月 21 日景德镇市第四届陶瓷美术"百花奖"评比活动开始初评，26 家单位的 485 人的 868 件（套）作品参加评展，其中陈设瓷有 742 件

（套），占送评作品的 87%；日用瓷有 126 件（套），占送评作品的 13%。这些送评作品，无论在内容、题材，还是在表现形式与手法方面，都较前三届"百花奖"有明显的拓新。不仅体现了广大陶瓷美术设计人员丰富的想象力和炽热的创新意识，而且充分显示了当代景德镇陶瓷美术的设计、创作与当代中国改革开放的时代潮流。

第四届"百花奖"活动的评比方法，在以往历届评比的基础上又做了改进。评比采取无记名与有记名相结合的方式，分初评、复评、终评三个阶段进行。初评以 50% 的比例，由 24 个单位的代表投票，分别选出日用瓷 56 件套进行复评；复评是由专家和教授 11 人组成的专家组，在初评的基础上，再次进行无记名投票，获得 5 票以上者有权进入终评；终评是由专家和教授 9 人组成的"终评委员会"，在复评的基础上，由终评委员会采取公开亮分，除去最高分和最低分，算出平均分当场公布名次，对取得参加终评资格的 133 件（套）作品进行民主评定。共计评出日用瓷一等奖 5 件（套）、二等奖 8 件（套）、三等奖 10 件（套）；陈设瓷一等奖 1 件（套）、二等奖 29 件（套）、三等奖 66 件（套）；新包装装潢奖 1 件（套）。另外还评出第四届陶瓷美术"百花奖"优胜单位 4 个、先进单位 4 个。

景德镇从事瓷业生产、科研、教育的有 5 万余人，其中有一定陶瓷美术设计能力的人约占 5%，这些人遍布在景德镇制瓷业的各个方面。而在这次参赛的 485 人中，有专业的，也有业余的；有从事科研教育的，也有直接从事生产的；有管理干部，也有普通工人；有国营或集体单位的，也有新兴个体企业及其他产业的，充分显示景德镇陶瓷美术设计的队伍实力。

景德镇陶瓷行业的青年职工占职工总数的 70%，青年陶瓷美术设计人员在全部陶瓷美术人员中所占的比例也大致相同。参加第四届"百花奖"评比活动的作者平均年龄在 35 岁左右，高者在 50 岁以上，低者在 20 岁以下，其中 50 岁以下的约占 95% 以上，35 岁以下的超过 60%。表明新一代力量已经崛起，并成为景德镇瓷业生产、教育、科研的主力军。

在第四届"百花奖"活动的参赛者中，45岁以上的约占20%，这些人是景德镇陶瓷美术设计的中坚力量。他们不仅装饰形式与表现手法已经风格化，更重要的是蕴藏着一股对艺术的执着追求和不懈探索的潜能，从而使得他们在运用传统的装饰形式进行创作设计时，大胆变革，力求一种新的情趣。

在荣获第四届"百花奖"评比一等奖的19件（套）作品中，有近60%的作品由青年陶瓷美术人员独立或参与创作设计，显示了景德镇青年陶瓷美术人员实力雄厚。在这些人员中，具有大中专以上文化程度的约占60%，其他接受过系统的专业及多学科知识的教育与培训的不少，他们在艺术修养、审美意识等方面，与前辈相比，不仅风格迥异，而且饱含着对艺术的执着追求和知识的综合积累。

1989年景德镇市第四届陶瓷美术"百花奖"获奖名单

作品名称	单位	作者	奖级
	省陶研所		四连冠优胜单位
	为民瓷厂 建国瓷厂 陶瓷馆		优秀单位
	部陶研所 东风瓷厂		先进单位
	曙光瓷厂 华风瓷厂		先进单位
日用瓷			
戈氏霁蓝描金12头西餐具	为民瓷厂	李 训	一等奖
青花"鱼乐"5头提梁茶具	曙光瓷厂	刘中荣	一等奖
影青10头茶具	陶瓷职大	范喜兰	一等奖
釉下刻花4头文具	省陶研所	赵文亮　唐德贵	一等奖

续表

作品名称	单位	作者	奖级
变色釉"樱花新雅"15头咖啡具	红旗瓷厂	孙同鑫　牛士荣　王国平　吴锦茂	一等奖
釉下彩仿粉彩92头餐具	红旗瓷厂	李文钟　游蔚翔	二等奖
结晶釉装饰6头啤酒具	新华瓷厂	赖德全　张耕夫	二等奖
"的美"15头咖啡具	为民瓷厂宇宙瓷厂	陈秀雅　黄文光	二等奖
厚胎"悟空"4头儿童餐具	为民瓷厂	刘少倩	二等奖
青花6头烟酒具	陶瓷职大	戴军华	二等奖
青花斗彩16头少儿饮具	人民瓷厂	刘霄	二等奖
海棠型"白玫瑰"6头西餐具	红旗瓷厂	孙同鑫	二等奖
青花10头咖啡具	宇宙瓷厂	黄文光　王小平　孙小兰	二等奖
"百花图"45头西餐具等10件(套)作品（略）)	宇宙瓷厂	李延龄等	三等奖10项
陈设瓷			
"苗家风情"500件柱形瓶	景德镇陶瓷学院	朱乐耕	一等奖
颜色釉100件青花三角瓶	为民瓷厂	裴足喜　韩有元　邵继柏	一等奖
粉彩"牵牛花"火炬瓶	省陶研所	戚培才	一等奖
粉彩"秋光图"400件梅瓶	省陶研所	徐庆庚　熊群安　汪茂才	一等奖
"丽人行"300件梅瓶	艺术瓷厂	王淑凝　王安维	一等奖
青花釉里红"喇叭花"200件敞口细足瓶	省陶研所	秦锡麟　白磊	一等奖
无光珍珠釉刻花"鸡"150件春蓉瓶	省陶研所	俞军　张建夫	一等奖
"京剧人物"150件八方英雄瓶	景德镇陶瓷学院	方李莉　朱乐耕	一等奖
色釉叶纹"新月"200件瓶	省陶研所	冯绍华　白磊	一等奖

续表

作品名称	单位	作者	奖级
色釉郎红"莲花"100件瓶	建国瓷厂 红星瓷厂 华风瓷厂	黄卖九　施家美 王伟明　陈国昌 张树林	一等奖
色釉装饰80件清境钵	省陶研所	胡景文　段兴国	一等奖
红绿彩"鱼草"200件小口瓶	省陶研所	田鸿喜　彭竟强	一等奖
"果莲"100件花蕾瓶	景德镇陶瓷学院	方李莉　朱乐耕	一等奖
"多思罗汉"瓷雕	古窑瓷厂	陈梦龙	一等奖
墨彩"韩熙载夜宴图"200件瓶	部陶研所	王秋霞	二等奖
青花斗釉下彩200件长青瓶	建国瓷厂 宇宙瓷厂	汪长序　陈国昌　张树林	二等奖
"雪堂客话图"圆盘	陶瓷馆	程元璋	二等奖
珍珠釉"吟"人物瓷雕	省陶研所	龚循明	二等奖
色釉综合装饰100件荷花瓶	建国瓷厂 为民瓷厂	王恩怀　周乐康 王伟明　陈国昌 张树林	二等奖
无光釉"荷花罗汉"瓷雕	省陶研所	唐自强	二等奖
青花"晚归"12寸人物瓷雕	省陶研所	龚循明　欧阳素	二等奖
无光釉图案敞口细足瓶	省陶研所	白　磊	二等奖
无光釉"戏鱼"150件罐	部陶研所	戴荣华　王金田	二等奖
红绿彩"马图"尺4圆盘	部陶研所	诸葛伟　戴玉梅	二等奖
红绿彩"乐在其中"80件罐	部陶研所	戴荣华	二等奖
综合装饰300件长寿瓶	建国瓷厂 红星瓷厂 为民瓷厂	王恩怀　黄卖九 陈国昌　聂新荣	二等奖
无光釉"故乡梦"瓷雕	部陶研所	张育贤	二等奖
青花斗彩"寿桃"150件斛桶瓶	为民瓷厂	王恩怀　蔡敬京　张建夫	二等奖
无光釉"喜庆罗汉"瓷雕	省陶研所	唐自强	二等奖
粉彩图案装饰200件火炬瓶	省陶研所	戚培才	二等奖

作品名称	单位	作者	奖级
粉彩"木兰荣归图"200件火炬瓶	省陶研所	唐德贵　戚培才	二等奖
青花斗彩"新疆美"健美瓶	省陶研所	龚循明	二等奖
青花斗彩"三色牡丹"尺8圆盘	宇宙瓷厂	蓝国华　黄风绥　刘银仔　王小平	二等奖
青花斗彩"锦鸡牡"300件瓶	宇宙瓷厂	李延龄　吴发明	二等奖
加彩"老顽童"10寸瓷雕	雕塑瓷厂	徐波	二等奖
色釉综合装饰天球瓶	省陶研所	王采　田鸿喜	二等奖
青花"山水"200件敞口细足瓶	省陶研所	邱含　白磊	二等奖
青花斗彩150件天球瓶	艺术瓷厂	熊星　施果　李泉　魏柳杨	二等奖
捏雕"海螺菊花"	雕塑瓷厂	万丽红	二等奖
青花釉里红200件长寿瓶	建国瓷厂红星瓷厂	黄卖九　陈国昌　聂新荣	二等奖
银灰釉捏雕窑口150件莲花瓶	建国瓷厂	徐江云　张小凡	二等奖
黑地描金"双龙戏珠"500件梅瓶	艺术瓷厂	胡观群	二等奖
青花釉里红"鳜鱼"200件长寿瓶	建国瓷厂红星瓷厂	黄卖九　张小凡　陈国昌　张树林	二等奖
彩盘包装设计"滕王阁"包装盒	瓷用化工厂	彭荣新	二等奖
青花釉里红敞口细足瓶等66件（套）作品	省陶研所等	白磊等	三等奖66项

（二）国际陶瓷节"瓷都景德镇杯"大奖赛概况

1. 首届景德镇国际陶瓷节精品大奖赛

1990年首届陶瓷节期间，在景德镇陶瓷馆举办"瓷都景德镇杯"国际陶瓷精品大奖赛，这次精品大奖赛共分日用陶瓷、陈设瓷、现代陶艺三

首届景德镇国际陶瓷节精品大奖赛颁奖大会

大类，来自海峡两岸和日本的 1157 件（套）作品参加角逐。器型新、装饰新、题材新、工艺新的总体特色，代表了当代陶瓷创作发展的新趋势。

　　首届精品大奖赛，经过评委们认真公正的投票、评分，共评出金杯奖 3 个，银杯奖 8 个，二、三等奖 221 个，荣誉创作奖 114 个。景德镇地区的作者不负众望，荣获陈设瓷和现代陶艺两个金杯奖和 7 个一、二、三等奖，58 个荣誉创作奖，获得团体冠军，向海内外陶瓷界显示了瓷都雄厚的人力实力。

2. 第二届景德镇国际陶瓷节精品大奖赛

　　1991 年，景德镇举办第二届国际陶瓷节精品大奖赛。参加大奖赛的品种有：中西餐具，茶具，咖啡具，厨房用具，文具，果盒具等十大门类 396 件（套）新产品。获奖作品在器型、工艺、生产装饰、功能等各个方面都有新的突破。

经评选，红星瓷厂制作、瓷用化工厂装饰的"瑞琼"30头独枝秀西餐具获金杯奖；宇宙瓷厂制作、瓷用化工厂装饰的"宇锦"45头西餐具获银杯奖；省陶研所制作的"春芽"6头日式"思敏"茶具，景德镇陶瓷学院、红旗瓷厂制作的"春絮"15头咖啡具，为民瓷厂制作、瓷用化工厂装饰的"雅文"16头咖啡具分别获铜杯奖。

此外，第二届大奖赛还评出一等奖7件（套）；二等奖10件（套）；三等奖15件（套）；设计奖42件（套）。同时，还评出制作奖一等奖1件（套）；二等奖2件（套）；三等奖3件（套）；新材质奖一等奖1件（套）；二等奖2件（套）；三等奖3件（套）；先进单位和先进组织工作者各10名。

参加第二届大奖赛的日用瓷新产品，具有三个特点：

原计划本届大奖赛参赛作品为150件（套），而实际参加展评数达到396件（套）。数量多，品种广泛，其中有中餐具、西餐具、咖啡具、茶具等11个类型。仅茶具一项就有提梁茶具、工夫茶具、各式茶杯、系列茶壶等等，在历次日用瓷评比中属少见。

作品的设计均是从新器型、新装饰、新材质、新工艺、新结构、新功能等广义概念出发，进行设计制作。如获金奖的30头"瑞琼"西餐具，其器型新颖、装饰高雅、瓷质优良，跳出了以往设计制作中的"圆"框框，以外方内圆的造型给人以新颖感而受到赞赏。又如红旗瓷厂制作的稀土色泥日用瓷，以新颖的装饰效果，加上引人注目的新材质，使稀土色泥日用瓷荣获新材质一等奖。

第二届日用瓷精品大奖赛的大多数产品，总体都较精细。尤其是荣获制作一等奖的4369工程（中国景德镇瓷厂）设计制作的咖啡具，以壶类整体注浆和浮雕纹饰为主要特色的新工艺、新技术获得大家的一致好评。

|第三节|

国瓷生辉

（一）"国家用瓷办公室"的由来及沿革

蜚声中外的景德镇陶瓷，在唐宋时期，就沿着陆上的"丝绸之路"和海上的"陶瓷之路"，源源不断地远销四海，扬名五洲。世界由瓷感知中国。

中华人民共和国成立后，党和国家对景德镇陶瓷的恢复与发展极为关注，曾经要求，代表中华民族文化艺术的中国瓷器，特别是景德镇瓷器，必须具有新中国的风貌。在党和国家领导人的关注下，1952年，时任中央人民政府政务院副总理和兼任中央文教委主任的郭沫若提议，创制新中国的国家用瓷与国家礼品瓷。郭沫若同志的提议，得到党和国家领导人的赞许，由周恩来总理亲自批示制作建国瓷，由轻工业部具体负责实施。1952年10月，由26人组成的建国瓷设计委员会正式成立，在此基础上成立设计工作室，工作人员中有中央美院的老师及学生。同时，还聘请北京国画社的工笔画家负责中国餐具图纸的纹饰描绘工作。1953年3月，建国瓷制作工作进入试制阶段，地点放在景德镇。为做好这项工作，景德镇成立建国瓷制作分会，中共景德镇市委、市人民政府主要领导亲自挂帅，建国瓷业公司的主要负责人以及专业技艺人员为制作分会委员，同时成立专业生产班组。试制过程中，克服许多工艺技术上的难题，历时3个月，将样品试制成功后，专程护送至北京轻工业部，转请周恩来亲审后组织生产。至 1954 年国庆前,建国瓷制作生产任务如期完成,用于中南海怀仁堂、北京饭店和新侨饭店宴会厅。

在此之前的 1950 年 5 月和 6 月份,刚成立不久的景德镇建国瓷业公司就曾接受中央人民政府 400 套加彩茶具和中央行政办公处 180 套加彩中西合璧餐具的制作任务。

此后,景德镇承担国家用瓷的任务越来越多,为加强这方面的领导,景德镇市于 1956 年 7 月设立国家用瓷制作委员会。1959 年成立景德镇市国庆用瓷办公室,承制中华人民共和国成立十周年活动用瓷。随着中国国际地位的不断提高,国际交往不断扩大,全国各大城市的宾馆用瓷、铁路、民航专用瓷、中国驻外 100 多个使领馆用瓷、国家领导人出访的礼品瓷等都要求景德镇承制。1972 年景德镇市正式设立"国家用瓷办公室",由省陶瓷工业公司革委会生产组管理,陶瓷加工服务部国家订瓷组负责具体工作。1979 年 3 月,中共景德镇市委将原有的国家用瓷办事机构从陶瓷加工服务部分离,进一步充实机构,加强力量,组成独立经营的"国家用瓷办公室",负责"三瓷"(国家用瓷、礼展品瓷、旅游瓷)的生产计划和销售。"国家用瓷办公室"服务对象为中共中央办公厅、外交部、驻外使馆、钓鱼台国宾馆、人民大会堂、文化部、中央军委、中南海和驻外使领馆及全国各大城市外事服务的宾馆、饭店等。凡上述单位需要瓷器,均由中央办公厅或国务院办公厅直接下达,或由需要单位直接到景德镇市定制。1984 年,国家用瓷办公室与景德镇市陶瓷加工服务部及省陶瓷工业公司销售科联合组成省陶瓷工业公司经销部(1989 年 3 月,更名为省陶瓷工业公司经销公司)。"国家用瓷办公室"职能由"礼展品科"和"订瓷科"承担。1992 年 2 月,国家用瓷办公室从经销公司划出,成立省陶瓷工业公司国家用瓷办公室。

（二）"国家用瓷办公室"的主要成果

中共景德镇市委在批准成立独立经营的"国家用瓷办公室"时，明确指示："国家用瓷办公室"的职能首先要将国家用瓷摆在第一位。在这一大前提下，还要发挥优势，积极做好出口和内销业务。在此后近 20 年的时间里，其隶属关系虽几经变革，但职责未变。

1979 年以后，随着改革开放的扩大，国际友人来访和我国领导人出访活动日益频繁，景德镇瓷器作为国家的珍贵礼品赠送给外国元首和政府要员，为数十分可观。据不完全统计，20 世纪 70 年代末至 90 年代初，由国家用瓷办公室组织陶瓷生产单位顺利完成国家领导人出访的礼品瓷 40 多个品种 5000 多件。其中有邓小平同志访问泰国时赠送给泰国国王的景德镇瓷雕"六鹤同春"，访美时赠给卡特总统的景德镇青花松鹤大瓷瓶；为江泽民主席访问日本而制作的特级高白釉温酒炉等，得到外交部贺电赞扬。这些礼品瓷对增进我国与世界各国人民的友谊，传播景德镇陶瓷文化发挥了重要作用，也进一步密切景德镇与世界的联系与沟通。与此同时，国家用瓷办公室还承担外交部、钓鱼台国宾馆及 390 多户大中城市宾馆饭店的国家用瓷和礼品瓷制作任务，组织生产大批量国家用瓷和礼品瓷。国家用瓷办公室平均年销售金额都在 400 万元以上。据统计，1985 年至 1990 年，国家用瓷办公室完成国家用瓷 2646.58 万件，实现销售额达 3413.27 万元，是景德镇国家用瓷生产销售的鼎盛时期。

随着我国国际地位的提高，与世界各国人民的交往不断增进，对外文化交流活动也日益活跃。"国家用瓷办公室"经常组织出国展览和展销，展示景德镇陶瓷传统文化成果。据不完全统计，1980 年至 1987 年，共组织外展 43 次，平均每年达五次以上。分别在日本以及东南亚、欧美等国家展出。从外展形式上看，既有世界性的博览会，也有地区性、专业性的博览会；既有外商组织的，也有由国家有关部门组织的，反映景瓷外展的多样性与灵活性。同时，采取展览与技术表演相结合，在很多次对外展览中，都配有景德镇陶瓷名家的现场表演，引起人们的极大兴趣，展现景德镇陶瓷文化的魅力。

景德镇陶瓷蜚声国内外，尤其以青花、玲珑、粉彩、颜色釉四大传统瓷独领风骚，多次获得国际、国内金奖。1984年，中国国际贸易促进会通过"国家用瓷办公室"选送人民瓷厂青花梧桐45头西餐具参加博览会，并在民主德国莱比锡春季国际博览会、捷克斯洛伐克布尔诺十五届消费品博览会和波兰波兹南五十六届国际博览会上，连获三块金牌。1992年，宇宙瓷厂成功生产70套"国徽瓷"送交外交部供应处，其质量达到我国青花瓷餐具的最高水平。1994年7月，"国家用瓷办公室"根据国家有关部门要求，与市瓷用化工厂共同研制开发出新一代国徽瓷花纸，圆满完成外交部的礼品瓷生产任务，为国争得荣誉。1995年8月，"国家用瓷办公室"承办在北京召开的第四届世界妇女大会礼品瓷任务，礼品由两块8.5英寸高白釉细瓷圆盘和两支高白釉薄胎瓶组成，共计2000件，向世界展示中华民族的文化魅力，赢得与会代表的好评。

景德镇陶瓷以东方文明的独有方式与气蕴，吸引世界目光，向世人展示其靓丽的身姿。例如：1974年北京饭店新楼落成，建国瓷厂制作长17米、宽5米，由三万多块120种颜色釉瓷片镶嵌而成的壁画"漓江新春"；20世纪70年代末80年代初，艺术瓷厂协同陶瓷艺术家为日本上野公园制作"兽图"，高岛屋火车站制作"四季繁荣图"大型瓷板壁画；1979年国庆前夕，由艺术瓷厂完成的首都机场大型壁画"森林之歌"等等，都是国家用瓷办公室出面订货或从中协调完成的。

随着景德镇国家用瓷在国内外名气的不断提高，国家用瓷办公室也声名远扬，成为景德镇对外联系的"窗口"和桥梁。几十年来，"国家用瓷办公室"通过工作关系和渠道，加强与党和国家领导人及国家有关部委的联系沟通，争取各级领导对景德镇的支持，为景德镇陶瓷发展，发挥了牵线搭桥的作用。1990 年景德镇举办首届陶瓷节，国家用瓷办公室驻京办代表，受市委主要领导的委派，多次上门拜会党和国家领导人，恳请李先念、王震、彭真、薄一波等国家领导人为景德镇陶瓷节题字。陈丕显、杨成武等领导及舒同、启功等一批名流书法家也为陶瓷节题词。国家用瓷办公室还积极配合和支持，景德镇陶瓷技术改造，如 4369 工程、华风瓷厂、焦化煤气厂等项目建设，为景德镇陶瓷发展做出了积极贡献。

（三）国家用瓷　国家礼宾瓷

国礼瓷是独具魅力的国家名片和文化使者。是国家国事、外事活动和重大文化交流的珍品，具有中华深厚的文化底蕴，凝聚了最优秀的陶瓷文化基因。因此无论在创意、造型、材质和制作技艺等各方面都独具特色，代表中国瓷业最高水准和品质。

青花瓷、玲珑瓷、粉彩瓷、颜色釉瓷、薄胎瓷等，是景德镇独树一帜的传统名瓷，在国内外享有盛誉，因此，理所当然成为国礼瓷的重要角色。在 1978—1993 年国家礼品瓷 183 批次的礼单中，四大传统名瓷的比重中占 86%。其中尤以青花瓷为最，占 50% 以上。

1. 国家礼宾瓷

（1）青花国家礼宾瓷

青花是我国最具有民族特色的瓷器装饰之一，其特点是着色力强，发色鲜艳，呈色稳定，纹饰永不褪色；画面丰富多彩，明净素雅，有中国水墨画的艺术魅力，被人们誉为"人间瑰宝"。

青花自古以来备受人们喜爱，明、清两代曾是帝王嫔妃、达官贵人的藏用之物，欧洲人也常珍藏青花瓷。

青花文具　造型稳重端庄，器型优美，构图简洁，以少胜多。采用青花分水技法，层次分明。1978 年，国务院副总理邓小平访问日本时把

青花文具

青花文具作为国礼，分别赠送给日本皇太子，福田康夫以及田中角荣、大平正芳等政要。1982年，中国国家领导人和有关部门把青花文具作为国礼，分别赠送给泰国诗琳通公主和日本首相铃木善幸、外相樱内义雄等。

"松鹤延年"青花瓷瓶 松树自古就是长寿的象征，仙鹤人们都视为吉祥之鸟，把两者结合在一起，珠联璧合，取意为"松鹤延年"，象征延年益寿，长青不老。

"松鹤延年"青花瓷瓶于1979、1983年先后两次被党和国家领导人出访时，作为国礼瓷分别赠送给美国前总统卡特和日本前首相福田康夫。

"松鹤延年"青花瓷瓶

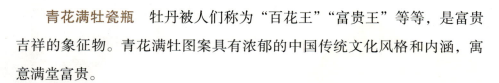

青花满牡瓷瓶

青花满牡瓷瓶　牡丹被人们称为"百花王""富贵王"等等，是富贵吉祥的象征物。青花满牡图案具有浓郁的中国传统文化风格和内涵，寓意满堂富贵。

1981 年、1989 年国家领导人把青花满牡瓷瓶作为国礼，分别赠送给马里副外长贝耶、阿联酋外长拉西德·阿卜杜拉。

青花梧桐餐具　市人民瓷厂生产的青花梧桐餐具，瓷质温润如玉，器形轻巧大方。设计人员用中国画的散点透视笔法，把丰富多彩的山水人物、亭台楼阁，浓淡有致地描绘在不同的品种上，布局得体，层次分明，十分典雅秀丽，有鲜明的民族风格。具有强烈的东方艺术色彩，曾多次获国际博览会金奖和国家优质产品金奖。

青花梧桐餐具

1985年、1990年国家领导人把青花梧桐餐具分别赠送给苏联副总理阿尔希波夫和巴基斯坦外长雅格布·汉。

青花满牡梅瓶　梅瓶为瓶式器型中的佼佼者，初为盛酒用具。自宋代开始流行；元代梅瓶除圆形外，尚有八方形；明清时梅瓶器型从瘦长秀丽演变为壮实丰硕，并由日用瓷渐变为陈设瓷。

青花满牡梅瓶吸收了清代的造型和装饰风格，雍容华贵，稳重大方。此类花瓶多次被国家领导人和有关部门作为国礼赠送给国际友人。

1981年，国务院副总理谷牧访问卢森堡时把青花满牡梅瓶作为国礼赠送给卢森堡首相。

青花满牡梅瓶

（2）青花玲珑国家礼宾瓷

青花玲珑瓷，又称"米通"瓷，外国称它为"嵌玻璃的瓷器"，它是在同一件瓷器上，既绘有青翠欲滴的"青花"，又布有碧绿透明的"玲珑"；二者相互衬托，相映生辉，在世界独树一帜。

青花玲珑瓷瓶　青花玲珑瓷瓶造型秀美，装饰明丽，产生出柔和的美感。主图装饰为"蝶花"，寓意春光无限好。

1980 年、1989 年，国家领导人把青花玲珑花瓶作为国礼分别赠送给日本首相和加拿大总督。

青花玲珑餐具　青花玲珑餐具，造型设计简洁大方，装饰青花蝶恋花图案清新淡雅。

66

青花玲珑瓶

青花玲珑餐具

1987 年外交部部长吴学谦，1989 年国务院总理李鹏，把青花玲珑餐具作为国礼，分别赠送给泰国外长西提沙卫西拉和巴基斯坦总统伊沙克·汗。

青花玲珑文具　青花玲珑文具，线条丰富多样，装饰清新明朗，通过青花如意、海水边纹的传统装饰手法，使该套文具更具艺术魅力。1978 年，国务院副总理邓小平访日期间，把青花玲珑文具作为国礼赠送给日本前首相三木武夫和日本内阁官房长官二阶堂进。

青花玲珑咖啡具　青花玲珑咖啡具，造型简洁，装饰大方，青花边纹配以玲珑图案清新雅致，活泼隽秀，意趣盎然。

1979 年，国家领导人访问西德、英国时，把青花玲珑咖啡具作为国瓷礼，分别赠送给西德总理和英国外交大臣。1980 年，外交部部长黄华访问巴基斯坦和新加坡时，将青花玲珑咖啡具作为国礼，分别赠送给巴基斯坦西北境省省长和新加坡总理。1982 年，黄华访问西德时，又将青花玲珑咖啡具作为国礼，赠送给西德副总理、外交部部长根舍。20 世纪 80 年代国家领导人和有关部门常把青花玲珑咖啡具作为国礼，赠送给外

青花玲珑咖啡具

国领导人等，如曾赠送给美国总统、冈比亚副总统，马耳他外长、土耳其外长、爱尔兰外长、巴西外长、卢旺达总统、马耳他总理、联合国秘书长、巴巴多斯外长、几内亚（比绍）主席等。

（3）高温颜色釉国家礼宾瓷

高温颜色釉瓷。高温颜色釉以丰富多彩的釉色，精致完美的器物，风格迥异的造型，清亮耀目的光环，成为陶瓷中一颗闪耀的明珠。它品种繁多，五光十色，绚丽多彩，晶莹悦目，被人们誉为"人造宝石"。

三阳开泰瓷瓶 "三阳开泰"是建国瓷厂生产的名贵颜色釉产品之一，它是将乌金釉和郎窑红釉两种色釉交织填涂在器物上，烧成以后，釉色在黑色的基调中等距离地呈现红色，像三个太阳在闪闪发光，给人以一种热情奔放、欣欣向荣的美感。它多用于装饰造型优美的花瓶。"三阳开泰"其意为冬去春来、阴消阳长，万物复苏，吉祥之象。

68

高温颜色釉三阳开泰瓷瓶，多次被国家领导人和有关部门作为国礼赠送给国际友人。1978 年，国务院副总理邓小平访问日本和新加坡时，分别将其赠送给日本和新加坡领导人；同年，国务院副总理耿飚访问索马

三阳开泰瓷瓶

里时，赠送给索马里总统和副总统；1980 年，全国人大常委会副委员长邓颖超访问法国时，将瓷瓶分别赠送给法国罗纳省省长和维莱兹市长、巴黎市长；同年，国务院副总理姬鹏飞访问吉布提时，赠送给吉布提总理；1981 年，国务院副总理谷牧访问西班牙时，赠送给西班牙首相；同年，全国人大常委会副委员长彭冲访问日本时，将瓷瓶分别赠送给日本外相和日本副议长。国家领导人和有关部门还将瓷瓶赠送给加蓬外长、荷兰外长、加拿大外长、哥伦比亚外长和美国国务卿基辛格等政要。

郎红釉美人肩瓷瓶 "郎红釉"，其表层釉色似初凝的牛血，红而鲜艳，晶莹光亮，器物内外均有较大的龟裂纹理。该釉在高温焙烧的过程中会向下垂流，故瓷器上部的色釉较淡，下部的釉色较浓。郎红釉瓷有"人造红宝石"之美誉。

1978 年，全国科技大会召开，广大科技人员受到极大鼓舞，科研成果层出不穷。1979 年，建国瓷厂试制成功大件郎红釉新配方，在柴窑中第一次烧制成功 64 厘米高的郎红釉美人肩瓷瓶，被称为奇迹。

郎红釉美人肩瓷瓶，造型似亭亭玉立的美人，多次被选作出访的国礼。1986 年，国家领导人把郎红釉美人肩瓷瓶作为国礼赠送给朝鲜

郎红釉美人肩瓷瓶

国家领导人金日成。

"花好月圆"挂盘 1983 年 9 月，全国人大常委会副委员长陈丕显访问欧洲，将象征中意两国人民友谊的 12 寸花好月圆青花釉里红挂盘赠送给意大利参议院议长科西加。

"花好月圆"挂盘，采用手工拉坯成型，先在坯体上刻划图案，然后在花朵上填上釉里红，在枝叶部位填上青花，经过柴窑高温煅烧。洁白如玉的盘面上，鲜活的枝头盛开着两朵硕大牡丹花，一左一右，相互顾盼，瓷盘右上部祥云处，"花好月圆"四字，自然洒脱，点明了繁荣、和谐、友谊的主题。

"花好月圆"挂盘的器型花面，均由建国瓷厂技术科设计人员和传统手工瓷生产车间老艺人共同研究设计制作。

钧红釉芭蕉四方瓶 钧红釉芭蕉四方瓶造型似芭蕉叶形，故称芭蕉瓶。它是用瓷泥压制成"泥板"镶制而成，俗称"镶器"。表面以钧红釉装饰经高温两次烧成。该瓶稳重大器，釉色红而不艳，造型线条简练流畅，广泛用作我国政府部门的陈设和外事活动的礼品。

70

（4）粉彩、薄胎、雕塑等国家礼宾瓷

粉彩瓷 具有粉润柔和，色彩丰富，画工细腻，富丽堂皇的独特风格。外国友人把它喻为"玫瑰族瓷器"并把它赞为"东方的艺术明珠"。

薄胎瓷 是久负盛名的特种工艺传统产品，俗称"蛋壳瓷"。胎壁大小不超过 0.5 毫米，具有"薄如蝉翼，亮如玻璃，轻如浮云"的显著特色。国际友人把薄胎瓷的技艺称为"神技"。把薄胎瓷誉为"天上才有的珍品"。

雕塑瓷 依照操作方法的不同，景德镇陶瓷雕塑分为：圆雕、捏雕、浮雕、镂雕、堆雕等。品种繁多，具有瓷质光洁，造型优美，千姿百态的艺术特色。

粉彩水点桃花咖啡具 用笔自由流畅，多运用中国画的写意技法和

"花好月圆"挂盘

钧红釉芭蕉四方瓶

粉彩水点桃花咖啡具

章法，特别是采用水点桃花技法，具有浓厚的中国文化艺术风格。"水点"技法，摒弃了先勾画花头轮廓，再用油料多层次洗染的传统技法，而直接用"玻璃白"点出花的形象，然后以含彩料的水笔加以点染，使彩料浓淡自如，效果奇佳。而尤以水点桃花运用流传最广，故称"水点桃花"。

1978 年，国务院副总理耿飚访问加纳时，把粉彩水点桃花咖啡具作为国礼，赠送加纳外长；1979 年，外交部部长黄华访问南斯拉夫时，把粉彩水点桃花咖啡具作为国礼，赠送给南斯拉夫外长；1981 年，全国人大常委会副委员长姬鹏飞分别访问贝宁、多哥、塞拉利昂时，把粉彩水点桃花咖啡具作为国礼，分别赠送给贝宁外长、多哥外长、塞拉利昂外长。

"薄如纸、白如玉、明如镜、声如磬"是对薄胎瓷的真实写照。

"打马球"薄胎瓷碗，装饰题材为"唐代仕女打马球"，是我国较早的体育运动项目之一，为"北京奥申委"特制的礼品瓷。

高白釉瓷是景德镇陶瓷的一大特色，洁白如玉，轻巧透明。

高白釉鱼草茶具以鱼草题材装饰别具一格，寓意吉祥，多次被国家领导人和有关部门作为国礼瓷赠给国际友人。1980 年、1981 年国务院总理先后把高白釉鱼草茶具作为国礼分别赠送给澳大利亚外长皮科克、日本首相铃木善幸和缅甸总统吴山友 1980 年，全国人大常委会副委员长邓颖超访问泰国时，将高白釉鱼草茶具作为国礼，分别赠送给泰国总理克立·巴莫、前外长差提·春哈旺。

戈氏西餐具 戈氏西餐具是 1989 年为迎接苏联领导人戈尔巴乔夫访华研制的西餐具，由为民瓷厂美研室美术设计人员设计创作。

戈氏西餐具在造型上综合了景德镇名瓷的特点，如双耳杯就是在正德器基础上加以改进的。装饰采用腐蚀金工艺，以孔雀蓝为底，配以菊花图案，再描金边，既符合俄罗斯民族文化传统，又适合国宾馆的豪华气派，庄重大方，富丽堂皇。

戈氏西餐具

第四届世界妇女大会薄胎纪念瓷　是为第四届世界妇女大会首次在中国北京召开而特制的。

礼品瓷由两块 8.5 英寸高白釉细瓷圆盘和 2 支 50 件高白釉薄胎花瓶组成，印有"第四届世界妇女大会"会标，有两个画面：一个以敦煌壁画为背景，主题是一东方女性手捧和平鸽，意蕴中国妇女热爱和平；另一画面以一组世界古典文化图案为背景，以不同肤色妇女为主题，背景图案中心为和平鸽，充分体现了世界妇女"平等、发展、和平"的主旨。装饰手法既有中华民族文化背景，同时又有鲜明的时代风貌。

第四届世界妇女代表大会纪念瓷

瓷雕花筛　用优质高白泥经特殊的瓷雕工艺制作而成。以工艺技巧细腻、构思新奇独特、意境儒雅华美为人们所赞美。题材多以花鸟虫鱼为主，栩栩如生，具有浓郁的民族文化特色。在我国外事活动中以此作为国礼赠予国际友人。

2. 国家用瓷

（1）第五届全国运动会奖品瓷。

在国际、国内的重大体育比赛，奖品都沿用景泰蓝、银杯组合式或其他金属与塑料制品组合式等。

1983年，第五届全国体育运动会，首次选用景德镇陶瓷作为所有项目奖品。团体赛冠、亚军与第三至第六名优胜奖名次奖品，分别是施以钧红、粉红、豆青、霁蓝、天青、黄釉等六种高温颜色釉的瓷瓶。奖杯美观大方，庄重，镶嵌于奖杯身上的金色巨龙，光亮璀璨

体育竞赛各个项目的优胜名次获得者的奖品分别是精心绘制的"搏击风浪""百舸争流""雄鹰展翅""高山劲松""飞龙腾

中华人民共和国第五届全国体育运动会团体奖杯

中华人民共和国第五届全国体育运动会项目奖挂盘

空"等画面的 4500 余块瓷器挂盘，表现我国体育健儿为国争光，顽强拼搏的精神。

运动会授予最佳运动员的奖品，是飒爽英姿手捧奖杯女运动员形象的瓷雕，具有玉器般的影青色泽，形象素淡典雅，俊美动人。

中华人民共和国第五届
全国体育运动会最佳运动员
奖品

国徽瓷

78

（2）国徽瓷。

1987年，省陶瓷工业公司为完成好国徽瓷生产任务，从各大瓷厂调集设计人员和青花生产技艺人员，与宇宙瓷厂职工一道奋力攻关，精心选料，精心制作，于1989年和1992年成功生产两批青花装饰的国徽瓷。

青花国徽瓷由13个品种，118件瓷组成。继承发扬了传统青花瓷优点，画面素雅，釉面温润，瓷质细腻，器型优美。

（3）中国共产党第十四次代表大会主席团用瓷。

1992年8月红旗瓷厂调集精兵强将，精心制作，圆满完成党的十四大用瓷任务。品种有釉下彩高白釉金中茶杯、茶杯托、烟缸。花面是由14个寿桃组成。

第二章
科技兴瓷　技术改造

　　党的十一届三中全会以后，在国家支持下，景德镇陶瓷工业得到迅速恢复和发展，陶瓷生产和销售形势良好，在国务院主管部委和省市领导的重视和支持下，景德镇陶瓷实施大规模的技术改造，并取得重大进展，基本实现轻工总会提出的原料标准化、辅材专业化、燃料煤气化、工艺现代化、产品高档化的目标。随着国际交往频繁和国内陶瓷技术交流活跃，陶瓷科技不断进步，新产品、新工艺、新花面推陈出新，丰富多样。

科技兴瓷

1978 年 3 月，全国科学技术大会召开，首次提出"科学技术是生产力"。在宏观政策引导下，景德镇制定了一系列科技政策和激励措施，有力地促进了科技兴瓷。

（一）新技术改造传统产业

1979 年以来，景德镇陶瓷工业在继续发扬景瓷传统技艺基础上，通过技术改造，引进国外先进技术设备，走出一条传统工艺与现代科技相结合的路子。陶瓷生产彻底摆脱了历史上长期遗留下来的"粉碎靠水碓，练泥靠脚踩，成型靠手工，干燥靠日晒，烧窑靠松柴"的落后生产方式。陶瓷原料开采、加工精制技术不断发展，成型工艺日益进步，朝着机械化、自动化、现代化目标迈进。

从 20 世纪 80 年代初到 90 年代中期，景德镇陶瓷获国家发明奖 7 项，省陶瓷工业公司部省级科技进步奖 127 项，部省优新产品奖 164 项，市级科技奖 41 项。

1991 年，省陶瓷工业公司被轻工业部授予"全国轻工业科技进步先进单位"称号。

1. 陶瓷原料

1988 年，省陶瓷工业公司陶瓷原料总厂承担的国家星火计划项目中第一家实施对废尘、废渣的综合利用，实施后年新增产值 120 万元、利税

40万元，每年减少3000吨废尘、废渣。成果获1992年国家星火计划三等奖、省星火计划一等奖。

1989年10月，原料总厂研制成功制瓷原料"高白泥"，试产70多吨，是生产高档日用瓷、陈设瓷以及纺织瓷的理想原料。

1991年，原料总厂的陶瓷原料"陶瓷原料精选中试及设备研究"纳入国家"八五"重点科研攻关项目，建立陶瓷原料中试线。经陶瓷原料水旋分离、超细粉碎、高梯度去铁的中试，效果良好。1996年3月，经过5年的努力项目顺利完成。

1996年4月，由中国轻工总会陶瓷研究所主研，全国科研院所、大专院校和厂矿企业16个单位协办的国家重点科技攻关项目"陶瓷原料精

20世纪80年代的原料车间练泥机

选、坯料精制技术的研究"顺利通过国家验收。该项目从原料精选到坯料精制以及尾砂综合利用等一整套工艺技术和设备分 4 大研究课题 16 个专题进行技术攻关，项目的高梯度磁选、超细粉碎、离心分级、微机配料、涡流混合以及检测监控技术等全部采用国产设备，取得成果 37 项。其中，陶瓷原料干法精选达到 20 世纪 90 年代初国际先进水平，使陶瓷原料生产由手工操作向机械化、自动化生产跨越。8 月，通过在中国轻工总会科技发展部主持召开的技术鉴定会。原料总厂所建成的第一条陶瓷原料精选中试线，为生产高档次的优质原料提供中试基地。1997 年，《日用陶瓷坯料制备工艺与设备》及《陶瓷原料精选中试检测监控系统的选型研究》两个专题获轻工总会科技进步三等奖。

这一时期，陶瓷原料在降低坯、釉料烧成温度；运用腐植酸钠改进工艺性能；稀土应用推广和尾砂治理等方面都有所创新和提高。

2. 成型工艺

1981 年，曙光瓷厂研制成功大型旋压成型机，生产瓷质凉墩、箭筒、莲子缸等特大型品种，取代手工拉坯成型操作，工效提高 2 ~ 5 倍。

1987 年 8 月，宇宙瓷厂承担的"阳模滚压成型工艺中试"通过专家鉴定后，全省第一条阳模滚压成型生产线在该厂正式投入生产。

1990 年 12 月，市电瓷电器公司研制 Z5W6-220/8 高强度耐污加强型棒式支柱绝缘子成功，获省科技进步二等奖。同年，GW7-220KV 高压隔离开关试制成功，完成棒式支柱绝缘子系列产品研制，成为全国生产品种最多的厂家。500KV 耐污棒式支柱绝缘子产品得到国家科委、计委、冶金部、财政部的联合表彰和国务院重大技术装备领导小组的嘉奖。

1991 年 9 月，景德镇瓷厂从德国引进的等静压成型设备安装调试成功，并投入生产，整个成型过程在密闭装置内进行。加压、定压、超压时间均可自由调节和控制，坯体不需干燥，适应性、应变性强，适用于盘类等各种形状扁平产品的规模生产。

1993 年 8 月，华峰瓷业有限公司开发的高强度瓷质地面砖，经国家建筑卫生陶瓷质量监督检验中心检测，其尺寸、表面质量、吸水率、抗弯曲强度、耐急冷急热性、抗冻性、莫氏硬度、耐磨性八项指标达到并超过标准。

1997 年，市陶瓷机械厂试产 TC3360 全自动建筑陶瓷墙地砖压制成型设备液压压砖机，并通过国家鉴定。采用电脑控制全自动循环工作，具有 90 年代先进水平，是江西省 96 年度第一批重点新产品开发项目。

3. 烧成技术

20 世纪 70 年代，景德镇延续以煤烧瓷、烤花、烘坯的工艺，烟尘污染成为不可承受之重，清洁烧瓷势在必行。

1980 年 6 月，艺术瓷厂台车窑烧炼过程自动控制，市高档瓷指挥部研制的日用瓷还原焰燃油台车窑分别获省科技成果三等奖。

1981 年 9 月，省陶瓷工业公司技术科研制的大截面辊道烤花窑获省科技成果二等奖，10 月由省陶瓷工业公司设计的江西省第一台 C8G32 型辊道烤花窑在宇宙瓷厂安装投产。经鉴定认为，此烤花窑具有 80 年代国际先进水平，是国内第一流的新型彩烧窑炉。

1984 年，华风瓷厂建成烧发生炉煤气的隧道窑 4 条。

1988 年 2 月，光明瓷厂首次建成条长 22.5 米的电热辊道烤花窑。同年 3 月，红星瓷厂兴建的第一条 81 米焦炉煤气隧道窑建成投产。7 月，宇宙瓷厂与航空航天部 602 研究所共同研制出"32 米燃油辊道烤花窑微机控制系统"，在国内陶瓷工业中居领先地位。

20 世纪 80 年代中期，省陶瓷工业公司与焦化煤气厂筹建处开展煤气烧瓷坯釉配方研制、试验，为第四代能源的应用做好技术准备。

1988 年 9 月，光明瓷厂从联邦德国引进的 82 米焦化煤气隧道窑点火投产，节能 50%。

20 世纪 80 年代的彩绘车间烤花窑

1984 年建成的华风瓷厂煤气发生炉

1989 年，景德镇市被国务院电子信息办公室列为微电子技术改造传统产业项目试点城市。

1990 年，红旗瓷厂研制成功的微电子技术控制还原焰煤气隧道窑，属国内同行业首创。1991 年 2 月，通过国家级验收，项目采用微机控制的电热烤花炉，缩短烤花时间 30%～60%，节电 30%～50%，烤花质量提高 2% 以上，缩短了工时，每月节电 20 万度，增收近 10 万元。1992 年，完成微机控制辊道烤花窑 3 条，微机控制冷净混合发生炉煤气生产装置 1 套，至年底陶瓷行业的烤花炉全部使用微机控制。

1990 年 8 月 16 日，雕塑瓷厂率先引进的澳大利亚波特欧肯公司液化石油气梭式窑顺利点火。

1992 年 6 月，中国瓷都洁具厂从德国雷特哈默公司引进技术建造一条明焰、宽体、裸烧煤气隧道窑，窑长 80 米、宽 2.10 米、高 0.75 米，具有截面大、产量高、温差小、燃耗低等特点。烧成时间 18 小时，日产 1130 件，能耗 1786 千卡／千克瓷。由市窑炉建筑工程公司承建，法国雷特哈默公司专家调试，达到 20 世纪 80 年代末世界先进水平，是生产高、中档卫生洁具的专业化窑炉。

1995 年 6 月，景德镇瓷厂研制的日用高档瓷原料配方、等静压成型、二次烧成等三大技术课题，通过中国轻工总会、中国陶瓷工业协会及高等院校、科研院所和国内主要产瓷区专家学者组织的国家级鉴定。在国内硬质瓷生产中首次全面消化和应用低温素烧、高温釉烧的二次烧成新工艺，其技术属国内领先。

1996 年 5 月，由市陶瓷科研单位研制的节能燃气间歇多用梭式窑，以液化石油气为燃料，窑体为全纤维结构，有效容积为 0.50 立方米；窑体轻，可灵活移动，窑底板固定不动，对装烧重心高、易倒产品非常有利。能烧制不同工艺曲线的产品，如本烧、烤花、素烧等。且升温快，温度均匀，窑体蓄热少，操作灵活，烧成稳定，产品合格率均在 98% 以上。烧成最高温度 1350℃，窑内上下温差 ≤ 10℃，千克瓷能耗 24513.08 千焦，并且装窑方便，劳动强度低。

4. 装饰材料

20 世纪 80 年代，艺术瓷厂研制的新产品色釉粉彩，即在高温色釉瓷胎上加绘粉彩，既保持颜色釉的特有风格，又拓宽了粉彩瓷的艺术视野。

20 世纪 80 年代后期，景德镇青花艺术有新的突破。1979 年，新华瓷厂革新成功青花带水贴花，提高工效，但水色是采用手工刻画册纹制版印刷而成，效果比较粗糙，水色中可见明显册纹，且速度慢，影响了带水全贴花新工艺投产使用。1980 年，新华瓷厂采用 80 目册纹感光制版，册纹规格致密，成瓷效果好，制版方便，使青花带水全贴花新工艺得以推广使用，经济效果显著，并获得省经委技术改进三等奖。

"八五"技改期间的花纸生产

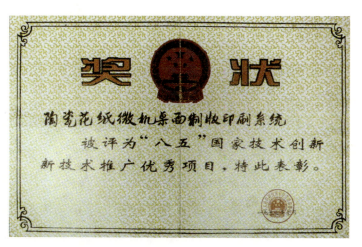

陶瓷花纸制版印刷系统获国家表彰

1989年12月，雕塑瓷厂研制的系列瓷雕奖杯和瓷质砂金釉在瓷雕上应用等科研项目，通过省级鉴定。

1992年，瓷用化工厂研制釉中彩贴花纸成功。1994年，成功开发出釉中彩颜料和釉中彩贴花纸，填补省内空白。成功试制14个釉下彩颜料品种，并基本形成系列，同时试制成功釉中彩花纸7个品种，为生产高档瓷、出口瓷创造良好的条件。釉中彩装饰是一项具有国际先进水平的陶瓷工艺，经高温快烧后，使釉中彩颜料沉浸在釉层中，兼具釉上彩及釉下彩的许多优点。

1995年，瓷用化工厂新开发"玻璃花纸""玻璃电光水"，又研制成功用于不锈钢器皿的"不锈钢颜料"和"不锈钢花纸"。年底，生产不锈钢颜料13个品种，基本形成系列；不锈钢花纸10个，其中7个花面批量生产。在此基础上，还研制开发出高档艺术瓷盘小膜花纸"洛神"，并在中国丝网印刷及制像协会举办的第8届金网奖大赛中获得银奖。

5.综合技术成果

1986年10月，市歌舞团研制成功的瓷瓯，经文化部推荐参加在武汉举办的"全国第二届发明展览会"，获国家发明银质奖。瓷瓯造型独特、音色优美，是一种国内首创的新型旋律性打击乐器。它用 40 个大小不等，厚薄不一的瓷盘排列组合而成，按中国古代十二律排列音位，音色清脆明亮，具有金石之声、钟磬之韵味。在此基础上，相继研发出瓷编钟、瓷管钟等一系列瓷乐器。

1989 年 1 月，市陶瓷窑具厂引进英国莫来石窑具生产线，使用寿命是一般高铝匣钵的 5 倍。

1990 年 4 月，光明瓷厂试制高铝质全封闭匣钵涂料成功，首次在陶瓷行业应用，可以降低落渣率，解决瓷器的红疤、粘疤等缺陷。12 月，光明瓷厂成功研制碳化硅硼板，以人工合成碳化硅晶体为原料制成，具有热传导性能好，耐高温、机械强度高的特点。

1991 年 1 月，石膏模具厂从德国引进的 α 石膏生产线投产，抗折强度为每平方厘米 46 千克，比原石膏产品每平方厘米 20 千克提高 1.25 倍，产品在全市各瓷厂推广使用。

1993 年，石膏模具厂试制成功 K 型石膏，比原来的 β 石膏强度高 2 ~ 3 倍，用于制作母模、种模、主模，成坯合格率达 95%，塑压成型每套模具能成瓷 800 件，相当于 20 套注浆模的成瓷量。

（二）科技兴瓷全方位开展

改革开放 20 年来，景德镇陶瓷工业以"振瓷都声誉，创一流水平"为目标，瞄准国际先进水平，不断采用新技术，推广新工艺，开发新产品，取得丰硕成果。

1. 新技术 新材质

1980 年，宇宙瓷厂率先使用"反装匣体"装烧 14 寸鱼盘，有效地减少烧成过程中的落渣，产品质量得到提高；省陶瓷工业公司和部陶研所共同研制的降低粉彩瓷铅溶出量（小试）项目获轻工部颁发的科技成果四等奖和省政府科技成果二等奖。

1984 年，人民瓷厂将传统的青花和影青刻花的艺术特色巧妙地结合，研制出晶莹剔透、幽靓高雅的"青花影青瓷"，生产工艺、色调配方、制作技术有重大突破。红星瓷厂研制的氧化钽坩埚，以单一熟料为原料，着重解决黏结剂、成型、装烧以及克服产品开裂变形等关键技术，制作的坩埚用于煅烧光学级氧化钽，产品可替代铂金坩埚使用，工艺属国内首创，获 1987 年度国家发明四等奖。

1988 年，陶瓷传感器研究所利用天然湿敏陶土研制的传感器受到国内外关注，处国际领先地位，获国家发明四等奖。

1989 年，人民瓷厂研制的提高青花日用细瓷耐热冷急变性能项目，以适应餐馆饭店高温消毒、机械洗涤。通过在瓷釉中加入适量的硅灰石做助熔剂，成功研制硅灰石青花釉。成瓷的热稳定性、光泽度、吸水率、维氏硬度等指标分别超过《GB10811—89 青花日用细瓷器》的技术要求，属国内日用瓷工业生产首例，成果获 1991 年度江西省科技进步三等奖。

1992 年 10 月，人民瓷厂为了满足高档民间青花瓷的艺术创作需要，研制开发现代陶瓷新技术新材质。新型青花色料选用较高纯度的着色金属氧化物由人工合成配制，选用氧化钴、氧化铝、氧化铁、氧化铬、氧化铜化工原料等，部分优质瓷用原料和少量的钴土矿作为添加剂成分，应用理论数据按比例精确配制而成，色料制作工艺技术简单易行，绘制方便。呈色沉着而鲜丽、色泽安静明快，青釉和青料的发色协调，舒适柔和，有极好的艺术表现力。

2. 新工艺 新装饰

1979 年，红旗瓷厂的 BTW 新工艺先后获国家发明四等奖、省科技成果一等奖和国家经委颁发的金龙奖。1980 年，省陶瓷工业公司与部陶研所合作研制成功五种不同色调的釉中青花料，用釉中青花料制成丝印贴花纸装饰日用瓷，经 1250 摄氏度烧成后，画面与瓷釉熔合，耐磨、耐酸、耐碱，装饰效果近似釉下青花，铅溶出量低于西德同类产品。由于釉中青花呈色稳定，易于配套，适用于高档瓷、出口瓷装饰。1980 年 12 月该项目经市科委鉴定，并在同年获得省人民政府科技成果二等奖。省陶瓷工业公司腐殖酸钠在陶瓷工业中的应用、建国瓷厂大件郎红釉配制工艺研究获省科技成果三等奖。人民瓷厂陶瓷釉下彩花纸印刷机，市匣钵厂碳化硅匣钵，景兴瓷厂、新华瓷厂煤烧瓷烟气净化装置，红星瓷厂快速干燥器，人民瓷厂自动排渣振动筛分别获省科技成果四等奖。红星瓷厂高白釉水晶刻花 500 件皮灯新工艺获省科技成果三等奖。陶瓷机械厂 A 型真空练泥机获省科技成果四等奖。红旗瓷厂、陶瓷机械厂 16 型石膏真空搅拌机获省科技成果四等奖，陶机二厂 100 型单隔膜泵获省科技成果四等奖。

3. 新产品 新瓷种

"六五"至"八五"期间，省陶瓷工业公司共下达新产品开发项目 250 余项，完成并通过鉴定 212 项。新产品开发主要集中在：改变产品结构，提高产品档次；应用新的原材料创造新的瓷种，增加产品系列；改变产品使用功能，使普通日用陶瓷具有多功能效果。

1981 年 9 月，人民瓷厂的古典花面青花餐具，光明瓷厂生产的宝坛式青花玲珑餐具，在美国纽约展出，被誉为"王牌产品"，并接受批量订货。1983 年 9 月，建国瓷厂专项设计制作的高温颜色釉瓷瓶被选用为第五届全国运动会奖品。艺术瓷厂应用稀土元素研制成功"五彩玲珑"，使玲珑釉由单一的青绿色发展到有红黄蓝等多种色彩的装饰。1985 年，雕塑瓷厂生产的大型福禄寿三星和艺术瓷厂生产的薄胎碗，在香港华润大厦举办的"江西省出口商品展览会"上展出，被称为世界上最大的陶瓷产品。1986 年 3 月，宇宙瓷厂生产的"红楼梦十二金钗"系列艺术瓷盘"宝钗扑蝶"，首批运抵美国芝加哥，为中国首次进入美国彩盘中心的瓷器。美国《彩盘世界》杂志推选该彩盘为 1987 年在美国"彩盘世界"最受欢迎

宇宙瓷厂生产车间制作"红楼梦十二金钗"瓷盘

"红楼梦十二金钗"瓷盘获美国布莱福特彩盘交换中心奖杯，
创作者、企业领导和省进出口公司领导合影

建国瓷厂彩虹釉瓷盘

的彩盘。中国陶瓷产品在美国《彩盘世界》获奖还是首次。1988 年，人民瓷厂研制的"青花六头保温餐具"获"外观设计"专利；红旗瓷厂研制的稀土釉下仿粉彩瓷获国家专利。

1989 年，建国瓷厂研制完成的一次高温烧成陶瓷彩虹釉，用稀土做色助剂，可在盘类产品上自然产生奇异的红、橙、黄、蓝、白、紫、粉等七色彩环，色调清新淡雅，色彩转化柔和，釉面光泽度极高，在阳光或强光照射下可见彩虹般金属折射光。1989 年获国家四等发明奖。1990 年获第 39 届尤里卡国际发明博览会金奖。

1990 年，人民瓷厂开发出一种多功能组合花瓶。该产品根据现代生活对装饰组合多用变化的要求设计。由花瓶和瓶座两部分组合而成，分开时花瓶部分可以插花，也可以作为台灯；瓶座部分可作为文具、烟具、果盒，组合起来是一只完美的花瓶，是实用与艺术陈设相结合的新产品，获江西省轻工厅优秀新产品奖。以生产各种规格类型瓷壶而闻名的东风瓷厂，为了满足人们日益丰富的生活需要，开发出一种多功能用途的壶类新产品寿星牌 JWk1 型青花磁水壶。既保持了该厂所生产的日用瓷小壶的风格，又能使装入壶中的开水磁化。获 1983 年上海优秀新产品三等奖，1985 年江西省科学技术成果四等奖。

1990 年 9 月，红旗瓷厂烧制高 550 毫米，围径 1400 毫米，画面为万里长城雪景的特大薄胎皮灯成功。艺术瓷厂成功生产出高 2.33 米，宽 1.03 米，厚 0.5 厘米特大瓷板画——"雄风"。1991 年 12 月，光明瓷厂开发的强化瓷新产品通过省级鉴定。1993 年 11 月，红旗瓷厂开发 SL—828 宾馆用瓷，产生轰动效果，沪、杭、宁等地 60 多家星级宾馆、饭店纷纷提出订货要求。光明瓷厂开发的青花玲珑 15 头橄榄咖啡具和青花玲珑葡萄汤碗两项新产品，投放市场后，在京、沪、宁、穗、港、台和日本等地大量行销。

1994 年 7 月，省陶瓷工业公司国家用瓷办公室与瓷用化工厂共同研制的第二代国徽瓷取得成功。宇宙、人民、红旗、国艺、雕塑、景德镇瓷厂等 6 家单位合作，投产完成第一批外交部急需的 243 头餐具 33 套 8019 件及人民大会堂国宴用瓷 30 个品种 8050 件，运抵北京。

8 月，宇宙瓷厂开发出以西餐具配套为主的"澳棱"新产品，并逐步形成系列，年产量达 380 万件西餐具等配套能力。产品采取阴模滚压成型，器型新颖美观，棱角突出，装饰立体条纹。年底形成 78 头西餐具的配套能力，产品销往澳大利亚。

瓷用化工厂经过两年的努力，成功开发出釉中彩颜料和釉中彩贴花纸，填补省内空白。"833"全红颜料、瓷用亮白金水等，分别荣获轻工业部科技进步三等奖和全国神龙杯特等名牌奖。

1997 年，省陶瓷工业公司为香港回归喜制纪念瓷，其中有市景兴瓷厂创作的"盼回归""庆回归"两块 4.8 尺金面瓷板；雕塑瓷厂创作的"中华白海豚"雕塑瓷；省陶瓷工业公司研制的 71 头"回归"中餐具纪念瓷。

艺术瓷厂绘制的紫荆与牡丹相映生辉的重工粉彩瓷盘，同时还敬制出两套由百名艺术家联袂创作的"粉彩紫荆"百头艺术餐具，其中一套由中国历史博物馆收藏。该厂研制的特大型"百蝶图"薄胎斗笠碗，直径 87 厘米，创当时景德镇薄胎瓷历史纪录。

艺术瓷厂创制的"红楼梦大观园"薄胎碗

宇宙瓷厂开发出高温霁蓝釉中彩瓷，通过专家鉴定验收认为，高温霁蓝釉中彩瓷是经两次高温烧成产品，发色一致，釉面光亮，技术达到国内领先水平，产品列入国家级 1997 年重点开发新产品试产计划。霁蓝釉釉中彩西餐具获国家新产品证书。

1998 年，艺术瓷厂烧制成功直径 110 厘米的薄胎碗，创世界之最；为民瓷厂生产的"世界杯纪念酒瓷瓶"新品问世。

1998 年，特种陶瓷研究所研制的防弹陶瓷装甲项目，被省科委列入省级科技攻关计划。防弹陶瓷及复合装甲是防弹材料的更新换代产品，并分别通过江西省科委主持的技术鉴定，填补国内空白。

省陶瓷工业公司开发一系列稀土产品等新瓷种。至 1990 年底，完成稀土陶瓷系列新产品开发规划中的 37 个项目，占规划的 92.5%。先后将稀土推广应用到陶瓷原料、釉料、颜料和金水中。开发了稀土色泥，色釉日用瓷，陈设艺术瓷，稀土高、低温颜色釉陈设艺术瓷，稀土变色釉系列雕塑瓷，稀土仿粉彩（无铅害）日用瓷，稀土釉上、釉下颜料及花纸，稀土瓷用金水等八大类，上百个品种的日用瓷、陈设艺术瓷、雕塑瓷、旅游瓷和建筑瓷。稀土陶瓷新品种，在格调上突破了景德镇瓷器千余年瓷胎和釉料限于传统配方和装饰的老框框，初步形成了一代具有较强生命力的新瓷种。

艺术瓷厂根据国际市场对陶瓷制品的需求，研制稀土青釉白花瓷。以稀土做助色剂，将稀土原料掺入到釉料中，采用在青釉上绘制青花，并在中间点缀白色花的综合装饰手段，其色釉呈色稳定，光泽好，达到较好的艺术效果。产品活泼雅致，美观大方，保留传统民间青花的艺术特色，获得江西省科技进步三等奖、轻工部优秀新产品奖、国家稀土神龙杯奖。

1979—1998 年全市获国家发明奖项目一览

项目名称	获奖单位	获奖名称	获奖等级	获奖年份
BTW 新工艺	红旗瓷厂牛水龙等	发明奖	四等奖	1980
氧化钽坩埚	红星瓷厂王应民、江民德	发明奖	四等奖	1987
微晶陶瓷人工关节生物材料的研究及临床运用	部陶研所 江西医学院	发明奖	四等奖	1987
陶瓷传感器	市陶瓷传感器研究所	发明奖	四等奖	1988
陶瓷彩虹釉	建国瓷厂邓希平	发明奖	四等奖	1989
天然瓷石（土）制作的湿敏电阻元件	市陶瓷传感器研究所陈建国	发明奖	四等奖	1991
吸振式系列	景德镇陶瓷学院包忠有、汪达	发明奖	四等奖	1993

1979—1998 年全市获省科技进步奖项目一览

项目名称	完成单位	奖项	主要完成者	获奖年份
BIW 新工艺	红旗瓷厂	一等奖	牛水龙等	1979
釉中彩	部陶研所	一等奖		1979
高抗酸碱性陶瓷釉上颜料	瓷用化工厂	二等奖		1979

项目名称	完成单位	奖项	主要完成者	获奖年份
大件郎红釉新配方	建国瓷厂	三等奖	邓希平	1979
腐植酸钠在陶瓷工业中的应用	省陶瓷工业公司	三等奖	孟宪良等	1979
陶瓷贴花纸丝网印刷新材料	市瓷用化学工厂	三等奖		1979
碳化硅质窑具（匣钵及硼板）	市匣钵厂	四等奖	余林细等	1979
丝网印刷用金水	市瓷用化工厂	四等奖		1979
彩瓷彩金贴花纸	市瓷用化工厂	四等奖		1979
新型熔融石英质匣钵	部陶研所	四等奖		1979
D400-2 釉下彩花纸印刷机	人民瓷厂	四等奖	余金林等	1979
500KV 棒式支柱绝缘子	市电瓷电器公司研究所	二等奖		1980
釉上耐酸颜料、8018 白色颜料	市瓷用化工厂	二等奖		1980
釉中青花的研究	部陶研所 省陶瓷工业公司	二等奖		1980
降低粉彩瓷铅溶出量（中试）	部陶研所 省陶瓷工业公司 市瓷用原科化工厂 市新光瓷厂	二等奖	张俊声 孟宪良 张忠铭等	1980
α—半水石膏模具的研制	部陶研所、 省陶瓷工业公司等	三等奖		1980
5.14 立方米日用瓷还原焰台车窑	部陶研所、 省陶瓷工业公司等	三等奖		1980
铁红釉液相分离及其应用	部陶研所	三等奖		1980
台车窑烧炼过程自动控制的研究	部陶研所、 省陶瓷工业公司等	三等奖	孙锡铭等	1980
"腐蚀金"贴花纸	市瓷用化工厂	三等奖		1980
玻璃薄膜贴花纸	市瓷用化工厂	四等奖		1980
丝网印刷釉下青花贴花纸	市瓷用化工厂	四等奖		1980
磨光金水	市瓷用化工厂	四等奖		1980

续表

项目名称	完成单位	奖项	主要完成者	获奖年份
mC06 型自动排渣振动筛	人民瓷厂	四等奖	余金林、吴志尼	1980
TCZ750×1085 快速干燥器	红星瓷厂	四等奖	徐国祥等	1980
陶瓷盘类远红外干燥作业线	为民瓷厂	四等奖		1980
特大型装配式匣钵	艺术瓷厂	四等奖	钟心维	1980
微晶陶瓷人工关节生物材料的研究及临床应用	江西医学院 部陶研所	二等奖		1981
TCYG32-1 型辊道烤花窑	省陶瓷工业公司	二等奖	黄伯美等	1981
陶瓷釉上平印颜料通用熔剂	市瓷用化工厂	二等奖		1981
无间隐式氧化锌避雷器	电瓷电器公司研究所	四等奖		1981
高白釉水晶刻花 500 件皮灯制作工艺	红星瓷厂	三等奖	罗晓涛等	1981
"煤烧隧道窑袋式除尘"工业性试验	市景兴瓷厂 新华瓷厂	四等奖		1981
TCD6 型石骨真空搅拌机	市陶瓷机械厂	四等奖	胡祥龙 李茂福	1981
TCBD100 型单缸隔膜泵	市陶机修配厂	四等奖	王庆华 贺兴吴	1981
TCMD250A 不锈钢练泥机	市陶瓷机械厂	四等奖	秦映林 鄢文辉	1981
M4201 型自动上膜机	市瓷用化工厂	四等奖		1981
"细炻器"的研制	部陶研所	四等奖		1981
陶瓷法制作高纯氧化侧坩埚	九江有色金属冶炼厂、红星瓷厂	嘉奖		1982—1983
彩色玲珑釉的研究	艺术瓷厂	二等奖		1982—1983
旋纹高档成套餐具的研究	市玉风瓷厂	二等奖		1982—1983
腐植酸钠在景德镇陶瓷工业中应用试验	省陶瓷工业公司	二等奖		1982—1983

98

项目名称	完成单位	奖项	主要完成者	获奖年份
500KV 耐污型棒式支柱绝缘子	市电瓷电器公司研究所	三等奖		1982—1983
高岭牌 45 头风凰西餐具	宇宙瓷厂	三等奖		1982—1983
TCCC-201A 双头盘类滚压成型机	市陶瓷机械厂	三等奖		1982—1983
釉上平印耐酸深蓝颜料	市瓷用化工厂	三等奖		1982—1983
TCC-130（204）杯类滚压成型机	航空部六〇二研究所、市机械工程学会、宇宙瓷厂	三等奖		1982—1983
锂云母在高档瓷釉料中的应用	省陶瓷工业公司、市陶瓷科技中心实验所、市为民、宇宙、玉风瓷厂			1982—1983
大型双面釉瓷板制作工艺	部陶研所	三等奖		1982—1983
9 寸斗碗阳模滚压成型工艺试验	市玉风瓷厂	四等奖		1982—1983
青花玲珑宝珠餐具	光明瓷厂	四等奖		1982—1983
隔膜窝结构改进	市陶瓷机械厂	四等奖		1982—1983
32 厘来薄胎莲子品碗制作工艺	市风光瓷厂	四等奖		1982—1983
低温名贵色釉荤炉钧、素炉钧研制	新华瓷厂	四等奖		1982—1983
80 件薄胎皮灯成型新工艺	红旗瓷厂	四等奖		1982—1983
TCB250 型送浆机	市陶瓷机械二厂	四等奖		1982—1983
稀土元素在色泥瓷釉下颜料中的应用	红旗瓷厂	四等奖		1982—1983
特大件菊口薄胎碗研制	东风瓷厂	二等奖		1984
亮白银水	市瓷用化工厂	二等奖		1984
青花 6 头中厚胎餐具	人民瓷厂	二等奖		1984
TCB140 高低压隔膜泵	市陶瓷机械厂	三等奖		1984
稀土在陶瓷坯釉科（色釉）中的应用	省陶研所	三等奖		1984

项目名称	完成单位	奖项	主要完成者	获奖年份
研制"高岭"牌84型45头西餐具	宇宙瓷厂	三等奖		1984
花瓶式瓷质酒瓶	新华瓷厂	四等奖		1984
彩虹釉艺术瓷盘	建国瓷厂	四等奖		1984
"寿星"牌磁水壶	东风瓷厂	四等奖		1984
1.6米落地薄胎皮灯	东风瓷厂	四等奖		1984
"细颗粒"匣钵工艺研究	市匣钵厂	四等奖		1984
TCBD单缸隔膜泵	市陶瓷机械厂	四等奖		1984
TCC-2601滚压成型机	省陶研所 市陶瓷机械二厂	四等奖		1984
彩色无光釉面砖	景德镇陶瓷厂	四等奖		1984
微机在陶瓷窑炉数据处理上的应用	省陶研所	四等奖		1984
青花影青瓷	人民瓷厂	二等奖		1985
提高花纸颜料质量的研究	部陶研所	三等奖		1985
中山玉兰麒麟啤酒杯	艺术瓷厂	三等奖		1985
吉州窑木叶天目盏的研制	部陶研所	三等奖		1985
铬渣颜色釉面砖	市景光釉面砖厂	三等奖		1985
高温色釉粉彩花瓶台灯	艺术瓷厂	三等奖		1985
焦炉煤气窑烧制景瓷的新技术	省陶瓷工业公司	三等奖		1985
中华人民共和国国家标准日用陶瓷名词术语GB5000—85	景德镇陶瓷学院等	二等奖	缪松兰等	1986
隧道窑节能窑车研制	省陶研所	三等奖	喻吉民 缪小浪	1986
YSHF——2000喷釉净化回收工作台	市防尘机械厂	三等奖	陆金德	1986
丝网小膜花纸贴花新工艺的研究	宇宙瓷厂	三等奖	黄明阳等	1986
纹片釉应用新工艺研究	省陶研所	三等奖	毛冬田等	1986

项目名称	完成单位	奖项	主要 完成者	获奖 年份
32 米燃油辊道烤花窑微机控制系统	宇宙瓷厂、602 所	三等奖	潘义忠 于火根	1986
HC—1 型数字式红外测温仪	市无线电厂	三等奖	刁增显 向胜利	1986
冷净混合发生炉煤气焙烧日用青花细瓷工艺	市华风瓷厂 市陶瓷工业设计院	二等奖	吴　莹 虞雪琴 李钢平等	1987
景德镇古陶瓷博览区设计与营造	市建筑设计院、市陶瓷工业设计院	二等奖	黄　浩 周　松 熊善根等	1987
景德镇华风瓷厂工程设计	市陶瓷工业设计院、省轻工业设计院	三等奖	段心栽 朱理章等	1987
各式陶瓷灯具	省陶研所	二等奖	秦锡麟	1988
热风循环电炉	昌河飞机制造厂	三等奖	周志发等	1988
稀土青釉白花瓷	艺术瓷厂	三等奖	田慧棣	1988
FC——620 型金属陶瓷发射管	七四〇厂	三等奖	赵玉廷	1988
4CX1000A 型金属陶瓷发射管	七四〇厂	二等奖	胡寿生等	1989
ZSW6-220/8 耐污加强型棒式支柱绝缘子	电瓷电器工业公司	三等奖	付茂福等	1989
茶色光致变色玻璃	省建筑材料工业科研所　市光学器材厂	三等奖	邱晨等	1989
LT4.5、5.5、6.0MB 压电陶瓷滤波器	九九九厂	三等奖	王旺兴 杨存田等	1989
硅灰石釉青花瓷	人民瓷厂	三等奖	李志华等	1990
稀土玻用高档贴花纸	市瓷用化工厂	三等奖	焦盛珊等	1990
强化日用瓷	部陶研所	三等奖	袁勇等	1990
TCGA-270 型陶瓷链式干燥机	宇宙瓷厂	三等奖	张庭端等	1990
LT10.7MA5-2 压电陶瓷滤波器	九九九厂	三等奖	程东等	1990

续表

项目名称	完成单位	奖项	主要完成者	获奖年份
CKTI 型系列固定陶瓷真空电容器	八九七厂	三等奖	徐茂华等	1990
ZR4-1800、ZB4-1700 耐高低损耗陶瓷材料	九九九厂	三等奖	韩盛龙 王旺兴等	1990
稀土釉下仿粉彩瓷研制	红旗瓷厂	二等奖	李文钟 徐煜坤 江恒山 徐瑞坤 江国孟 朱士荣	1992
耐热陶瓷炊餐具（中试）	景德镇陶瓷学院	二等奖	周健儿 马光华 顾幸勇 晏 清 李月明 朱小平	1994
青花玲珑强化瓷	光明瓷厂	三等奖		1994
ZrO2 陶瓷研究及在啤酒过滤机泵中的应用研究	景德镇陶瓷学院	三等奖		1996
人造玛瑙卫生洁具	景德镇美明新玛瑙制品有限公司	三等奖		1996
国产 ER 系列添加剂在等静压成型中的应用研究	景德镇陶瓷学院	三等奖		1997
CKTB1000/10/80 型可变陶瓷真空电容器	八九七厂	三等奖		1997
陶瓷工业热力学系统动态变化的研究	景德镇陶瓷学院	二等奖	胡国林 章义来 钟 瑞 蒋鉴华 罗民华	1998

102

1979—1998 年省陶瓷工业公司新产品开发与获奖情况表

立项时间	开发单位	项目名称	获奖情况
1979 年	红旗瓷厂	新工艺釉下彩薄胎碗	1984 年国家经委优秀新产品金龙奖
1980 年	红星瓷厂	高白釉水晶刻花 500 件皮灯	1982 年江西科技成果三等奖 1982 年全国工业优秀新产品
1981 年	光明瓷厂	宝珠式青花玲珑餐具	1984 年国家经委优秀新产品金龙奖
1981 年	东风瓷厂、景德镇陶瓷馆	仿元、明永乐、影青青花瓷	1983 年国家经委优秀新产品金龙奖
1982 年	东风瓷厂	寿星牌 JWk 1 青花磁水壶	1983 年上海优秀新产品 1985 年江西省科技成果四等奖
1982 年	红旗瓷厂	稀土色泥瓷	1989 年全国稀土"神龙杯"名牌奖
1982 年	东风瓷厂	40 公分菊花口薄胎碗	1985 年江西优秀科技成果二等奖 1986 年轻工部科技进步四等奖
1982 年	人民瓷厂	影青青花瓷	1984 年轻工部优秀新产品奖 1985 年江西省优秀新产品奖
1983 年	东风瓷厂	特大件薄胎落地台灯	1984 年江西省优秀新产品奖 1988 年江西省优秀科技成果四等奖
1983 年	红星瓷厂	水晶刻花 57 头美艳西餐具	1985 年江西省优秀新产品奖 1985 年轻工部优秀新产品奖
1983 年	艺术瓷厂	彩色玲珑瓷	1984 年轻工部优秀新产品奖
1983 年	光明瓷厂	青花玲珑 15 头蝴蝶图案彩咖啡具	1984 年江西省优秀新产品奖
1983 年	新华瓷厂	花瓶式瓷质酒瓶	1984 年江西省优秀科技成果四等奖
1983 年	人民瓷厂	青花"云头"中白釉西餐具	1985 年江西省优秀成果三等奖 1986 年轻工部优秀新产品一等奖
1983 年	建国瓷厂	陶瓷彩虹釉	1989 年国家发明四等奖 1990 年 39 届尤里卡发明金奖
1983 年	建国瓷厂	彩虹釉花木瓷盘	1984 年江西省优秀新产品奖 1985 年轻工部优秀新产品 1988 年全国稀土"神龙杯"特等名牌奖

续表

立项时间	开发单位	项目名称	获奖情况
1983年	雕塑瓷厂	氮化钛仿金镀瓷雕	1985年江西省优秀新产品奖
1983年	艺术瓷厂	高温色釉粉彩花瓶、台灯	1987年江西省科技进步三等奖
1983年	艺术瓷厂	中山玉兰麒麟啤酒杯	1985年江西省优秀新产品奖 1990年首届全国轻工博览会银奖
1983年	宇宙瓷厂	84—18型组合餐、茶具	1989年江西省优秀新产品奖 1985年轻工部优秀新产品奖
1984年	宇宙瓷厂	高岭牌84型45头西餐具	1984年江西省优秀新产品 1985年轻工部优秀新产品 1985年江西省优秀成果三等奖
1984年	宇宙瓷厂	百合20头西餐具	1984年江西省优秀新产品奖
1984年	宇宙瓷厂	白莲22头茶具	1984年江西省优秀新产品奖
1984年	新华瓷厂	青花4彩缠枝莲八宝49头民族餐具	1985年江西省优秀新产品奖 1985年轻工部优秀新产品奖
1984年	光明瓷厂	青花玲珑玉玲吊灯	1984年国家经委优秀新产品金龙奖
1984年	红光瓷厂	龟青花玲珑色形提梁茶具	1984年江西省优秀新产品奖
1984年	红旗瓷厂	稀土色泥酒、茶具和日用陈设瓷	1985年江西省优秀新产品奖
1984年	光明瓷厂	青花彩色红玲珑45头清香餐具	1985年江西省优秀新产品奖 1987年轻工部优秀新产品奖
1984年	红旗瓷厂	稀土釉下彩日用陈设瓷	1989年中国稀土"神龙杯"优质奖
1984年	建国瓷厂	祭兰描金两头竹节烟具与玲珑茶杯	1985年江西省新产品奖
1985年	红星瓷厂	30—45头阴模滚花西餐具	1985年江西省优秀新产品奖
1985年	红星瓷厂	45# 高白泥瓷	1985年江西省优秀新产品奖
1985年	雕塑瓷厂	紫罗兰稀土变色釉瓷雕	1985年江西省优秀新产品奖 1990年首届轻工博览会金奖

立项时间	开发单位	项目名称	获奖情况
1985 年	为民瓷厂	陶瓷组合式吊灯	1985 年省优秀新产品奖
1985 年	建国瓷厂	高温颜色釉 54 头影青餐具	1985 年江西省优秀新产品奖
1985 年	宇宙瓷厂	青花斗彩日用瓷	1986 年江西省优秀新产品奖 1987 年省轻工厅优秀科技项目
1985 年	建国瓷厂	新色釉组合式台灯	1986 年江西省优秀新产品奖
1985 年	光华瓷厂	电镀仿古铜雕塑陈色瓷	1986 年江西优秀新产品奖
1986 年	建国瓷厂	色泥堆花艺术瓷	1986 年江西省优秀新产品奖 1987 年二十届全国旅游产品交易会优秀二等奖
1986 年	建国瓷厂	薄胎色釉餐茶具	1986 年省优秀新产品奖
1986 年	雕塑瓷厂	青花仿古瓷雕	1990 年首届全国轻工博览会金奖
1986 年	红光瓷厂	青花玲珑 9 头厨房用具	1986 年江西省优秀新产品奖
1986 年	新华瓷厂	青花 53 头新疆民族餐具	1987 年江西省优秀新产品奖
1986 年	艺术瓷厂	稀土青釉白花瓷	1989 年江西省优秀新产品奖 1989 年轻工部优秀新产品奖 1989 年及江西科技成果三等奖
1986 年	为民瓷厂	高铅质纺织工业用瓷	1987 年江西省优秀新产品奖
1987 年	光明瓷厂	稀土宝石绿玲珑日用瓷	1987 年江西省优秀新产品奖 1989 年轻工部优秀新产品奖 1989 全国稀土"神龙杯"奖杯
1987 年	曙光瓷厂	千件莲子缸	1987 年江西省优秀新产品奖
1987 年	原料总厂	陶瓷炼石艺术倒山盘景	1987 年江西省优秀新产品奖
1989 年	雕塑瓷厂	人物玩具瓷雕配件	1989 年江西省优秀新产品奖
1989 年	雕塑瓷厂	系列瓷质胸花	1989 年江西省优秀新产品奖
1989 年	万能达瓷厂	陶瓷灯	1989 年江西省新产品奖
1989 年	建国瓷厂	四件五用复合瓶式文具	1989 年江西省优秀新产品奖

续表

立项时间	开发单位	项目名称	获奖情况
1989 年	建国瓷厂	和（日）式异型釉下斗彩餐具	1989 年江西省优秀新产品奖 1990 年轻工部优秀新产品三等奖
1989 年	人民瓷厂	元头叠式保温茶具	1989 年江西省优秀新产品奖 1990 年全国首届轻工博览会银奖
1989 年	人民瓷厂	硅灰石釉青花瓷	1990 年江西省优秀新产品二等奖
1990 年	人民瓷厂	玲珑映玉 20 头西餐具	1990 年江西省优秀新产品二等奖
1990 年	人民瓷厂	多功能组合花瓶	1990 年江西省轻工厅优秀新产品
1990 年	东风瓷厂	景德壶	1990 年江西省优秀新产品二等奖 第二届北京国际博览会金奖
1990 年	雕塑瓷厂	艺术陶瓷	1990 年江西省优秀新产品二等奖
1990 年	雕塑瓷厂	滑石瓷瓷雕	1990 年江西省优秀新产品二等奖

1986—1998 年陶瓷新品开发科技成果项目选介一览

年份	成果名称	项目来源	成果完成单位
1986	ccw122 型微调瓷介电容器	电子工业厂	九九九厂
	釉上低温丝印颜料	省经委	市瓷用化工厂
	堇青石荚蜂窝陶瓷	市科委	市新型陶瓷材料实验所
	高铝轻质砖	省陶瓷工业公司	市耐火材料厂
	电镀仿古铜雕塑陈设瓷	市经委	市光华瓷厂
	GW4—110（DW）/630 1250 高压隔离开关	省经委省机械厂	市电瓷电器公司开关厂
	稀土系列建筑装饰陶瓷	市经委	景光釉面砖厂
	省陶瓷工业公司	景光釉面砖厂	八五九厂（昌明）
	艺术瓷、塑壳石英电子钟	省经委	八五九厂（昌明）
	色泥堆花艺术瓷	省轻工厅	建国瓷厂
	夜光釉瓷雕	市经委	雕塑瓷厂

续表

年份	成果名称	项目来源	成果完成单位
1987	陶瓷色釉浮雕地毯砖	省经委	市地毯砖厂
	高岭土尾砂玻璃马赛克	省经委	抚州瓷土矿玻璃马赛克厂
	乌金釉瓷瓷雕（系列产品）	省经委	浮南陶瓷厂（浮南矿）
	LT10.7MA5—2型陶瓷滤波器等四项产品	省经委	九九九厂
	稀土铁红系列颜料	省经委	市瓷用化工厂
	稀土宝石绿玲珑日用瓷	市经委	光明瓷厂
	460（18英寸）特大型宴宾盘	市经委	宇宙瓷厂
	新疆地区民族餐具	市经委	新华瓷厂
	陶瓷炼石艺术假山盆景	市经委	市原料总厂
1988	多功能组合餐具	市经委	建国瓷厂
1989	MSGL系列陶瓷湿敏电阻传感器工业化试验	省经委	市粮食局陶瓷湿敏传感器研究所
	GW4—110（DW）/2000高压隔离开关	市机械局	市电瓷电器公司
	瓷质胸花	省经委	雕塑瓷厂
1990	6头青花保温茶具	省经委	人民瓷厂
	稀土玻用高档贴花纸	省科委	市瓷用化工厂
	陶瓷录影	市科委	市电影公司
	明清景德镇仿古瓷釉的研究	轻工业科技局	部陶研所
	LTT962MHZ介质滤波器	省科委	九九九厂
	LBN3830声表B波彩电中频滤波器	省科委	九九九厂
	LJT904MHZ介质滤波器	省科委	九九九厂
	强化日用瓷	自选	部陶研所
	滑石瓷瓷雕	省经委	省经委
	艺术魔灯	省经委	省经委
	瓷质兵马俑	省经委	市景江瓷厂
	稀土釉上粉彩花纸	省经委	艺术瓷厂
	硅灰石釉青花瓷系列产品	省经委	人民瓷厂
	机压模具系列产品	省经委	人民瓷厂

年份	成果名称	项目来源	成果完成单位
1991	秋纹蓝彩描金瓷	市经委	市卫华瓷厂
	氧化锆高纯超细微粉	省经委	西航特陶公司
	稀土搪瓷贴花纸	市经委	瓷用化工厂
	青花玲珑内刻花皮灯	省经委	光明瓷厂
	釉上丝印钒颜料	省经委	市瓷用化工厂
	机压特大件花瓶	省经委	艺术瓷厂
	特大型高白釉釉口薄胎碗	省经委	艺术瓷厂
	青花玲珑强化瓷	省经委	光明瓷厂
	GW5A—35.110（DW）/630 1250 交流高压隔离开关	省经委	市电瓷电器公司
1992	陶瓷电热壶具	省经委	东风瓷厂
	利用广丰黑滑石研制高档镁质日用瓷	省经委	华风瓷厂
	机压 56cm 珍珠釉彩盘	省经委	曙光瓷厂
	粉煤灰墙地砖	省经委	市建筑瓷厂
	耐热陶瓷炊餐具（中试）	省科委	陶瓷学院
	高档三头螺式旋西餐具	省经委	红旗瓷厂
	单双色立体釉面砖	省经委	鹅湖面砖厂
	青花牡丹 118 头高级餐具"国徽瓷"	省经委	宇宙瓷厂
	陶瓷色度板	自选	部陶研所 / 中国计量科学研究院
	氧化钴粉	省经委	市瓷用化工厂
	铜红釉瓷雕	市经委	雕塑瓷厂
1993	"仿金"陶瓷釉上颜料的研究	轻工部	景德镇陶瓷学院
	稀土尾砂瓷质外墙砖	省经委	市景德镇陶瓷厂
	无光釉彩水墨画艺术瓷研制	轻工总会	部陶研所
	无金白金水（A—401 型）	省经委	市瓷用化工厂

108

年份	成果名称	项目来源	成果完成单位
1994	陶瓷造纸刀片开发研究	市科委	部陶研所
	SF6 断路器用支柱瓷套	省经委	电瓷电器公司
	XWP-70 防污型瓷质绝缘子	省二级	电瓷电器公司
1995	瓷土尾砂外墙砖	省经委	景德镇陶瓷厂
	MJC 陶瓷滤芯	市科委	市特陶所
	生物陶瓷膜的研究	省科委	景德镇陶瓷学院
1996	Zro2 陶瓷柱塞体	省经委	市特种陶瓷公司
	高铝研磨瓷球	市科委	市技术开发公司
	化学液相沉淀法制备镉红陶瓷颜料的研究	省科委	景德镇陶瓷学院
	复合活性羟荃磷灰石生物陶瓷开发研究	省计委	景德镇陶瓷学院
1997	低温系列高档瓷泥的开发	省经委	原料总厂技术开发公司
	电感应加热炉体研究	省二级	市特种陶所
	锂质长石高档细瓷	省经贸委	市陶瓷原料开发中心
1998	钛酸铝陶瓷研制	省科委	景德镇陶瓷学院
	抗菌性陶瓷材料的研究	省科委	景德镇陶瓷学院

1986—1998 年景德镇烧造技术科技成果项目一览

年份	成果名称	项目来源	成果完成单位
1986	燃油辊道烤花窑微机控制系统	省经委	宇宙瓷厂、602 所
1986	SG5 烘房（余热干燥烘房）	陶瓷技改指挥部	市窑具厂
1986	宁村瓷石生产应用、高白度瓷小试	省科委	省陶瓷工业公司宁村瓷石应用攻关组
1986	低蓄热窑车	省轻工厅	省陶研所
1987	微机套式节能烤花炉的应用	市经委	雕塑瓷厂
1989	"试验窑"验收	轻工部	省陶研所
1990	JDG—22.5M 电热辊底烤花隧道窑	省陶瓷工业公司	市陶瓷建筑工程处
1990	陶瓷颜料复烧电热自动链板窑研制	轻工业科技局	部陶研所

年份	成果名称	项目来源	成果完成单位
1991	棚架结构窑具	省一级	市窑具厂
1991	青花瓷两次烧成	轻工部	部陶研所
1991	素烧窑具	省经委	市窑具厂
1991	棚架结构窑具	省经委	市窑具厂
1992	微机控制电辊道窑（22.5米）	省经委	光明瓷厂 陶瓷工业设计院
1993	滚压成型细颗粒大器匣钵	省经委	市陶瓷窑具厂
1996	熔融石英及装大器系列匣钵	市经委	市窑具厂
1996	C型液化气烤花炉熔烧陶瓷产品试验	省/市科委	市技术市场中心
1998	降低日用瓷烧成温度工厂试验	省/市科委	景德镇陶瓷职工大学

1986—1998年全市陶瓷加工工艺成果项目一览

年份	成果名称	项目来源	成果完成单位
1986	不锈钢器皿贴花装饰工艺	市经委	上海不锈钢器厂 市瓷用化工厂
1986	仿大理石纹瓷	目选	部陶研所
1986	丝网小膜花纸贴花新工艺的研究	省科委	宇宙瓷厂
1986	真空脱沧压力注渠成型新工艺	省陶瓷工业公司	宇宙瓷厂
1986	纹片釉应用新工艺研究	省轻工厅	省陶研所
1987	千件莲子缸	市经委	曙光瓷厂
1987	冷净混合发生炉轧气焙烧 日用青花细瓷工艺	轻工部 省轻工厅	华风瓷厂
1987	福建高岭土工艺性能及应用研究	轻工部科研院	部陶研所
1987	技大型盘类机压（阳模）成型工艺 的研究	省科委	宇宙瓷厂
1987	低温色釉—鱼子绿、腊梅黄	市科委	新华瓷厂
1988	MJC（莫来石—堇青石质） 陶瓷颜料过滤技术的研究	市科委	部陶研所

续表

年份	成果名称	项目来源	成果完成单位
1988	微机应用于出口瓷画面及器型设计；特大薄胎碗制作工艺技术鉴定	省经委	景德镇陶瓷职工大学
1988	熔块釉应用于珐翠	经委	雕塑瓷厂
1988	"结晶釉"在瓷雕产品上的应用	经委	雕塑瓷厂
1988	稀土釉下彩仿粉彩瓷	省经委	红旗瓷厂
1989	"提高青花玲珑高档瓷配套率的研究"投产应用	市科委	光明瓷厂
1989	TCGA—270型阳模键干机的研制	市科委	宇宙瓷厂
1989	陶瓷装饰转移印花技术研究	市科委	市勤工俭学办公室
1989	《青花釉的研究和开发》	轻工部	省陶研所
1989	133线丝印挂网贴花纸及＊印刷工艺	省科委	市瓷用化工厂
1989	砂金釉在瓷雕上应用	省经委	雕塑瓷厂
1990	瓷土废尘废渣在陶瓷原料中的应用	市科委	原料总厂
1991	稀土陶瓷废料的研究	省一级	景德镇陶瓷学院
1991	粉彩瓷降铅机理及工艺研究	省科委	瓷用化工厂
1991	陶瓷载体固定化酵母细胞在啤酒发酵中应用研究	市科委	景德镇陶瓷学院
1991	高纯超细活性优质陶瓷原料制备新技术及工艺装备的研究	省科委	景德镇陶瓷学院
1991	品锅成形新工艺	自选	红旗瓷厂
1991	微电子技术在电烤花炉的应用	省经委	艺术瓷厂
1992	卫生瓷生锆乳浊应用研究	省科委二级	景德镇陶瓷厂
1992	精细陶瓷热压铸成型模具设计参数研究	市科委	景德镇陶瓷学院九九九厂
1992	地开石在日用细瓷中应用的试验研究	省二级	景德镇陶瓷学院
1992	TC2B1400摩投砖机	省科委	陶瓷机械厂景德镇陶瓷学院

续表

年份	成果名称	项目来源	成果完成单位
1993	喷釉改淋釉（生产线）	省经委	景德镇陶瓷厂
1993	低温日用细瓷坯釉配方	轻工部	部陶研所
1994	陶瓷引进线 JA 系列添加剂应用研究	轻工部新技术组织开发中心	景德镇陶瓷学院
1995	日用高档瓷原料配方、等静压成型、二次烧成等工艺技术研究	自选	中国景德镇瓷厂（4369 工程）
1995	J67—260T 陶瓷压砖机	省经委	市专用设备厂
1996	降低日用瓷烧成温度	市科委	景德镇陶瓷职工大学
1997	利用废匣钵及劣质原料制造耐热陶瓷	省科委	景德镇陶瓷学院

1986—1996 年全市陶瓷专利申请选介

112

年度	名　称	申请人	专利类型
1986	陶瓷坯体的干燥方法	市陶瓷窑具厂	发明专利
	仿陶瓷粉彩颜料色素的发光装饰工艺方法	市新艺彩绘瓷厂	发明授权
	用煤球灰渣制造的普通陶瓷制品	汪祥麟　汪　杰	发明专利
1987	连续式陶瓷料浆磁选机	景德镇陶瓷学院	实用新型
	微机控制间歇式节能烤花设备	部陶研所	实用新型
	瓷瓯	市歌舞团	外观专利
1988	陶瓷嵌丝装饰方法及其制品	部陶研所	发明专利
	低膨胀陶瓷及其制造方法	景德镇陶瓷学院	发明专利
	液化气瓷用烤花烧成炉	吴莹、李文隆	实用新型
	适用于注浆工艺中的耐压石膏模	市工业瓷厂	实用新型
	槽式振动筛	市鹅湖机械厂	实用新型
	连续式陶瓷料浆磁选机	景德镇陶瓷学院	实用新型
1989	日用陶瓷坯体干燥强度测定仪	省陶研所	实用新型
	七头扇形拼盘	市景江瓷厂	外观专利

续表

年度	名　称	申请人	专利类型
1990	成套保温茶具	人民瓷厂	外观专利
1991	特大型高白釉薄胎瓷碗制造方法	艺术瓷厂	发明专利
	一种异形瓷的成型方法及装置	喻木荣	发明专利
	固定化细胞用陶瓷载体制备方法	景德镇陶瓷学院	发明专利
	一种瓷质大件花瓶成型工艺方法	艺术瓷厂	发明专利
1991	陶瓷泥料软度测定表	陈远涵、胡建军	实用新型
	工业陶瓷点火件	九九九厂	实用新型
	瓷匙吊烧装置	艺术瓷厂 市昌江区石英匣钵厂	实用新型
	瓷匙吊烧装置	艺术瓷厂 市昌江区石英匣钵厂	实用新型
	装烧特高大件瓷花瓶的燃气台车式专用窑	省陶研所 市望华工艺陶瓷厂	实用新型
1994	多孔陶瓷滤芯全陶瓷净化饮水器	市特陶所	发明专利
1995	全封闭工频瓷介电力电容器	夏天三	实用新型
1996	陶瓷颜料渐变一次丝印法	景德镇陶瓷学院科技开发中心	发明专利
	高温雾蓝釉中彩陶瓷及其制作方法	市宇宙瓷业有限公司	发明专利
	陶瓷茶具（九龙公道壶）	朱红安	外观专利
	日用陶瓷等静压成型软模	市三角机械公司	外观专利

"六五"陶瓷技改（1981—1985）

（一）技改投资规模

1976 年以后，景德镇陶瓷企业面临的紧迫任务是恢复生产。1977 年至 1979 年的技术改造为填平补齐，归还生产欠账，维持简单再生产，主要是把投资方向着重于老厂技术改造，新工艺、新技术只是在少数企业内先走一步，探索新路。

党的十一届三中全会后，国家逐年增加景德镇陶瓷技改的投资，景德镇陶瓷根据当时的需要与可能，调整投资方向，走内涵式扩大再生产途径，使有限的资金用在刀刃上。（从 1981 年至 1984 年的陶瓷技术改造以国家拨款为主，1985 年技改转为以贷款为主）。每年大体按 1200 万元的投资额度制订三年技术改造方案。其中，用于老厂改造 2672 万元，平均每年 890 万元左右。将人民瓷厂、建国瓷厂、新华瓷厂、景兴瓷厂、红旗瓷厂、雕塑瓷厂等六个瓷厂基本改造好，红光瓷厂、曙光瓷厂、艺术瓷厂等在三年内进行改造。

（二）技术改造遵循的原则及基本要求

1979 年以后，景德镇陶瓷技术改造在实践中遵循以下原则：坚持走优秀传统技艺与现代科技结合的路子；坚持"四为主"的方针。即技改项目以出口瓷为主、以名优产品为主、以老厂改造为主、以采取新技术为主；抓两头带中间，瓷厂改造优先改造原料和窑炉，带动改造成型；抓住重点，配套改造、全厂配套、全行业配套；全面规划、分年实现，陶瓷技术改造纳入城市规划；以日用瓷为主，以建筑卫生和工业瓷为两翼，形成大陶瓷发展格局；没有设计不准开工；集中力量打歼灭战，一经开工，要尽快保质保量完成，形成生产能力，及时投产达标。

当时提出的基本要求：窑炉隧道窑化；厂房基本上集中连片；原料精制采用高效除铁器等装置，多次除杂；成型基本上成龙成线，采用余热、热风、蒸风、蒸气或远红外干燥，基本上消除坑道式烘房；彩绘采用轨道隧式锦窑或辊底窑；经济效果比较显著；空气污染基本上得到控制，达到国家标准。

（三）技改主要项目及效果

1. 新建华风瓷厂

1978 年总投资 3742 万元，1985 年建成试产。全厂占地面积 21.7 万平方米，厂房建筑面积 6 万平方米，年生产能力为青花瓷 1600 万件。

2. 改造华昌瓷厂

1981 年先后投资 460 万元，1982 年投产。占地面积 9.8 万平方米。建筑面积 2 万平方米。由面砖成型机和一条隧道窑和多孔窑组成，年生产面砖 60 万平方米。（1984 年 4 月更名为景德镇市建筑瓷厂）。

3. 改造景德镇陶瓷厂

1981 年投资 4000 万元，从意大利引进 550 吨压砖和一条釉面砖生产线。改造后，该厂三角牌釉面砖在省优、部优产品的基础上，发展成为出口免检产品。

20 世纪 80 年代的华风瓷厂生产线

4. 对部分老瓷厂从原料、成型、烧炼到彩绘、包装等进行初步改造

改造旧厂房 37 万平方米，使市区的光明、红星、东风、红旗、建国、新华、人民等瓷厂，由原来分散矮小的坯房，逐步改造成为宽大的新厂房。重点改造市景兴、人民、建国、宇宙等瓷厂，共建厂房面积 9 万平方米。大批瓷厂的生产厂房随着改建和新建有很大改善，基本形成以原料、成型、烧炼工序连为一体的综合性厂房，其中有多层楼的厂房，底层建隧道窑，二楼以上为成型车间。

"七五"陶瓷技改（1986—1990）

（一）技改投资规模

1986 年，全国计划会议上，景德镇陶瓷列为全国"七五"计划技术改造的重点，通过国家经委、计委贷款 17531 万元、自筹 2298 万元，其中美元 1375 万元，实际完成改造投资 15270 万元。1989 年经国家计委批准，总投资 1.06 亿元，用汇 1260 万美元。把矿山、石膏、瓷用化工列入重点改造。同时，重点引进高档成套的关键设备和技术，创建一个样板厂，即原名为"4369"工程的中国景德镇瓷厂。

（二）主要技改项目

1. 原料矿山项目

重点改造 3 个瓷土矿，建立优质原料基地及精加工中心。宁村瓷石矿改造共投资 250 万元，1982 年开始施工，1988 年建成投产；柳家湾瓷石矿改造，先后投资 93 万元；陈湾瓷土矿改造，投资 181 万元用于增加掘进和粉碎设备。

2. 生产加工项目

建国瓷厂烧炼成型综合大楼，改造后生产高温颜色釉瓷；人民瓷厂青花瓷生产综合车间，引进关键设备；新华瓷厂民族用瓷生产线改造；艺术瓷厂7层高档粉彩瓷综合大楼改造；光明瓷厂青花玲珑瓷生产综合大楼改造，引进煤气隧道窑一条；红旗瓷厂釉下蓝瓷生产厂房改造；东风瓷厂壶类产品生产厂房设备改造；红星瓷厂对美出口新花瓷联合厂房改造；景兴瓷厂原料车间、成型车间更新生产设备；红光瓷厂青花玲珑瓷综合厂房改造；曙光瓷厂仿古瓷生产厂房设备改造；为民瓷厂对美出口瓷生产厂房设备改造，建设高档瓷生产厂房、引进全套高档瓷生产线，创建样板厂；雕塑瓷厂现代雕塑瓷生产车间改造。

在此期间，还采取贷款和自筹方式，共投入733万元对市区有关陶瓷生产企业的7条煤（油）烧隧道窑炉进行煤气窑炉同步改造，改建7条辊道烤花窑。

118

"七五"技改期间的光明瓷厂生产车间

"七五"技改期间的东风瓷厂生产线

"七五"技改期间的艺术瓷厂彩绘车间

建国瓷厂办公楼

3. 教研科技项目

陶瓷学校新建实验室及图书馆；扩建陶瓷职工大学校舍，添置理化仪器；省陶研所兴建实验大楼及配备仪器设备；陶瓷设计研究院增设电子计算机工作室。

4. 辅助配套项目

建设陶瓷供应处东郊煤气站；瓷用化工厂引进高档小膜花纸技术与设备；窑具厂引进莫来石匣钵制匣技术与设备；石膏模具厂引进石膏粉生产关键设备；陶瓷机械厂研发仿制引进的陶瓷设备；包装材料厂建设生产车间及配置设备；耐火材料厂高铝车间改造升级。

（三）技改主要效果

1991 年初，省陶瓷工业公司"七五"期间后期完工的 6 项技术改造项目竣工投产，并通过轻工业部和省、市各有关部门全面验收。项目包括光明瓷厂高档青花玲珑瓷技改工程、新华瓷厂民族用瓷技改工程、宇宙瓷厂对美高档出口瓷技改工程、原料总厂宁村瓷石矿改造工程、石膏模具厂引进的 β 石膏模生产线、窑具厂引进的合成莫来石制匣技术和关键设备。尤其是前 3 项引进技术和设备的技改工程达到 80 年代末的国际先进水平。1991 年 2 月，浮梁县寿安乡宁村瓷石矿进行技术改造验收合格，总投资 260 万元，年产量 3 万吨。"七五"后期动工的"4369"工程（后名为中国景德镇瓷厂）建成调试成功，为全市乃至全国陶瓷行业树立现代化生产的样板。

4369 工程建设工地

4369 工程建窑现场

4369 工程本烧、素烧隧道窑

"八五"陶瓷技改（1991—1995）

（一）技改背景

景德镇日用陶瓷工业经过"六五""七五"时期的技术改造，有了较大的发展，基本实现了生产成线、厂房成片，解决了陶瓷企业的生存和简单再生产问题，但是与国际先进陶瓷工业国相比，还存在较大差距。

1. 原、燃、材料三大基础工业相当薄弱

原料加工技术落后，不能进行标准化、系列化生产。

景德镇市及邻近各县瓷土矿山仍采用手工和简单的机械开采，原料只有粗加工，化学成分、理化性能不稳定，细颗粒少，颗粒级比极不合理，仅能满足中低档陶瓷产品的生产使用。而国外在原料开采后进行精加工，通过高梯度磁选、超细粉碎、电子计算机掺和、在线检测等一系列手段，实行原料的标准化、系列化生产。

2. 燃料结构落后

全市陶瓷工业企业只有 10 条隧道窑和辊道窑采用煤气为燃料（焦化煤气中含有硫、萘等杂质），大多数产品仍以重油和煤为燃料，质量低、污染大、能耗高，国外一般使用高级净化燃料。

3. 辅助材料生产工艺落后，设备陈旧，材质差

景德镇主要使用黏土质匣钵，只能用 20 次左右，底部易变形、开裂，使烧成产品变形、落渣严重，"七五"引进的莫来石制匣技术生产线与引

进煤气窑和新建气窑的要求距离还较大。德国硬质瓷烧成温度 1400℃以上，采用碳化硅匣钵可以用 150 次以上，有的发达国家采用重结晶碳化硅甚至氮化硅窑具，使用次数达数千次。"七五"引进的 α 石膏生产线生产的 α 石膏用量还需增加。陶瓷机械厂精加工测试设备均很简陋，生产的设备远不能满足高档瓷生产的要求。陶瓷装饰水平低，瓷用化工厂生产的花纸一般只能套 4～5 次色，丝网 80～120 线，国外花纸套色多的可达 20 次，丝网达 150 线，颜料、花纸的色彩、效果没有发达国家的产品理想。

4. 工艺技术和装备落后

工业发达国家普遍采用阳模和热滚压成型、热风喷射干燥，采用等静压成型和高压注浆成型的厂家也越来越多。景德镇陶瓷企业除景德镇瓷厂引进了等静压成型技术设备外，基本采用阴模冷滚压成型和常压注浆成型，落后的厢式烘房仍占很大比重。国外普遍采用二次烧成，用微机控制烧成温度，景德镇市绝大多数瓷厂均为一次烧成。大多数生产设备仅为国内 20 世纪 60—70 年代水平。

由于以上差距，加上企业管理某些环节落后，缺乏现代化管理方法和手段，在陶瓷产品上表现为质量差、出口换汇率低，变形、斑点、落渣三大缺陷没有根本解决，花色品种更新换代慢，有的多年一贯制，满足不了国际高档市场的需要。国外高档瓷普遍达到"五无一小三光滑"（无斑点、无落渣、无针孔、无釉面擦伤、无色脏，变形小，釉面光滑、花面光滑、底口光滑）标准。

"八五"技改针对景德镇陶瓷的薄弱环节，瞄准国际先进水平，把传统技术和现代科技有机结合起来，走内涵扩大再生产的路子，继续进行系统的改造。

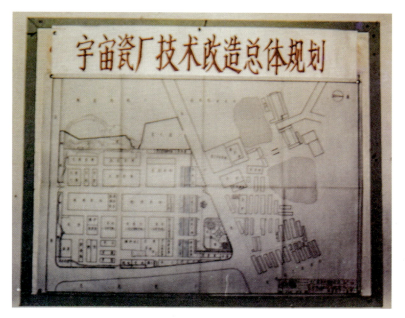

"八五"技改期间的宇宙瓷厂技术改造总体规划

（二）编制规划

1990 年 12 月，轻工业部在北京召开全国厅局长会议，提出对陶瓷行业改组改造的战略设想及一系列技术政策。1991 年 9 月，国务院副总理朱镕基视察江西时，提出要加强景德镇陶瓷工业的技术改造。国务院生产办公室安排 2 亿元的专项贷款，在以后三年内对景德镇陶瓷工业进行技术改造。1992 年初，朱镕基再次指示，要加强景德镇陶瓷基地的改造，搞好"八五"和"九五"期间改造的总体规划。在国家领导人、国家经贸委（原国务院生产办公室）、轻工总会、中国工商银行等有关部门的关怀和支持下，省陶瓷工业公司编制《景德镇陶瓷基地技术改造可行性研究报告（1992—2000 年）》，提出用"八五""九五"两个五年计划的时间，实现轻工总会提出的"五化"目标，赶上和接近国际同行业先进水平。

技术改造的总体指导思想是：坚持"一个中心、两个基本点"，解放思想、更新观念、大胆创新、瞄准国际陶瓷工业一流水平，在继承和发扬景德镇瓷器工艺精湛、质地优良、品种繁多特色的基础上，大力引进国外

宇宙瓷厂练泥车间

等静压成型机

高新技术，改造以日用瓷为主的陶瓷工业，发展高技术、高附加值产品，抓重点、打基础、上水平、增效益，提高景瓷在国际市场上的竞争力和占有率，到20世纪末把景德镇建成具有当代国际先进水平的陶瓷出口创汇基地，实现"振瓷都声誉、创一流水平"的目标。

1992年初，省陶瓷工业公司编制的《1992—2000年景德镇陶瓷基地技术改造总体规划和实施方案》，经国家有关部委批准分3期实施，总投资8.5亿元，第一期1992—1994年，投资为2.5亿元。截至1995年12月底，全系统投资46449.4万元，用汇2664万美元。其中技改投资44759.4万元，基建投资1690万元。投资渠道来源包括：国家经贸委对景德镇陶瓷工业的国家专项技改；国家计委1991年下达"新增50亿"的技改项目共5000万元，用于华风瓷厂引进高档磨光瓷板生产线；轻工总会技改专项。

1992年11月，国家轻工业部轻工行业改组改造工作现场会在景德镇召开，实地考察景德镇陶瓷行业的技改工作，推进全国轻工行业改组改造和科技工作。

1993年3月，轻工业部委托中国陶瓷工业协会在北京市召开专家会议，对《景德镇陶瓷基地（1992—2000年）技术改造工程项目初步可行性研究报告》进行论证。

同年6月，省经委和轻工业厅召开景德镇陶瓷"八五"技改工程初步设计审查会。按专业分组审议，一致认为各项目的初步设计和选用的工艺路线合理、工艺方法先进。10月上旬，技改项目获省经委、省轻工业厅批准。

"八五" 技改期间的强化瓷生产作业线

（三）主要项目

1. 引进 4 条高档陶瓷生产线

为民瓷厂高档釉中彩瓷生产线投资 7434 万元，用汇 542 万美元，1994 年 12 月全面竣工。从德国引进生产设备和技术，原料加工采用配比容量配料和喷雾干燥技术，为成型制备粉料，成型采用等静压作业线，坯体制成后直接入窑素烧，不须干燥，烧后采用旋转施釉机上釉入窑高温烧成，再由人工贴花，进入釉中彩高温快速烤花窑，设计年产高档釉中彩瓷 600 万件。红星瓷厂高档釉中彩强化瓷生产线投资 7843 万元，用汇 550 美元，1994 年 12 月工程全面竣工。工程建筑面积达 1.90 万平方米，集成型、烧炼、彩绘等多种功能于一体的联合厂房，从德国引进主要设备，主要产品为中、西餐具，设计年产高档釉中彩强化瓷800万件。光明瓷厂高档玲珑瓷生产线投资5060万元，用汇348万美元，生产高档玲珑瓷600万件。华风瓷厂磨光瓷板生产线投资5911万元，用汇650万美元，年产瓷板150万平方米。

2. 改造两个瓷厂

雕塑瓷厂明清园技改工程，投资240万元；宇宙瓷厂对美高档瓷改造工程，投资2247万元。

3. 加强5个基础工程

原料标准化改造工程，投资2956万元，用汇29.4万美元，年产标准化原料5万吨；高档碳化硅窑具改造工程，投资4137万元，用汇380万美元，年产高档碳化硅窑具4000吨；优质石膏粉改造工程，投资886万吨，用汇20.9万美元，可形成年产6000吨α石膏生产能力；陶瓷机械厂改造工程，投资755万元，年增加陶瓷机械设备1500万吨；高档花纸改造工程，投资1838万元，用汇94.77万美元，年产高档花纸500万张。

4. 消化吸收

"七五"期间光明瓷厂从德国引进的雷德哈默煤气隧道窑技术，投资1582万元。

煤气隧道窑

5. 进行全系统陶瓷窑炉煤气化同步改造

投资 2371 万元，用于新华瓷厂、红旗瓷厂、窑具厂、景兴瓷厂、艺术瓷厂、红光瓷厂等 6 条隧道窑煤气化改造，宇宙瓷厂、曙光瓷厂新建煤气隧道窑。红星瓷厂、景兴瓷厂等 5 条烤花窑改烧焦化煤气。

（四）技改成效

"八五"时期陶瓷技术改造是景德镇陶瓷工业历年来投入最大的一次系统改造，成效突出，主要表现为：

1. 是景德镇日用瓷生产工艺技术的一场革命

本期技改采用了原料喷雾造粒、等静压、热滚头阴、阳膜滚压、高压注浆成型、全自动施釉、二次烧成、釉中彩烤花等现代化制瓷工艺，使景德镇陶瓷生产技术从原料制配、成型施釉到烧成及釉面装饰等各重要环节都实现了重大突破，景德镇日用瓷生产技术达到当时国际先进水平。

130

2. 增加高档瓷生产，提高景德镇瓷器在国际市场上的竞争力

本期改造创烧出高温釉中彩瓷、高档釉中彩强化瓷、高档玲珑瓷、豪华瓷质墙地砖等各具特色的高附加值新瓷种，使景德镇高档瓷比重大幅度提高，产品结构得到有效调整。具备高档瓷生产能力 2600 万件，产品质量达到国际市场的标准，同时采用釉中彩装饰工艺，有效地解决铅镉溶出问题，提高了国际市场的竞争能力。

3. 大幅度提高陶瓷生产的技术装备水平

"八五"期间，共引进国外先进主要设备 62 台（套）。引进的制瓷设备，在充分总结和借鉴景德镇瓷厂经验的基础上又有新的突破。如：在等静压成型工艺基础上，对特异品种引进当代最先进的高压注浆新工艺；对大件品种，引进大型万能滚压机，解决景德镇日用瓷因异形大件品种质量不高、难以配套的问题；适应不同品种的全自动化施釉线，彻底克服了产品施

釉不均的缺陷，大大提高制品的釉面质量；高温釉中彩快速烤花窑从根本上解决了长期困扰景德镇釉上彩陶瓷产品出口的铅镉溶出量等问题。

4. 进一步加强为陶瓷生产服务的基础工业和辅助工业

原料和辅助材料实现标准化、专业化生产，可满足各种档次、不同品种的生产企业对原料、辅助材料的需求。丝网印刷机的引进，使陶瓷装饰花面层次更加丰富。

5. 初步实现烧瓷煤气化

通过窑炉煤气化的同步改造，省陶瓷工业公司所属各主要企业普遍采用煤气烧瓷（少数企业用液化气烧瓷），淘汰了能耗高、污染严重的落后窑炉，解决了景德镇陶瓷生产环境污染问题。

6. 消化吸收部分引进技术设备

本期改造中，经认真研究，市为民、红星、光明三个项目中的素烧窑、本烧窑没有再重复引进，只引进了关键部位的耐火材料及少量仪表，自己翻版建设了6条窑，主要工艺指标基本达到引进窑的水平，节省资金近2500万元，同时锻炼了技术队伍。对"八五"改造引进的高温快速烤花窑，技术人员也具备了消化吸收能力。

"八五"陶瓷技术改造，基本达到轻工总会提出的"五化"目标，即原料标准化、辅助材料专业化、燃料煤气化、工艺现代化、产品高档化。

"八五"技改期间的平卧式快速干燥器

"八五"技改期间的压坯作业线

"八五"技改期间的链式烘房生产车间一角

"九五"技改规划（1996—2000）

（一）"九五"技改规划与设想

　　1992年，省陶瓷工业公司在实施"八五"技改的同时，编制了陶瓷"九五"技改规划,使之与"八五"技改有机结合起来。"九五"技改期间，坚持以市场为导向，以产品为龙头，以调整结构为重点，以提高经济效益为目标，继续走用高新技术改造传统产业的路子。

134

　　具体设想是：大力扶持艺术瓷，将现代化新技术、新工艺与景德镇传统技艺相结合，使作为景德镇陶瓷一大支柱的艺术陶瓷在世界保持领先地位，使雕塑瓷厂成为具有多功能的现代国际陶瓷技艺交流中心；开发高档骨质瓷、高档滑石瓷、高档玻化瓷三个新瓷种；进一步加大高档瓷生产的比重，增加花色品种，以多元化的工艺技术生产多元化的产品，适应多元化的市场需求;发展黑色花岗岩、大型石膏纤维板等高附加值产品，使产品结构得到进一步调整;进行瓷土矿山改造，完善陶瓷原料加工基地，提高瓷用化工原料的生产水平,建设陶瓷机械设计加工中心，使陶瓷原料、辅助工业在"九五"得到根本提高；实施"还蓝天于景德镇"的环保节能工程，全面推广隧道窑棚板无匣烧成和余热利用，淘汰全系统现有以煤为燃料的锅炉和干燥系统，改善景德镇市大气污染状况。

　　1993年，轻工总会组织全国陶瓷技术专家对景德镇陶瓷"九五"技术改造方案进行论证，陶瓷设计院根据专家们的意见做修改和补充，形成了《景德镇陶瓷基地技术改造工程（1995—2000年）初步可行性研究报告》。

（二）实施情况

1995年，省陶瓷工业公司编制《"九五"陶瓷技改方案》，并通过轻工总会专家论证，编成《景德镇陶瓷基地技术改造工程（1995—2000年）初步可行性研究报告》，规划"九五"期间技改共10个子项，计划投资9.8亿元，用汇4758万美元。同年，随着国家投资管理体制改革，国家和省经贸委按择优扶强精神，先行批准景德镇"九五"技改中的部分项目开始实施。其中：雕塑瓷厂特艺瓷工程，1996年5月破土动工，用汇32.65万美元，国家专项贷款1540万元；宇宙瓷厂骨质瓷工程；瓷用化工厂高档瓷用贴花纸项目（由轻工总会列为下年度国家专项工程）；景德镇花岗岩生产技改工程，投资559万元，建成后可年产花岗岩4万平方米磨光板。

（三）本期拟推进工程计划

改造出口创汇骨干瓷厂，发展骨质瓷、滑石瓷、玻化瓷；发展高技术含量的特种陶瓷；与瓷都洁具厂配套发展高档卫生洁具；发展现代化艺术陶瓷、特艺雕塑瓷和特艺日用瓷，建设国际陶艺交流中心；消化、吸收国外陶瓷先进技术设备；改造原料矿山的薄弱环节；全面实现烧瓷煤气化，推进无匣裸烧和坯体干燥煤气化；引进、改造高档金水、颜料、花纸等陶瓷装饰材料生产工艺和设备。

1995年11月，李鹏总理、邹家华副总理一行到景德镇考察，对景德镇"八五"期间在国家支持下，结合自身优势，加大技术引进消化步伐，走内涵发展的道路给予充分的肯定，明确指出"对传统的老企业进行技术改造大有可为"。可行性研究报告得到在景考察的总理李鹏、副总理邹家华原则同意，上报国家经贸委待批。

1996 年以后，由于市场的剧烈变化，省陶瓷工业公司所属部分陶瓷企业处于停产半停产状态，"九五"整体技改规划终止实施。

1979—1995 年历年基本建设 技术改造投资额（万元）

年份	基本建设投资	技术改造投资	合　计
1979	236.9	616	852.9
1980	688.7	1334.8	2023.5
1981	485.9	1324.1	1810
1982	1311.6	1392	2703.6
1983	1353.6	863	2216.6
1984	625.1	784.1	1409.2
1985	245.8	980	1225.8
1986	548.2	1894	2442.2
1987	383	3413	3796
1988	774	3214	3988
1989	116	1755	1871
1990	205	1554	1759
1991	394	3771	4165
1992	469	10603.5	11072.5
1993	392	22109.9	22501.9
1994	272	4320	4592
1995	163	3955	4118

燃料进步

（一）建设焦化煤气厂

1982 年 4 月，国家计委正式批准建设景德镇焦化煤气厂，以实现景德镇烧瓷煤气化，总投资 1.03 亿元。1983 年破土动工，占地面积 51.1 万平方米，建设 10 万平方米厂房，一座 42 孔 80 型焦化炉，7 台煤气发生炉、2.42 千米的铁路专用线，于 1986 年 12 月 27 日竣工试产，一次产焦出气成功。年生产能力为：日产热值 3400 大卡的混合煤气 40 万标准立方米、焦炭 28 万吨、回收化工产品 2 万余吨。

（二）气窑推广

1988 年 3 月，由景德镇陶瓷工业设计院自行设计的第一条 81 米焦化煤气隧道窑在红星瓷厂试产。经四个月的连续运行，试产成功。窑青率达到 91.68%，肯定了焦化煤气烧景德镇瓷器是成功的。随后，市红光、景兴、新华、艺术、红旗等瓷厂也相继建成焦化煤气隧道窑，提高热用率，能耗大幅下降，实现从烧柴——烧煤——烧油——烧气的四代能源烧制瓷器的技术变革。

为推广使用国外先进的烧焦化煤气技术，光明瓷厂从德国引进一条82 米焦化煤气隧道窑，于 1988 年 10 月顺利投产。这条窑的技术先进，

20 世纪 90 年代初期的气烧隧道窑

温差小于5℃，每公斤瓷耗能由过去烧油时1万大卡，下降到6800大卡，节能三分之一。此后，市新华、红光、红旗、艺术、建国、景兴瓷厂和新建的景德镇瓷厂广泛推广焦化煤气烧瓷。

1990年3月，红星瓷厂将重油掺水乳化燃烧工艺试用于陶瓷烧炼获得成功，红旗瓷厂开始使用计算机自动控制烧气隧道窑，使陶瓷烧造技术更加成熟。

1992年，市建国、东风、艺术和景兴瓷厂建成4条燃气隧道窑，全市共有焦化煤气隧道窑11条。1993年5月，新华瓷厂在市焦化煤气厂支持下，采用硼板装烧综合品种进行试验成功，烧成合格率达95%以上，外观质量均优于同窑匣装烧成的同类品种，并大大减少了对环境的污染，同年9月1日，景德镇陶瓷工业设计院成功研制全部采用国产材料的梭式窑，具有能耗低、烧成质量高、使用寿命长、工艺操作简便的特点。1994

年3月，景德镇陶瓷工业设计院承担的为民瓷厂和红星瓷厂4条煤气隧道窑的总承包工程正式开工，工程采用引进国外先进技术，并进行创新设计，4条窑炉比进口同类窑炉节约外汇折人民币3000余万元。11月和12月先后一次性点火投产成功。

（三）气窑分布状况

1988年至1995年，景德镇陶瓷系统普遍推广以焦化煤气为燃料的第四代窑炉变革，具体分布如表。

景德镇陶瓷已建气烧隧道窑一览表

企业名称	气烧隧道窑长×宽（米）	数量	使用何种煤气	煤气热值×4.18千焦	备注
股份有限公司（一厂为民）	82×1.30	1	焦化煤气	3200～3400	釉烧窑
	50×1.10	1	焦化煤气	3200～3400	素烧窑
	36×0.84	1	焦化煤气	3200～3400	烤花窑
股份有限公司（二厂红星）	82×1.30	1	焦化煤气	3200～3400	
	50×1.10	1	焦化煤气	3200～3400	素烧窑
	36×0.84	1	焦化煤气	3200～3400	烤花窑
股份有限公司（4369）	82×1.15	1	焦化煤气	3200～3400	引进
股份有限公司（三厂创新）	50×1.00	1	焦化煤气	3200～3400	
为民瓷厂	90×1.30	1	焦化煤气	3200～3400	
宇宙瓷厂	70×1.30	1	焦化煤气	3200～3400	
	87×1.30	2			
人民瓷厂	93×1.30	1	焦化煤气	3200～3400	
新华瓷厂	81×1.30	2	焦化煤气	3200～3400	
东风瓷厂	81×1.30	2	焦化煤气	3200～3400	
窑具厂	81×1.64	1	焦化煤气	3200～3400	
建国瓷厂	81×1.30	2	焦化煤气	3200～3400	

续表

企业名称	气烧隧道窑长×宽（米）	数量	使用何种煤气	煤气热值×4.18 千焦	备注
景兴瓷厂	81×1.30	2	焦化煤气	3200～3400	
红光瓷厂	81×1.30	1	焦化煤气	3200～3400	
红星瓷厂	81×1.30	2	焦化煤气	3200～3400	
光明瓷厂	82×1.15	1	焦化煤气	3200～3400	引进
	82×1.15	2			
红旗瓷厂	81×1.30	2	焦化煤气	3200～3400	
中兴瓷厂	81×1.30	1	焦化煤气	3200～3400	
荣光瓷业有限公司	72×1.25	1	焦化煤气	3200～3400	
华风瓷厂	93×1.30	2	冷净发生炉煤气	1380～1540	
	62.5×1.15	2			
卫生洁具厂	80×2.1	1	焦炭发生炉煤气	1150～1250	引进
建筑瓷厂	88×1.3	1	焦炉煤气	3200～3400	
原景德镇瓷厂	97×1.30	3	冷净发生炉煤气	1380～1540	引进
	40×1.00	3			
青花文具瓷厂	81×1.3	2	焦化煤气	3200～3400	
艺术瓷厂	93×1.3	1	焦化煤气	3200～3400	
合计		47			

140

第三章

科教文博　体系完善

　　20 世纪 80 年代，景德镇逐渐发展成为全国
体系完整、专业分工明细，具有现代化技术的大
陶瓷工业基地。在此基础上，景德镇科教文博体
系日益完善，以景德镇陶瓷学院为代表的陶瓷高
等学校，以轻工业部陶研所为代表的国瓷研究机
构，以景德镇历史博览区为代表的文博单位不断
建设、完善，为景德镇陶瓷产业发展奠定了基础。

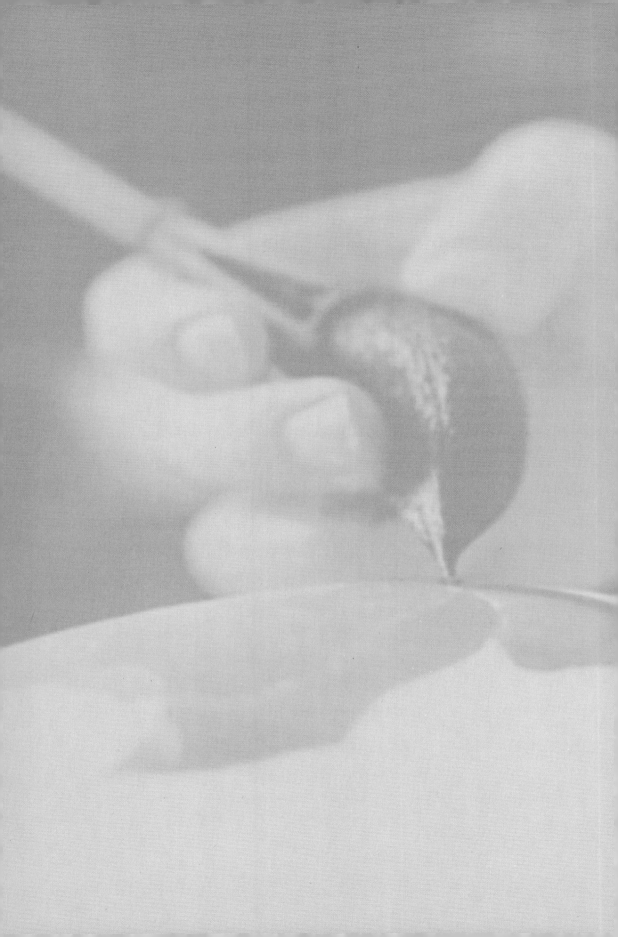

科教体系

景德镇市设有部、省、市三级陶瓷科研机构和各类陶瓷专业院校，拥有完善的陶瓷产、学、研、教体系，为景德镇乃至全国各产瓷区培养了大批后备科研及技术人才，研发出大量基础型、应用型科技成果。这一时期，景德镇陶瓷科教研发体系日益完善，大量陶瓷工艺技术人才涌现，国内国际陶瓷学术和技术交流频繁，陶瓷科教事业蓬勃发展。

（一）科研院所

1. 轻工业部陶瓷工业科学研究所（简称"部陶研所"）

成立于1954年，1978年更名为"轻工业部陶瓷工业科学研究所"，1995年更名为"中国轻工总会陶瓷研究所"，经过近40年的发展，成为我国重要的陶瓷行业集科技开发、科研技术服务与艺术创作为一体的专业研究所，众多优秀的陶瓷艺术和科研技术人才在这里聚集，形成了以应用研究为主，基础研究为辅，涉及艺术陶瓷、传统陶瓷、机电热工、特种陶瓷、装饰材料等综合领域的陶瓷研究高地。该所设有承担国家陶瓷行业基础性公益技术工作的"国家日用陶瓷产品质量监督检测中心""全国日用陶瓷标准化中心"以及中文科技核心期刊《中国陶瓷》杂志社。"国家日用陶瓷质量监督检验中心"，承担国家监督抽查、国部优产品评选、产品质量分等分级的检测；开展产品质量仲裁、新产品鉴定等分析测试工作。

部陶研所为景德镇瓷业发展提供包括陶瓷原材料、陶瓷工艺技术、陶瓷窑炉窑具等瓷业生产的科研服务，还与其他省、市、产瓷区开展横向技术推广、成果转让、厂所协作等科研工作。先后成功与河北、河南、湖北、云南、浙江、广东、福建、甘肃、广西、安徽、湖南等地陶瓷企业展开陶瓷原料、窑炉烧成、陶瓷装饰、成瓷试验等方面的合作交流。为各地陶瓷企业解决生产问题，开辟了瓷业制作的新技术、新途径、新领域，推动行业整体进步。

1979—1998 年，该所先后承担多项国家、部、省、市各类科研项目，获多项各类科技成果奖励。大部分科技成果都已经得到推广应用，推动了陶瓷材料、生产工艺和窑炉技术的改进革新，节约了能耗，提高了劳动生产率。

该所还开展国内外陶瓷艺术和科研技术的学术交流和人才互访，先后组织多位陶瓷艺术家赴外举办作品展览和技艺交流。先后派人到日本、突尼斯、巴基斯坦、美国、英国等国家以及香港、澳门地区考察陶瓷窑炉、陶瓷原料、技术研发等情况。写出"日用陶瓷采用国际国外标准分析研究""国内陶瓷科技现状及发展趋势的调查"等众多课题项目和调查报告，为陶瓷科研的发展和研究院所的体制改革提供了借鉴。

1983 年，由部陶研所编写的《日用细瓷器外观质量分级规定》《日用瓷铅、镉溶出量测定方法》《高级日用细瓷分级规定》三个国家标准颁布，并在全国实施。

国家科委、国家技术监督局授权部陶研所检测中心为"第一批科技成果检测鉴定检测机构"。同时，首批获得国家批准并顺利通过中国实验室国家认可委员会（CNACL）认可的陶瓷实验室。经国家质量技术监督局授权，可对日用陶瓷产品、建筑陶瓷产品及陶瓷辅助材料产品进行检验，检验结果在国内具有权威性，并在与 CNACL 互认的亚太地区 13 个国家（其中包括美国、日本、澳大利亚、新西兰、韩国、新加坡等国）有效。

在"八五""九五"技改期间，该所圆满完成多项国家重点科技攻关项目，并顺利通过国家计委、科委、轻工总会等组织的专家技术鉴定与验收。这些科研成果经专家组鉴定，均达到国内领先、国际90年代初先进水平。

1999年7月，全国科技体制改革后，研究所与国家轻工局脱钩，实行属地化管理，是独立对外交往的科技开发型研究机构。

中国轻工业陶瓷研究所历年科技成果奖（1980—1999）

项目	奖励	年度
釉中彩（中试）（部项目65号）	省科技成果一等奖	1980
"玉兰"9头茶具	轻工部优质产品三等奖	1980
"蝴蝶春蕾"15头咖啡具	轻工部优质产品二等奖	1980
5.14M³日用瓷还原焰台车窑（市"高档瓷研究"专题）	省科技成果推广三等奖	1981
釉中青花的研究（市"高档瓷研究"专题）	省科技成果推广二等奖	1981
α半水石膏模具的研制（市"高档瓷研究"专题）	省科技成果推广三等奖	1981
铁红釉液相分离及应用（自选）	省科技成果推广三等奖	1981
降低粉彩瓷器铅溶出量研究（中试）（市科委（80）08号）	轻工部科技成果四等奖	1981
釉中彩（中试）（部项目65号）	轻工部科技成果四等奖	1981
低温陶瓷"细炻器"的研制（所项目8107）	省科技成果二等奖	1982
高铝—堇青石质匣钵的研制（浙江省轻工厅委托）	浙江萧山县科技成果二等奖	1982
微晶陶瓷人工关节生物材料的研究及临床应用（所项目转省重点科技项目）	省科技成果二等奖	1982
全国日用陶瓷文献资料收藏情况调研〔(81)轻科情字14号〕文	景德镇市情报成果三等奖	1983
日用陶瓷产品抗冲击强度测定仪（质检中心委托）	景德镇市科技成果三等奖	1983
日用陶瓷器BDJ-DC白度计（质检中心委托）	景德镇市科技成果三等奖	1983
陶瓷窑炉节能——倒焰窑余热利用及余热烘房（所项目8108）	景德镇市科技成果二等奖	1983
微晶陶瓷人工关节生物材料的研究及临床应用（所项目转省重点科技项目）	卫生部科技成果三等奖	1983
铁红釉制备工艺（与上海硅所合作）	轻工部科技成果三等奖	1983

续表

项目	奖励	年度
新型耐火材料的研究——（黏土—熔融石英质鱼盘匣钵）（中科院"105项目"）	景德镇市科技成果二等奖	1983
大型双面釉瓷板制作工艺及设备和研究（所项目）	省科技成果推广三等奖	1984
新型耐火材料的研究——（黏土—熔融石英质匣钵（中科院"105项目"）	省科技成果推广二等奖	1984
吉州窑木叶天目釉制备工艺的研究（轻工部轻科84014）	轻工部科技进步三等奖	1986
降低金红颜料含金量的试验（部院新产品项目第6号）	轻工部科技进步三等奖	1986
瓷用测试仪器的研制——KS可塑性测定仪（机械部项目8401702）	轻工部科技进步三等奖	1986
"日用陶瓷工业窑炉节能技术"情报调研（轻工部情报研究所委托）	轻工部情报成果三等奖	1986
ES-01/0.72型微机控制节能套式窑及彩烧工艺的研究（所项目8315）	轻工部科技进步三等奖	1986
大型双面釉瓷板制作工艺及设备和研究（所项目）	轻工部成果三等奖	1986
陶瓷窑炉节能—倒焰窑余热利用及余热烘房（所项目8108）	轻工部科技进步二等奖	1986
日用陶瓷透气性测定方法（GB4736-84标准）	国家技术监督局科技进步四等奖	1986
日用陶瓷材料烧结温度范围测定方法（QB897-83标准）	轻工部科技进步三等奖	1986
日用陶瓷用长石（QB902-83标准）	轻工部科技进步三等奖	1986
日用陶瓷铝硅酸盐化学分析方法（GB4734-84标准）	轻工部科技进步三等奖	1986
日用高硅材料及其制品的化学分析方法（GB4735-84标准）	轻工部科技进步三等奖	1986
陶瓷模具用石膏粉（QB904-83标准）	轻工部科技进步三等奖	1986
高铝质匣钵（QB/T1682-83标准）	轻工部科技进步三等奖	1986
《汉语主题词表》日用陶瓷部分主题词表	国家科技进步二等奖	1986
精细耐热炻器的研究（中试）[部（83）轻科契字001号]	轻工部科技进步三等奖	1987
陶瓷嵌丝装饰（所项目）	全国发明展览会铜奖	1987
吉州窑木叶天目盏（轻工部轻科84014）	省成果推广三等奖	1987
降低金红颜料含金量的试验（部院新产品项目第6号）	省成果推广三等奖	1987

146

续表

项目	奖励	年度
微晶陶瓷人工关节生物材料的研究及临床应用（所项目转省重点科技项目）	国家发明四等奖	1987
日用陶器透气性测定方法（GB4737-84 标准）	优秀部颁标准三等奖	1987
日用陶瓷材料耐酸、耐碱性能测定（块状法）（GB4738.1-84 标准）	优秀部颁标准三等奖	1987
日用陶瓷材料耐酸、耐碱性能测定（颗粒法）（GB4738.2-84 标准）	优秀部颁标准三等奖	1987
日用精陶器（QB872-83 标准）	优秀部颁标准三等奖	1987
提高花纸颜料质量的研究	省成果推广三等奖	1987
大型双面釉彩绘瓷板屏风	优秀新产品奖	1987
精细耐热炻器的研究（中试）[部（83）轻科契字001 号]	轻工部金龙腾飞奖	1988
ES-01/0.72 型微机控制节能套式窑及彩烧工艺的研究（所项目 8315）	轻工部金龙腾飞奖	1988
陶瓷窑炉节能——倒焰窑余热利用及余热烘房（所项目 8108）	轻工部金龙腾飞奖	1988
日用陶瓷抗张强度测定方法（GB4966-85 标准）	优秀部颁标准三等奖	1988
新材质隔热保温砖的研制（省粮油科技项目）	轻工部成果三等奖	1989
陶瓷烹调器铅、镉溶出量允许极限和检测方法（GB8058-87 标准）	国家质量技术监督局科技进步四等奖	1989
日用陶瓷名词术语（GB5000-85 标准）	省科技进步二等奖	1990
ES-01/0.72 型微机控制节能套式窑及彩烧工艺的研究（所项目 8315）	轻工博览会铜奖	1990
ES-01/0.72 型微机控制节能套式窑及彩烧工艺的研究（所项目 8315）	省专利技术优秀项目奖	1990
明清景德镇仿青瓷釉的研究（部轻科 85068）	轻工博览会铜奖	1990
福建高岭土工艺性能及其应用的研究（产轻科 84012）	轻工部科技进步三等奖	1990
福建高岭土工艺性能及其应用的研究（产轻科 84012）	轻工博览会银奖	1990
强化日用瓷（自选项目）	省专利产品展览会金牌奖	1991
国外陶瓷机械设备生产现状及发展趋势的调研（轻工部科技情报所）	轻工部成果三等奖	1991

续表

项目	奖励	年度
高级浴缸阀门——新式单柄浴缸阀门［景科（87）019号］	省专利产品展览会银牌奖	1991
紫砂陶器（GB10816-89标准）	轻工部科技进步三等奖	1991
欧美五国陶瓷专利情报调研（市级项目）	景德镇市科技进步二等奖	1992
强化日用瓷（自选项目）	省科技进步三等奖	1992
陶瓷颜料复烧电热自动链板窑的研制（部轻科84013）	景德镇市科技进步一等奖	1992
陶瓷颜料复烧电热自动链板窑的研制（部轻科84013）	轻工博览会铜奖	1992
釉彩青花的研究（所项目）	景德镇市科技进步三等奖	1992
与食物接触的陶瓷制品铅、镉溶出量允许极限（12651-90标准）	轻工部科技进步三等奖	1992
青花玲珑日用细瓷器（GB10812-89标准）	轻工部科技进步三等奖	1992
亮金水、亮钯金水（ZBY24004-89标准）	轻工部科技进步三等奖	1992
陶瓷色度板的研制［轻科（90）11号文］项目	轻工部科技进步三等奖	1993
日用陶瓷器铅、隔溶出量测定方法（GB3534-90标准）	轻工部科技进步三等奖	1993
无光釉彩水墨画艺术瓷［轻科（90）11号文］项目	景德镇市科技进步三等奖	1994
低温日用细瓷坯釉配方的研究（轻新90040）项目	轻工部科技成果三等奖	1994
陶瓷用石膏化学分析方法（QB/T1641-92标准）	轻工部科技成果三等奖	1994
高强度耐热陶瓷材料产品	中国轻工业优秀新产品一等奖	1995
陶瓷造纸刀片	国家级新产品	1995
电磁灶耐热陶瓷面板（省招标项目89-11-5）	国家级新产品	1995
GWQ系列节能燃气窑的研制	中国轻工业优秀新产品一等奖。	1995
陶瓷原料精选小试研究（国家攻关"85-603-01-01"）	轻工部科技成果二等奖	1996
陶瓷造纸刀片的开发研究（省二级科技计划）项目	轻工业部科技进步三等奖	1996
陶瓷包装容器铅镉溶出量允许极限（标准GB14147-93）	轻工业部科技进步三等奖	1996
陈设艺术瓷器文化用瓷（标准GB/T13524.3-92）	轻工业部科技进步四等奖	1996
高强度耐热陶瓷材料产品	国际发明展览会铜奖	1996
陶瓷坯料制备过程计算机监控系统的研究（国家攻关"85-603-03-06"）	轻工部科技成果三等奖	1997

项目	奖励	年度
坯料制备工艺与设备的研究 （国家攻关"85-603-02-01"）	轻工部科技成果三等奖	1997
电磁灶耐热陶瓷面板的研制（省招标项目89-11-5）	轻工部科技进步三等奖	1999
日用瓷器 GB/T3532-1995	国家质量技术监督局科技进步二等奖	1999

2. 江西省陶瓷研究所（简称"省陶研所"）

1983年，江西省政府决定将景德镇市陶瓷科技中心实验所和景德镇工艺美术研究所合并，玉风瓷厂作为中试工厂，组建"江西省陶瓷研究所"，隶属江西省轻工业厅。1985年12月26日正式挂牌成立，是国家日用及建筑陶瓷工程中心副主任成员单位，市窑炉学会、省陶瓷企业技术服务中心依托单位，主办国内外发行的《陶瓷研究》杂志。

省陶研所确立"坚持以日用瓷为主，工业瓷和特种瓷为辅，以工艺技术和造型装饰艺术为主，陶瓷设备和瓷用材料为辅"的科学研究方向，秉承"开发陶瓷新产品、新技术、新工艺、新材料的应用研究，开展陶瓷产品测试、校验计量仪器，提供成套技术，转让科研成果，接受技术咨询，承包技术服务"的办所宗旨，立足瓷都，服务全省，面向全国，努力发展成为具有相当规模和专业实力，具有深厚的资源优势和名牌效应的现代化的新型科研基地。

经过几年的培养与引进，省陶研所拥有一支年轻化、专业化的知识分子队伍，努力提升科技产品的竞争意识和品牌意识，努力在新产品、新工艺、新技术、新设备上抢占市场制高点。

通过引入市场运作和机制改革，整合和培植艺术瓷、窑炉和工业陶瓷三大支柱产业，成为科技产业结构中新的经济增长点。1985—1995年间，先后开发和自选科研课题69项，取得科技成果57项；签订横向技术服务合同185个，完成技术服务项目180项；设计、创作、研制新器型、新画面、新瓷雕 9500 多（套）件。自 1987 年起，连续五次被省科委评为"江西科研院所工作成绩综合考评先进单位"，两次获轻工业部"推动企业技术进步腾飞奖""全国轻工业科技进步先进单位"称号，连续夺得景德镇陶瓷美术百花奖评比和全国陶瓷美术创作设计评比"四连冠"和"三连冠"。

重视科研技术对陶瓷行业的推动作用，不断加大技术研发创新的力度。先后研制开发出"现代民间青花艺术瓷""色釉综合装饰瓷""亚光和无光釉艺术瓷""釉下水墨绿色料"及"彩色珍珠釉"等多品种艺术瓷。

1991 年，成立工业陶瓷研究室，专门从事工业陶瓷的研究与开发。1992 年，承担国家"八五"重点科技攻关项目"高温结构陶瓷的开发和研究"，通过鉴定和验收，完成碳化硅陶瓷粉末研究的小试工作，进行碳化硅微粉的新工艺研究开发，建立"高温结构陶瓷材料重点实验室"。

在热工设备研制和开发上，不断向大容积、全自控、大断面、高难度、世界先进水平的窑炉技术迈进。1992 年，研制出海泰 2.8 立方米新型中温燃气节能间歇窑（最高烧成温度 1400℃ ）。经过推广和应用，又开发 0.1～9 立方米两种窑型 10 个系列的中温窑，其性能达到国内先进水平，可代替进口窑炉。在此基础上，又研制出海泰牌新型高温节能间歇窑（1730℃），这两种中、高温窑型均取得国家实用新型专利，并多次荣获国家、省级科技进步奖、优秀新产品奖、全国发明金奖。1995 年，承担国家"九五"重点攻关项目"釉中彩窑烧嘴的研制"，顺利通过国家鉴定验收，大大提高了窑炉的烧成效率。

150

3. 景德镇市陶瓷研究所（简称"市陶研所"）

1993 年成立，为差额拨款事业单位。从事陈设艺术陶瓷和实用艺术陶瓷创作设计及工艺研究，有众多陶瓷美术创作人员和专业技术人员。创作设计的艺术陶瓷作品在国家、省、市陶瓷艺术创作设计评比中多次获奖，多次承担国家、省、市下达的重大创作设计任务。主办的《景德镇陶瓷》为陶瓷综合性科技期刊、省级重点期刊。

1997 年，该所为北京人民大会堂设计制作特大型综合装饰"映山红"宝灵尊，陈列在北京人民大会堂江西厅。完成了中南海"紫光阁"和外交部驻香港特派员公署陈设瓷的创作设计任务。

4. 景德镇陶瓷工业设计研究院

1982 年 2 月成立，系全国陶瓷专业设计院，其前身是省陶瓷工业公司设计室。1994 年，更名为景德镇陶瓷工业设计研究院，设有陶瓷工艺科、陶瓷设备科、陶瓷窑炉科、土建科、电气自控科、生产管理科、总工程师室、办公室、地质勘查队等 10 个科室。主要业务范围：承担日用陶瓷、建筑卫生陶瓷等硅酸盐行业的新建、扩建、改造工程项目的全套设计，以及调试生产等技术咨询服务项目。

设计院成立以来，先后承担国内外工程项目 500 余项。其中获国家优秀工程设计银质奖的有景德镇华风瓷厂的设计；获轻工业部优秀工程奖的有艺术瓷厂隧道窑的设计。荣获江西省优秀工程设计奖 52 项，江西省科技进步奖两项，景德镇市优秀工程设计奖 10 项。

5. 景德镇市地质队

1976 年 12 月成立，业务归口江西省地质矿业局，由省陶瓷工业公司代管。主要负责勘探景德镇陶瓷原料矿藏资源，为发展景德镇陶瓷工业生产服务。全队有专业技术人员和工人 54 人，有专用设备 27 台，具有地质勘查、设计、施工和地质化验分析的能力。至 1985 年底，累计完成钻探进深 13173 米，槽探 731.5 立方米，总共提出可采瓷石矿储量 C+D 级 434.83 万吨，并分别于 1980 年和 1982 年完成提交余干瓷石矿老虎口矿段的地质初勘成果报告。同时，还先后对市大洲高岭土矿、浮南瓷石矿汪村等矿段进行地质调查与钻探工作。先后完成华风瓷厂和焦化煤气厂的厂址基础勘察任务，并为其他瓷厂的技术改造项目进行基础地质勘察工作。

（二）陶瓷教育

景德镇的陶瓷教育具有鲜明的地域特色，拥有中国陶瓷高等学府和各层次专业陶瓷技术学校。为了适应陶瓷工业的发展，陶瓷教育体系也不断完善，形成以陶瓷专业技术教育为主、涵盖陶瓷高等、中等、职业教育的体系。职工高等学校、职业学校以及相关专业设置应运而生，各类陶瓷学院学校建设逐渐升格，教育科研成果不断显现，为景德镇乃至全国陶瓷产业的发展提供人才保障。

1. 高等教育

在各类陶瓷院校当中，以陶瓷专业技术教育为主的陶瓷高等院校是景德镇陶瓷人才培养的重要基地。各高等院校在专业设置、内容传授、师资力量等方面各有特色和优势，侧重理论和学术的知识型教育以及陶瓷技术、技能培养培训等，是景德镇陶瓷人才成长的摇篮和基地。

景德镇陶瓷学院

1958 年，景德镇陶瓷学院成立。经过三十多年的探索与发展，在最初仅有的陶瓷工程系、陶瓷美术系和建筑工程系基础上，逐步增设各专业学科，扩大办学规模，增加师资力量，学院发展迈上新台阶，形成培养专科生、本科生、硕士研究生的多层次办学格局。根据经济和社会生产发展的形势，先后增设工业企业管理系和陶瓷工程系热能工程专业，原料矿物工程专业，陶瓷机械系机械制造工艺及设备专业，陶瓷美术系工业造型设计专业等重要基础资料。

1980 年，学院加大力度提高教学质量，无论在规模上，还是师资水平、仪器、设备和科学实验手段等方面都大大超过以往水平。1981 年以后，增设陶瓷生产自动化专业。1985 年，在校生人数达 1000 人，陶瓷美术系开始招收工艺美术设计、雕塑专业的硕士研究生。1988 年，陶瓷工程系开始招收硅酸盐工程专业的硕士生。 1989 年，学院增设了财会专业，

1992 年增设审计专业，至此，学院由 1987 年的四个系 9 个专业，增加到四个系 11 个专业，两个硕士授予点。

为贯彻高等教育体制改革的指导思想，更好地将教育教学与社会需要相结合，使培养的学生具有适应经济和社会发展需要的积极性和自动调节的能力。1985 年，学院曾多次组织干部、教师分赴全国各大产瓷区对毕业生作追踪调查，在此基础上对教学改革进行了一系列的探索。

学院确立了"以教学带动科研，以科研促进教学"的工作思路，以硅酸盐陶瓷为重点，积极发展高技术陶瓷，制定各类激励政策，调动教师、科研人员的积极性，促进科研管理工作趋向规范化、制度化和科学化，逐步成为当时具有国际水平的陶瓷专业教育中心、科研中心和资料情报中心。

1990 年，学报编辑部自筹资金创办《陶瓷导刊》杂志。1993 年该刊成为中国陶瓷工业协会会刊，1994 年更名为《中国陶瓷工业》。

从 20 世纪 80 年代开始，学院加强与国外高校、科研单位的联系，并陆续派遣教师赴日本、英国、德国研修，对外交流方面取得了较大的进展。每年都有来自美国、英国、日本、法国、韩国等国家的陶艺界、教育界知名人士来院讲学访问，促进学院与世界的交流。同时，学院积极与包括韩国圆光大学校美术大学、美国纽约州立陶瓷学院等签订校际友好关系协议，互相访问讲学，使得学院在国际上的知名度日益扩大。

1986 年，景德镇陶瓷学院隶属于国家轻工业部。1998 年，转为中央与地方共建、以江西省管理为主，是教育部确定的独立设置本科艺术院校、政府奖学金攻读硕士、学士学位留学生的高校之一，全国重点陶瓷高等院校，面向大陆及港澳台地区招生。1999 年 7 月，部陶研所并入景德镇陶瓷学院（后更名为"景德镇陶瓷大学"）。

江西陶瓷工艺美术职业技术学院

前身为创办于 1958 年的江西省陶瓷学校，1980 年 9 月，从景德镇陶瓷学院析出单设，隶属省轻工业厅，面向全省、兼顾全国招生。1986 年，名为"江西省景德镇陶瓷学校"。办学规模800人，设省陶瓷装饰材料、特种陶瓷、陶瓷美术3个专业。1996年增挂"江西省工艺美术学校"校牌，按"一校两牌"的模式办学，为正处级建制。是一所以陶瓷工程类、艺术设计类专业为主，涉及文学、理学、工学、商学、管理学等多门类学科的高等职业院校。1997年被评为江西省重点中专学校（后升格为全日制普通高等职业学院）。

学院以立德树人为根本任务，以服务发展为宗旨，以促进就业为导向，坚持产教融合、校企合作，坚持有机衔接、多元立交，坚持工学结合、知行合一，主要面向江西经济社会发展培养材料工程技术和工艺美术类的高等技术技能型人才。

景德镇高等专科学校

创建于1977年。1993年4月，由景德镇市教育学院改建成立，是景德镇市地方全日制多学科的普通高校。

学校具有各类高级专业技术职务和硕士学位以上的教师、教授，有新世纪百千万人才工程国家级和省级人选、享受国务院特殊津贴、国家级大师、省级教学名师、学科带头人等。学院主动适应地方经济社会发展需要，围绕景德镇城市转型和经济建设，不断调整专业结构，构建了以文学，理学为基础，以工学为主干，以艺术设计和教师教育为特色，多学科协调发展的学科专业体系，建设了一批重点专业和特色专业。景德镇市中小学校中，80%以上的教师和教育行政干部毕业于景德镇高等专科学校。

学校还培养了一大批陶瓷艺术领域的高级人才，包括国家级大师，省级工艺美术大师等。先后获得"全国先进基层党组织"、全国"五四"红旗团委、江西省"五一劳动奖状"单位、"江西省文明单位"等奖项和荣誉（后更名为"景德镇学院"）。

景德镇陶瓷职工大学

1978年由省陶瓷工业公司创办，原称"七二一"大学。

1980 年，经江西省人民政府批准，改名为景德镇陶瓷职工大学。1982 年经教育部备案，是面向全国招生的陶瓷职工高等学校，在全省乃至全国陶瓷行业中享有较高声誉。1984 年被列为轻工业部全国协作代培定点学校。同年，受轻工业部、江西省轻工业厅和省陶瓷工业公司委托，举办各种专业培训班，代培各种岗位职务人员。建有教学大楼、综合实验大楼、图书馆楼、艺术大楼、实习工厂、大礼堂、教工和学生宿舍等建筑设施。为配合教学需要，学校设有理化实验室、陶瓷专业实验室、微机室、电教室、教师资料室、师生作品陈列室、美术作品展览室等相关设施。图书馆藏书五万余册。

1996 年 5 月，学校顺利地通过江西省教委评估验收，被评为符合国家设置标准的成人高等学校。学校设有陶瓷美术设计、装潢设计、美术、陶瓷工程、电脑会计、电脑文秘、经贸、法律、生物教育等专业。1999 年 8 月 27 日，陶瓷职大由省陶瓷工业公司移交市教育委员会管理。后陶瓷职工大学建制并入景德镇高等专科学校。

2. 中等教育

以技能技术教育为主的陶瓷中等教育是景德镇陶瓷人才培养的重要基础，是陶瓷高等教育向年轻化、基础化延伸的主要途径。

景德镇市技工学校

1978 年，景德镇市技工学校由江西省人民政府批准成立，是全省全市职业教育培训的重要阵地。当年招生 200 人，由市工业局主管。办学宗旨以培养陶瓷技工为主，兼顾培养市属其他行业的技工。创办之初，曾与省陶瓷工业公司合办，教学班设在各有关瓷厂内。珠山大桥西路南侧校舍建成之后，学生全部集中，即与省陶瓷工业公司分开。

学校有教职工 100 余人，具有专业技术职称的人员占 75% 以上，其中高级讲师 25 人，中级职称 35 人，主要专业有陶瓷美术、陶瓷工艺、数控加工、计算机应用维修、电子技术应用、机床切削加工、酒店服务与旅游、汽车维修等，均有自己的生产实习实验场所。学校加大对学生实习动手能力的培养力度，在校学生理论与实践操作课的比例达到 1 ：1，学生学有所长，学有所用。

陶瓷美术及陶瓷工艺是学校的重点专业，学校的陶瓷美术教师及历年毕业的陶瓷美术专业毕业生中，许多人成为中国工艺美术大师或高等院校教授。

景德镇第一中等专业学校

1987 年 8 月，在市第六中学基础上成立景德镇陶瓷职业技术高级中学。

1991 年，被国家教委审定为省级重点职业中学。1994 年，被省教委批准为职业中等专业学校。先后开设陶瓷工艺、美术绘画、数控技术、机械加工、计算机应用、旅游服务与管理等 8 个专业。其中陶瓷工艺、数控技术专业是省精品专业，旅游服务与管理是省重点建设专业。

3. 职业培训

陶瓷高等教育和中等教育主要针对没有工作经历和实践经验的学子，采取的是全日制教学模式。而针对有实践经验，可以同时兼顾工作和培训的职业教育培训也是陶瓷教育的重要内容，尤其是在岗期间的职业培训，对于提升职工职业素养和劳动技能，提高产品质量和生产效率，发挥关键性作用。

省陶瓷工业公司专门成立职工教育委员会，设立教育科。各厂矿也建立机构，抽调人员，对干部、工人进行全员培训。根据职工所在岗位，进行针对性的全员集训。

从 1984 年开始，景德镇陶瓷职大受国家轻工业部、省轻工业厅和省陶瓷工业公司委托，举办各类专业培训班，代培各种岗位职务人员。如全国轻工系统出口陶瓷设计进修班，全国轻工系统陶瓷窑炉与检测技术进修班陶瓷成型技术研讨班，陶瓷包装装潢进修班等。省陶瓷工业公司先后组织全系统班组长、选瓷员、质检员、窑炉长、质管员等岗位职工，进行轮训，取到较好的效果。1986～1992年，培训人数达2500余人。其中1960名班组长接受培训，占企业班组长总数的86%。通过培训314人获评工人技师资格。

1984年，国家教委、国家劳动总局、全国总工会、共青团中央等部门联合下发《关于青壮年职工文化、技术补课的通知》，要求取得初中毕业文凭而没有初中毕业实际水平、从事技术工作有技术等级而没有相应应知应会技术能力的青壮年职工进行文化技术补课。陶瓷系统1万余职工属于"双补"对象。省陶瓷工业公司在组织下属厂开展文化补课的同时，向青壮年职工进行"应知""应会"的技术补课。至1986年，经过多次考试，90%以上青壮年职工达3级技工水平。对文化、技术考试合格者，由省陶瓷工业公司发给江西省轻工业厅颁发的文化、技术补课合格证书。

1991年，景德镇市组织开展第二届全市职工操作技术比武活动，全省开展第四届青工操作技术大赛技术培训。各瓷厂分期分批对职工进行系统的技术理论教育，把业余学习、脱产学习与现场培训结合起来，在培训的基础上，再组织岗位练兵，进行操作技术比武。省陶瓷工业公司质量管理办公室对各厂各工种前10名选手进行应知应会重点强化培训，参加省、市的操作技术比武决赛。进一步提高青年职工的技术素质，鼓励他们不断增强实际操作能力，促进企业产品质量和经济效益的提高。

1986—1995年，省陶瓷工业公司陆续组织所属企业的各类管理人员3000余人次，参加部、省有关部门和自行举办的各类培训班，学习企业管理、市场经济理论等，轮训陶瓷企业财务、统计、劳动工资、质量管理等方面的干部1034人次。1987年2月，省陶瓷工业公司编写《日用陶瓷工人生产技术丛书》，作为景德镇陶瓷系统第一套培训中级技工的教材。教材分《陶瓷原料开采与加工》《坯釉料的配制》《陶瓷成型》（上下册）《陶瓷烧成》《陶瓷生产工艺规程》《日用陶瓷工艺》《耐火材料》《石膏与模具》《窑具》《陶瓷机械设备管理和使用维修》《陶瓷装饰》《陶瓷颜料、金水、贴花纸》《陶瓷雕塑》《景德镇瓷艺纵观》等 15 册，共计 265 万字。至 1993 年全部出齐。

1995 年 5 月至 7 月，省陶瓷工业公司举办企业高级管理人员培训班，从各企业选拔年富力强，富有工作经验的优秀人员参加培训。并分 3 批分别到湖南等产瓷区的先进企业考察，赴黎川各乡镇瓷厂进行跟班学习、蹲点调查。优秀毕业学员由副厂长提升为厂长或主持行政工作，有的由企业中层干部提升为企业副厂长。

4. 陶艺交流

为了让更多的非陶瓷专业人员也能有机会了解陶瓷制作过程，体验陶瓷制作的乐趣。20 世纪 90 年代中后期，景德镇开始开展陶艺交流活动，为日后景德镇陶瓷研学游探索了一条新路。

1995 年 7 月至 8 月，由景德镇高岭陶艺学会发起，景德镇陶瓷学院、省陶瓷工业公司等 7 家单位举办的高岭国际陶艺夏令营和高岭国际陶艺研讨会先后在景德镇举行，包括韩国、日本在内的中外师生 130 人参加活动。主要内容为专家讲学、圆器、薄胎拉坯和利坯、釉上彩绘示范操作、作品展示、参观考察等。

158

1996 年 10 月，受国家科委国际科技合作司的委托，省陶研所在 1993 年国际陶瓷美术培训班的基础上，再次举办 1996 年国际陶瓷培训班。10 余位学员分别来自新加坡、马来西亚、泰国等东南亚国家，完成学业后，国家科委国际科技合作司和省陶研所联合向全体学员颁发结业证书。

1998 年 11 月，江西省科技交流中心和省陶研所在举办 1993、1996 两期国际培训班的基础上，再次联合举办 1998 国际陶瓷培训班，讲授陶瓷工艺学、中国陶瓷科学与历史发展、陶瓷造型设计、绘画装饰等课程，新加坡、马来西亚学员通过理论学习和实践操作基本掌握了陶瓷的制作流程和工艺。

文博研究

进入 20 世纪 80 年代，景德镇陶瓷文化博览研究事业得到了突飞猛进的发展。各类陶瓷博览区、博物馆先后落成完善，各类陶瓷文化刊物百花齐放。

（一）景德镇陶瓷馆

1979 年 11 月，景德镇陶瓷馆由市文化局划归省陶瓷工业公司。景德镇陶瓷馆展厅总面积 927.37 平方米，主要承担收藏、研究与展览景德镇古今优秀陶瓷作品的职能。1985 年藏品 2500 余件。藏品收集范围有三个方面：除收集陈列景德镇古陶瓷历史文物外，也收集陈列当代最新成果，如历届陶瓷美术百花奖获奖作品和荣获国家金、银奖的产品；除收藏御窑瓷器外，同时也收集优秀的民窑瓷器；除收藏完整的器物外，也收集有价值的古瓷残片标本。此外，还兼收藏外国瓷、外地瓷为"集古今精华于一室"的陶瓷博物馆。

为开展科研活动，馆内建有实验小作坊，专门从事古陶瓷研究和复制，对元代和明初的青花瓷复制品，几乎可以乱真，不少复制品被国外博物馆、陶瓷专家、学者和古陶瓷爱好者收藏。

（二）景德镇陶瓷历史博览区

位于景德镇西市区枫树山蟠龙岗，占地 83 公顷，是集文化博览、陶瓷体验、娱乐休闲为一体的文化旅游景区。由古窑瓷厂和陶瓷民俗博览馆两

20 世纪 80 年代初的景德镇陶瓷历史博览区外景

160

部分组成，被国内外专家和陶瓷爱好者称为"活的陶瓷博物馆"。这里，可以一览古时景德镇民间建筑之风貌，也是研究景德镇的经济、建筑、陶瓷发展史难得的实物资料。

景德镇陶瓷历史博览区于 1980 年开始建设。为配合城区改造，保护一批历史文化遗迹，政府决定把散落在市区的部分古窑场、古作坊、古建筑异地集中保护。1994 年 10 月，被中共江西省委、省政府授牌为省级爱国主义教育基地，1996 年 11 月又入选为全国 100 家中小学爱国主义教育基地之一，是瓷都最著名的文化旅游景点之一。

陶瓷民俗博览馆是以古建筑群为中心的园林式博物馆。馆内有历代陶瓷展、明清两代民居建筑群、瓷碑长廊、天后宫、瓷器街、大夫第等景观。馆内环境幽雅、林木葱郁、湖水荡漾，人文景观和自然风光完美结合。每逢双休日，馆内举办世界独有的瓷乐表演。

古窑由风火仙师庙、圆器作坊、琢器作坊、镇窑、致美轩瓷行等景点组成，展示景德镇独特的瓷业习俗、古代工业建筑布局和明清时期景德镇手工制瓷技艺表演，烧制仿古瓷过程等。主要文化景点有：圆器作坊、镇窑、风火仙师庙、太平窑等。

1985年，景德镇歌舞团研制成功以瓷盘为主要材料的新型民族打击乐器"瓷瓯"，先后获得国家发明银奖和文化部科技成果奖。对瓷乐器进行系列化研发，并组建瓷乐团。这套采用优质瓷土按专业乐器技术要求，精致制作的瓷乐器，是景德镇瓷乐器"声如磬"的集中体现，属于世界首创。

（三）景德镇市陶瓷考古研究所

1989年6月经江西省人民政府批准成立，是研究景德镇陶瓷遗迹和遗物及景德镇陶瓷发展史的专门研究机构。地处国家级重点文物保护单位——祥集弄民宅内（景德镇市祥集上弄11号、3号），下设办公室、考古资料陈列馆、田野考古工作室，属正县级事业单位。

考古所成立以来，对景德镇境内的10—17世纪古瓷窑遗址进行全面的考察，为配合城市基建，对珠山官窑遗址进行抢救性发掘清理，对1982年以来在珠山官窑遗址中发现埋藏落选贡品的遗物，进行精细的发掘和修复，获得数千件难得的瓷器珍品。由于是窑址出土物，年代可靠、品类丰富、科学价值很高，因而成为收藏家、鉴赏家最权威的断代标尺物，为文化史学家提供了最可靠的实物史料，研究成果举世瞩目。1989年以来，先后9次应邀赴英国、日本等国和香港、台湾等地举办展览，并出版《景德镇珠山出土永乐宣德官窑瓷》《景德镇出土陶瓷》《成窑遗珍》《皇帝的瓷器》《成化官窑》《景德镇出土明初官窑瓷器》《景德镇出土宣德官窑瓷器》《景德镇出土元明官窑瓷器》等图书。1997年，该所还选送展品参加国家文物局在北京举办的《全国近年来重大考古发现汇报展》。1999年，该所考古成果被选入《中华人民共和国重大考古发现》大型图录。

（四）景德镇市硅酸盐学会

1979 年 9 月成立，挂靠省陶瓷工业公司，共有会员 71 人、团体会员 53 个，分 13 个专业组。历年来，曾接待日本、美国、澳大利亚、英国、德国、法国、波兰、捷克斯洛伐克等国家的专家学者 200 余人次。先后推荐论文 300 余篇，其中获省、市优秀论文奖的 208 篇。

（五）《中国陶瓷》杂志社

成立于 1959 年，由部陶研所和全国陶瓷工业信息中心创办，是华南理工大学材料学院、中硅会陶瓷分会、日用陶瓷专业委员会、建筑卫生陶瓷专业委员会、色釉料专业委员会支持协办的国家级大型综合性陶瓷科技期刊。《中国陶瓷》杂志为季刊。长期以来表现为具有较高的学术水平与科技含量，全方位报道国内外陶瓷行业的发展动态、方向，全面刊登陶瓷行业研究开发、生产应用等方面的重要科技论文。主要栏目有"综述与评述""陶瓷文化""研究与开发""探索与交流""生产与应用""陶瓷艺术""古陶瓷研究""信息集锦"等。内容丰富，信息量大，影响遍及海内外，发行面覆盖全国 30 个省、自治区、直辖市以及 20 多个国家和地区。

自创刊以来，历获新闻出版署、轻工业部优秀期刊的荣誉称号，被列为"中国轻工业局科技期刊""中国科技论文统计用期刊""中国学术期刊综合评价数据库来源期刊""中国引文数据来源期刊""中文核心期刊"。

（六）《陶瓷研究》杂志社

隶属于省陶研所、江西省陶瓷科技情报站。《陶瓷研究》属国内外公开发行的陶瓷专业综合性季刊。内容包含世界陶瓷原料与加工程序、制作工艺、技法步骤、配方配料、陶瓷釉料、陶瓷设备及工具、陶瓷制作、釉浆制备及施釉、装窑与烧成、现代陶艺欣赏等，是了解国内外陶瓷科技成果、生产动态、经营管理、市场行情及传递各企业产、供、销的信息窗口，是国家新闻出版总署中国期刊网收录期刊之一。

《陶瓷研究》侧重于陶瓷艺术先后开辟"明星在线""瓷海萍踪""名家风采""人物写真""瓷苑画风""瓷路花雨""佳作点评""古瓷品鉴""盛世藏瓷""名域陶录""陶瓷时讯""拍场锤音""话说陶瓷""陶史风韵"及"陶瓷论坛"等栏目。

（七）《景德镇陶瓷》杂志社

创刊于1973年，为省陶瓷工业公司科技组编印的内部资料，半年一期，1976年停刊。改革开放后随着陶瓷生产和陶瓷艺术的发展，《景德镇陶瓷》复刊，由省陶瓷工业公司主办、公司科技情报站和景德镇陶瓷馆编辑，是国内外公开发行的季刊。《景德镇陶瓷》被列为全国中文核心期刊、华东地区优秀期刊、江西省优秀期刊、中国科技核心期刊、中国学术期刊综合评价数据库统计源期刊、中国期刊全文数据库来源期刊、中国科技期刊精品数据收录期刊、中国科学引文数据库来源期刊、《中国学术期刊（光盘版）》期刊。

《景德镇陶瓷》杂志重点宣传瓷都景德镇悠久的制瓷历史，精湛的制瓷工艺及名优新产品，当代最新发展情况等。主要栏目有"陶瓷工业技术""陶瓷文化""古陶瓷研究""陶瓷收藏""陶瓷教育""作品赏析研究与探讨""商情信息"等。

1985—1998 年景德镇陶瓷有关出版物一览

名　称	编著者	出版机构及出版时间
《景德镇陶瓷工业年鉴》	省陶瓷工业公司编	《景德镇陶瓷》杂志社（1985、1986）（1987）
《第二次全国工业普查资料》	省陶瓷工业公司工业普查领导小组编印	（1986）
《景德镇的颜色釉》	潘文锦、潘兆鸿编著	江西教育出版社（1986）
《瓷都及其高峰》	吴海云编著	人民日报出版社（1986）
《景德镇史话》	周銮书著	上海人民出版社（1989）
《景德镇瓷艺纵观》	郑鹏编著	江西科技出版社（1990）
《瓷都明珠》	刘汉文主编	景德镇陶瓷杂志社（1990）
《中国瓷都景德镇陶瓷》	徐希祉主编	香港中国文化发展公司（1990）
景德镇陶瓷古今谈	杨永峰	中国文史出版社（1991.12）
《现代景德镇陶瓷经济史》	汪宗达、尹承国主编	中国书籍出版社（1994）
《景德镇瓷俗》	邱国珍著	江西高校出版社（1994）
《景德镇历代诗选》	龚农民、谢景星、童光侠编	中州古籍出版社（1994）
《景德镇陶瓷美术百家》	景德镇日报社主编	浙江美术学院出版社（1993）
《景德镇陶瓷艺术名人录》	景德镇陶瓷馆编	香港昊文化公司承印（1985）
《陶瓷美术》		《陶瓷美术》杂志社（1958、1959）
《陶瓷研究》		省陶研所主办（1986—1999）
《景德镇陶瓷学院学报》	景德镇陶瓷学院院刊	（1980—1989）
《故宫博物院院刊》		紫禁城出版社（1982—1990）
《省陶瓷工业公司科学技术成果选编》		省陶瓷工业公司编印（1984）
《高岭土史考——兼论瓷石、高岭与景德镇十至十九世纪的制瓷业》	刘新园、白焜	
《全国百家大中型企业调查——省陶瓷工业公司》	尹世洪，孙本礼主编	当代中国出版社（1998）

人才培育

人才的发掘与培养是景德镇陶瓷发展贯穿始终的主线。改革开放以后，景德镇延续家庭传艺、带子传艺、传艺带徒、职工夜校培养、授予荣誉等一系列人才培养、技艺传承方面的政策和措施，培养和造就了一大批工艺美术和工程技术人才。

（一）传艺带徒

1983 年 12 月，为保护手工制瓷技术工艺，省陶瓷工业公司制定并实施培训陶瓷手工技术力量，请有技艺的老师傅传艺带徒的措施。挑选了一批身体健康，初中以上文化程度，热爱这一行业的青年，采取以父传子、自找对象、组织推荐三结合的办法，鼓励资深在职或退休的老师傅，收徒、带徒。单位采取补贴的方法：在职老师傅带一名徒弟，由单位补贴 6 元至 8 元作为带徒津贴；退休工带徒，按原工资级别补满工资。学徒在学艺期间每月发给生活费 18 元至 24 元，其他一切待遇均同本厂其他青年同等享受。此举激发了老师傅带徒弟，新青年学技艺的热情，收到了良好的效果。

（二）授予荣誉

为延续陶瓷文脉，相关管理部门采取对陶瓷技艺人员授予荣誉称

艺术瓷厂老艺人向青年工人传授技艺

雕塑瓷厂老艺人向
青年工人传授技艺

号的措施，鼓励陶艺从业人员钻研技术，提高技艺，发挥引导和示范
作用。

1. 陶瓷世家

　　1994年10月11日，在"景德镇置镇990周年暨第五届国际陶瓷节"
开幕式上，中共景德镇市委、市人民政府向24户"陶瓷世家"颁发荣誉证书。

首批"陶瓷世家"授匾仪式

其中，从事陶瓷艺术的 18 户，从事陶瓷工艺的 6 户。他们是：张松茂、王锡良、谢胜旺、王怀俊、王恩怀、王隆夫、邓爱英、牛水龙、孙同鑫、刘平、刘烟林、毕德芳、余子富、余希鹏、张正海、汪桂英、陆如、余惠光、洪国忠、徐亚凤、游艺、曾山东、蔡忠顺、潘文锦。

2. 陶瓷美术家

自 1959 年至 1999 年，景德镇市人民政府五次授予"陶瓷美术家"称号，其中，1979 年授予陶瓷美术家称号的有：王恩怀、邓肖禹、何叔水、李进、熊汉中。

3. 中国工艺美术大师

中国工艺美术大师评选始于 1979 年，是根据《传统工艺美术保护条例》对符合一定条件且长期从事工艺美术制作的人员，授予国内工艺美术创作者的国家级称号。1979 年王锡良被国家轻工业部授予"中国工艺美术大师"称号，是景德镇市首位获此殊荣者，1988 年 4 月，中国轻工业协会（总会）授予秦锡麟、张松茂"中国工艺美术大师"称号；1993 年 12 月，授予王恩怀、李进、王隆夫、唐自强"中国工艺美术大师"称号；1997 年 9 月 9 日，授予戴荣华、张育贤、熊钢如、刘远长、徐庆庚"中国工艺美术大师"称号。

1982—1992 年陶瓷行业获部级以上（含部级）授誉人员一览

荣誉名称	姓 名	性别	单 位	授予时间	授予部门
全国工艺美术家	王锡良	男	部陶研所	1982	轻工业部
有突出贡献中青年专家	秦锡麟	男	省陶研所	1986	国家科委
有突出贡献中青年专家	刘新园	男	市古陶瓷研究所	1986	国家科委
中国工艺美术大师	秦锡磷	男	省陶研所	1988	轻工业部
中国工艺美术大师	张松茂	男	部陶研所	1988	轻工业部
有突出贡献中青年专家	潘文复	男	艺术瓷厂	1988	国家科委
有突出贡献中青年专家	王恩怀	男	市陶研所	1990	国家科委
有突出贡献中青年专家	虞雪琴	女	省陶瓷工业公司	1990	国家科委

续表

荣誉名称	姓名	性别	单位	授予时间	授予部门
有突出贡献中青年专家	唐自强	男	省陶研所	1990	国家科委
享受政府特殊津贴	潘文复	男	艺术瓷厂	1991	国务院
享受政府特殊津贴	刘新园	男	市古陶瓷研究所	1991	国务院
享受政府特殊津贴	章文超	男	艺术瓷厂	1991	国务院
享受政府特殊津贴	王恩怀	男	市陶研所	1991	国务院
享受政府特殊津贴	邓希平	女	建国瓷厂	1991	国务院
享受政府特殊津贴	李妙良	男	部陶研所	1991	国务院
享受政府特殊津贴	赵达峰	男	景德镇陶瓷学院	1991	国务院
享受政府特殊津贴	秦锡麟	男	省陶研所	1991	国务院
享受政府特殊津贴	唐自强	男	省陶研所	1991	国务院
享受政府特殊津贴	朱水龙	男	红光瓷厂	1992	国务院
享受政府特殊津贴	虞雪琴	女	省陶瓷工业公司	1992	国务院
享受政府特殊津贴	韦鸿端	男	市瓷用化工厂	1992	国务院
享受政府特殊津贴	黄伯美	男	人民瓷厂	1992	国务院
享受政府特殊津贴	徐庆庚	男	省陶研所	1992	国务院
享受政府特殊津贴	王锡良	男	部陶研所	1992	国务院
享受政府特殊津贴	敖镜秋	男	部陶研所	1992	国务院
享受政府特殊津贴	陈思九	男	景德镇陶瓷学院	1992	国务院
享受政府特殊津贴	胡章福	男	景德镇陶瓷学院	1992	国务院
享受政府特殊津贴	周国桢	男	景德镇陶瓷学院	1992	国务院
享受政府特殊津贴	林云万	男	景德镇陶瓷学院	1992	国务院
有突出贡献中青年专家	邓希平	女	建国瓷厂	1992	国家科委
有突出贡献中青年专家	刘远长	男	雕塑瓷厂	1992	国家科委
有突出贡献中青年专家	牛水龙	男	新华瓷厂	1992	国家科委

（三）职业技能评定和职称评审

为建立高素质的陶瓷职工队伍，从 20 世纪 80 年代起，景德镇陶瓷系统开始逐步开展初级工、中级工、高级工序列的职业技能评定，包括助理工程师、工程师、高级工程师、教授、副教授序列的高级专业技术职称评审工作，并将该工作作为职工工资发放和升职任用的重要依据。其中，公司（企业）负责初级职称的评定和聘用，市劳动人事部门负责中级职称的评定和聘用，省劳动人事部门负责高级职称的评定和聘用。1982 年景德镇陶瓷学院分别评聘教授 2 人、副教授 6 人。1983 年，景德镇陶瓷设计院、省陶研所、景德镇陶瓷工业设计院、市经济委员会、宇宙瓷厂、省陶瓷工业公司分别评聘高级工程师、副译审 1 人，部陶研所评聘高级工程师 2 人。

1987 年，省陶瓷工业公司成立职称改革机构，设立职称改革办公室和专业技术职务评审委员会。1986 年，省陶瓷工业公司下发《关于开展工人中级技术培训的实施意见》的文件。要求以技术教育为中心、以提高工人技术素质为目的，系统进行技术理论知识和实际操作技能的培训，并严格考核和发证制度，逐步建立一支以具有中级技术水平工人为主体、技术等级结构比较合理的陶瓷职工队伍。实施意见的发布与落实为实现 1990 年中级技术工人达到技术工人总数 50% 的要求提供了保证。通过一系列政策措施的推行和实施，使得 1979 年到 1998 年的 20 年间，景德镇瓷坛艺苑人才辈出，创造了令人瞩目的业绩。

1983—1990 年江西陶瓷行业高级职称人员一览

职称名称	姓名	性别	单位	授予时间
高级工程师	冯钢钢	男	省陶研所	1983 年
高级工程师	段心裁	男	省陶瓷工业公司	1983 年

职称名称	姓名	性别	单位	授予时间
高级工程师	敖镜秋	男	部陶研所	1987 年
高级工程师	郑可敦	女	部陶研所	1987 年
高级工程师	傅尚宏	男	部陶研所	1987 年
高级工程师	洪　铨	男	部陶研所	1987 年
高级工程师	程祖慰	男	部陶研所	1987 年
高级工程师	张熙年	男	部陶研所	1987 年
高级工程师	高凌翔	男	部陶研所	1987 年
高级工程师	刘细人	男	部陶研所	1987 年
高级工程师	李妙良	男	部陶研所	1987 年
高级工艺美术师	王锡良	男	部陶研所	1987 年
高级工艺美术师	张松茂	男	部陶研所	1987 年
高级工艺美术师	戴荣华	男	部陶研所	1987 年
高级工艺美术师	李　进	男	部陶研所	1987 年
高级工艺美术师	章　鑑	男	部陶研所	1987 年
高级工艺美术师	汪桂英	女	部陶研所	1987 年
高级工艺美术师	张育贤	男	部陶研所	1987 年
高级工艺美术师	李雨苍	男	部陶研所	1987 年
高级工程师	虞雪琴	女	省陶瓷工业公司	1987 年
副译审	颜石麟	男	省陶瓷工业公司	1987 年
副教授	林云万	男	景德镇陶瓷学院	1987 年
副教授	颜惠崇	男	景德镇陶瓷学院	1987 年
副教授	肖尊文	男	景德镇陶瓷学院	1987 年
副教授	孙再清	男	景德镇陶瓷学院	1987 年
副教授	欧克英	女	景德镇陶瓷学院	1987 年
副教授	周惠兰	女	景德镇陶瓷学院	1987 年
副教授	喻殿英	男	景德镇陶瓷学院	1987 年
副教授	孙天名	男	景德镇陶瓷学院	1987 年
副教授	陈思九	男	景德镇陶瓷学院	1987 年

续表

职称名称	姓名	性别	单位	授予时间
副教授	段金铨	男	景德镇陶瓷学院	1987 年
高级工程师	赵灵武	男	部陶研所	1988 年
高级工程师	罗慧蓉	女	部陶研所	1988 年
高级工艺美术师	辛青山	男	部陶研所	1988 年
高级工艺美术师	刘 平	男	部陶研所	1988 年
副研究员	董来琪	男	部陶研所	1988 年
高级工艺美术师	何叔水	男	部陶研所	1988 年
高级工艺美术师	涂金水	男	部陶研所	1988 年
副编审	曾繁浩	男	部陶研所	1988 年
高级工程师	潘文锦	男	省陶研所	1988 年
高级工程师	倪可云	男	省陶研所	1988 年
高级工程师	张升棣	男	省陶研所	1988 年
高级工程师	喻吉民	男	省陶研所	1988 年
高级工程师	谢长安	男	省陶研所	1988 年
高级工程师	彭孝宝	男	省陶研所	1988 年
高级工程师	杨圣雄	男	省陶研所	1988 年
高级工程师	蔡 毅	男	省陶研所	1988 年
高级工艺美术师	唐自强	男	省陶研所	1988 年
高级工艺美术师	肖丽瑜	女	省陶研所	1988 年
研究馆员	秦锡麟	男	省陶研所	1988 年
高级工艺美术师	徐庆庚	男	省陶研所	1988 年
高级工艺美术师	戚培才	男	省陶研所	1988 年
高级工程师	徐希祉	男	省陶瓷工业公司	1988 年
高级工程师	刘翾天	男	省陶瓷工业公司	1988 年
高级工程师	方府报	男	省陶瓷工业公司	1988 年
高级工程师	陈厚安	男	省陶瓷工业公司	1988 年
高级工程师	傅宏堃	男	省陶瓷工业公司	1988 年
高级工程师	陈耀光	男	省陶瓷工业公司	1988 年

职称名称	姓名	性别	单位	授予时间
高级工艺美术师	熊钢如	男	省陶瓷工业公司	1988 年
高级工艺美术师	熊汉中	男	省陶瓷工业公司	1988 年
高级经济师	秦林生	男	省陶瓷工业公司	1988 年
高级会计师	何明诚	男	省陶瓷工业公司	1988 年
高级会计师	涂世利	男	省陶瓷工业公司	1988 年
中学高级教师	王维秀	女	省陶瓷工业公司	1988 年
高级工程师	周伯雄	男	景德镇陶瓷工业设计院	1988 年
高级工程师	费志彬	男	景德镇陶瓷工业设计院	1988 年
高级工程师	李宗文	男	景德镇陶瓷工业设计院	1988 年
高级工程师	杨文心	女	景德镇陶瓷工业设计院	1988 年
高级工程师	许绍庆	男	景德镇陶瓷工业设计院	1988 年
高级工程师	严菊华	女	景德镇陶瓷工业设计院	1988 年
高级工程师	罗本初	男	景德镇陶瓷工业设计院	1988 年
高级工程师	汪志杰	男	景德镇陶瓷工业设计院	1988 年
高级工程师	戴义春	男	景德镇陶瓷工业设计院	1988 年
高级工程师	吴伯炎	男	景德镇陶瓷工业设计院	1988 年
高级工程师	王纪荣	男	景德镇陶瓷工业设计院	1988 年
高级工程师	程青云	男	景德镇陶瓷工业设计院	1988 年
高级工程师	王祖炎	男	景德镇陶瓷工业设计院	1988 年
高级工程师	潘文伟	男	景德镇陶瓷工业设计院	1988 年
高级工艺美术师	陈孟龙	男	景德镇陶瓷馆	1988 年
副研究员	黄云鹏	男	景德镇陶瓷馆	1988 年
高级工艺美术师	傅尧笙	男	陶瓷历史博物馆	1988 年
研究员	刘新园	男	陶瓷历史博物馆	1988 年
副研究员	白　琨	男	陶瓷历史博物馆	1988 年
高级工艺美术师	王恩怀	男	陶瓷历史博物馆	1988 年
副编审	王德基	男	《景德镇陶瓷》杂志社	1988 年
副编审	陈荐南	男	《景德镇陶瓷》杂志社	1988 年

续表

职称名称	姓名	性别	单位	授予时间
高级工程师	李长发	男	省陶瓷工业公司原料总厂	1988 年
高级工程师	江德太	男	为民瓷厂	1988 年
高级工程师	史振华	男	为民瓷厂	1988 年
高级工程师	陈 庄	男	为民瓷厂	1988 年
高级工程师	葛竺君	男	市陶瓷机械厂	1988 年
高级工程师	朱开暖	男	市陶瓷机械厂	1988 年
高级工程师	汪增垣	男	市陶瓷机械厂	1988 年
高级工艺美术师	曾山东	男	雕塑瓷厂	1988 年
副教授	杨物华	男	景德镇陶瓷学院	1988 年
副教授	赖福生	男	景德镇陶瓷学院	1988 年
副教授	胡张福	男	景德镇陶瓷学院	1988 年
副教授	缪松兰	女	景德镇陶瓷学院	1988 年
副教授	张松枝	男	景德镇陶瓷学院	1988 年
副教授	张邦宏	男	景德镇陶瓷学院	1988 年
副教授	张学我	男	景德镇陶瓷学院	1988 年
副教授	葛圣岳	男	景德镇陶瓷学院	1988 年
副教授	郭文莲	男	景德镇陶瓷学院	1988 年
副教授	欧阳世彬	男	景德镇陶瓷学院	1988 年
副教授	李菊生	男	景德镇陶瓷学院	1988 年
副教授	张民生	男	景德镇陶瓷学院	1988 年
副教授	曾 峰	男	景德镇陶瓷学院	1988 年
副教授	董如凤	男	景德镇陶瓷学院	1988 年
副教授	毛段英	女	景德镇陶瓷学院	1988 年
副教授	吴婉如	女	景德镇陶瓷学院	1988 年
副教授	万媛华	女	景德镇陶瓷学院	1988 年
副教授	傅朝毅	男	景德镇陶瓷学院	1988 年
副教授	吴梅君	女	景德镇陶瓷学院	1988 年
副研究员	占徽萍	女	景德镇陶瓷学院	1988 年

续表

职称名称	姓名	性别	单位	授予时间
副研究员	王玉生	男	景德镇陶瓷学院	1988 年
中专高级讲师	邓振纲	男	景德镇陶瓷学院	1988 年
中专高级讲师	王月英	女	景德镇陶瓷学院	1988 年
中专高级讲师	张继纯	男	景德镇陶瓷学院	1988 年
中专高级讲师	李国强	男	景德镇陶瓷学院	1988 年
中专高级讲师	汪笑牧	男	景德镇陶瓷学院	1988 年
高级工程师	孟宪良	男	省陶瓷工业公司	1988 年
高级工程师	赵达峰	男	部陶研所	1988 年
高级工程师	张忠铭	男	景德镇陶瓷学院	1988 年
高级工程师	刘 桢	男	景德镇陶瓷学院	1988 年
高级会计师	余韬英	男	景德镇陶瓷学院	1988 年
高级会计师	刘士英	男	景德镇陶瓷学院	1988 年
高级工程师	陶献柱	男	市电瓷电器公司	1988 年
高级工程师	韩 超	男	市电瓷电器公司	1988 年
高级工程师	陈 奇	男	市电瓷电器公司	1988 年
高级工程师	夏天三	男	市电瓷电器公司	1988 年
高级工程师	刘昭雄	男	市电瓷电器公司	1988 年
高级工程师	刘汉民	男	市电瓷电器公司	1988 年
高级工程师	黄步云	男	景德镇陶瓷职工大学	1988 年
高级工艺美术师	陆 如	男	景德镇陶瓷职工大学	1988 年
副教授	余恂福	男	景德镇陶瓷职工大学	1988 年
副教授	张学文	男	景德镇陶瓷职工大学	1988 年
副教授	张木兴	男	景德镇陶瓷职工大学	1988 年
副教授	程曲流	男	景德镇陶瓷职工大学	1988 年
中专高级讲师	陈泉根	男	景德镇技工学校	1988 年
中专高级讲师	梁守忠	男	景德镇技工学校	1988 年
中专高级讲师	朱哲屏	女	景德镇技工学校	1988 年
高级工程师	陈齐凯	男	部陶研所	1989 年

续表

职称名称	姓名	性别	单位	授予时间
高级工程师	许作龙	男	部陶研所	1989 年
高级工程师	卢瑞清	男	部陶研所	1989 年
高级工程师	彭志宏	男	部陶研所	1989 年
高级工程师	李非柳	女	部陶研所	1989 年
高级工程师	郑国良	男	部陶研所	1989 年
高级工艺美术师	徐亚凤	女	部陶研所	1989 年
高级工艺美术师	杨苏明	女	部陶研所	1989 年
高级工程师	孙本礼	男	省陶瓷工业公司	1989 年
高级工程师	辜振启	男	省陶瓷工业公司	1989 年
高级工程师	童森昌	男	省陶瓷工业公司	1989 年
高级工程师	林云杰	男	省陶瓷工业公司	1989 年
高级工程师	武文石	男	省陶瓷工业公司	1989 年
高级工程师	梁聚淦	男	省陶瓷工业公司	1989 年
高级工程师	余水茂	男	省陶瓷工业公司	1989 年
高级工程师	尹承楚	男	省陶瓷工业公司	1989 年
高级工程师	江国良	男	景德镇陶瓷工业设计院	1989 年
高级工程师	肖玉馨	男	景德镇陶瓷工业设计院	1989 年
高级工程师	郭邦相	男	省陶瓷工业公司原料总厂	1989 年
高级工程师	刘 政	男	省陶瓷工业公司原料总厂	1989 年
高级工程师	周笃忠	男	省陶瓷工业公司原料总厂	1989 年
高级工程师	龚建华	男	省陶瓷工业公司原料总厂	1989 年
高级工程师	黄开涛	男	省陶瓷工业公司原料总厂	1989 年
高级工程师	黄守志	男	省陶瓷工业公司原料总厂	1989 年
高级工程师	王家泉	男	省陶瓷工业公司原料总厂	1989 年
高级工程师	何庆明	男	省陶瓷工业公司原料总厂	1989 年
高级工程师	许光铤	男	市瓷用化工厂	1989 年
高级工程师	韦鸿端	男	市瓷用化工厂	1989 年
高级工程师	张俊声	男	市瓷用化工厂	1989 年

续表

职称名称	姓名	性别	单位	授予时间
高级工程师	刘增德	男	市瓷用化工厂	1989 年
高级工程师	林润保	男	市瓷用化工厂	1989 年
高级工艺美术师	胡光震	男	市瓷用化工厂	1989 年
高级工艺美术师	彭荣新	男	市瓷用化工厂	1989 年
高级工艺美术师	陈荣明	男	市瓷用化工厂	1989 年
高级工艺美术师	杨德晁	男	市瓷用化工厂	1989 年
高级工程师	潘敬之	男	人民瓷厂	1989 年
高级工艺美术师	袁迪中	男	人民瓷厂	1989 年
高级工程师	黄伯美	男	人民瓷厂	1989 年
高级工程师	吴志民	男	人民瓷厂	1989 年
高级工程师	肖公铎	男	建国瓷厂	1989 年
高级工程师	邓希平	女	建国瓷厂	1989 年
高级工程师	章秀琨	男	市景兴瓷厂	1989 年
高级工艺美术师	余仰贤	男	市景兴瓷厂	1989 年
高级工程师	杨国钧	男	东风瓷厂	1989 年
高级工程师	舒诗诚	男	宇宙瓷厂	1989 年
高级工程师	潘家茂	男	宇宙瓷厂	1989 年
高级工程师	张庭端	男	宇宙瓷厂	1989 年
高级工艺美术师	李延令	男	宇宙瓷厂	1989 年
高级工程师	於石生	男	为民瓷厂	1989 年
高级工程师	吴抗生	男	市陶瓷机械厂	1989 年
高级工程师	贺兴吴	男	市陶瓷机械厂	1989 年
高级经济师	饶伯修	男	市陶瓷机械厂	1989 年
高级工程师	牛水龙	男	红旗瓷厂	1989 年
高级工程师	陈家泉	男	红旗瓷厂	1989 年
高级工程师	吴星辉	男	红旗瓷厂	1989 年
高级工艺美术师	余松林	男	红旗瓷厂	1989 年
高级工艺美术师	李文钟	男	红旗瓷厂	1989 年

职称名称	姓名	性别	单位	授予时间
高级工艺美术师	孙同鑫	男	红旗瓷厂	1989 年
高级工艺美术师	潘文复	男	艺术瓷厂	1989 年
高级工艺美术师	章文超	男	艺术瓷厂	1989 年
高级工艺美术师	王隆夫	男	艺术瓷厂	1989 年
高级工艺美术师	田慧棣	女	艺术瓷厂	1989 年
高级工艺美术师	沈盛生	男	艺术瓷厂	1989 年
高级工艺美术师	章 亮	男	艺术瓷厂	1989 年
高级工艺美术师	翟筱翔	男	艺术瓷厂	1989 年
高级工艺美术师	邹甫仁	男	艺术瓷厂	1989 年
高级工艺美术师	徐焕文	男	艺术瓷厂	1989 年
高级经济师	刘汉文	男	艺术瓷厂	1989 年
高级工程师	徐志军	男	光明瓷厂	1989 年
高级工程师	余 彬	男	光明瓷厂	1989 年
高级工程师	舒广泽	男	光明瓷厂	1989 年
高级工艺美术师	王宗涛	男	光明瓷厂	1989 年
高级会计师	严南村	男	光明瓷厂	1989 年
高级工程师	吴 莹	男	市华风瓷厂	1989 年
高级工程师	张恒荣	男	市华风瓷厂	1989 年
高级工程师	李震东	男	市华风瓷厂	1989 年
高级工程师	惠梦杨	男	市华风瓷厂	1989 年
高级经济师	王金阳	男	市华风瓷厂	1989 年
高级会计师	龙增益	男	市华风瓷厂	1989 年
高级工程师	舒 迟	男	红光瓷厂	1989 年
高级统计师	袁玉帆	男	市陶瓷厂	1989 年
高级工艺美术师	刘远长	男	雕塑瓷厂	1989 年
高级工艺美术师	曾维开	男	雕塑瓷厂	1989 年
高级工艺美术师	刘祖然	男	雕塑瓷厂	1989 年
高级工艺美术师	张兆源	男	雕塑瓷厂	1989 年

续表

职称名称	姓名	性别	单位	授予时间
高级工艺美术师	李恭坤	男	雕塑瓷厂	1989 年
高级工艺美术师	何水根	男	雕塑瓷厂	1989 年
高级工艺美术师	蔡敬标	男	雕塑瓷厂	1989 年
高级工艺美术师	聂乐春	男	雕塑瓷厂	1989 年
高级工艺美术师	黄卖九	男	红星瓷厂	1989 年
高级工程师	王应愧	男	红星瓷厂	1989 年
高级工程师	江宝玉	男	红星瓷厂	1989 年
高级工程师	李嘉宝	男	红星瓷厂	1989 年
高级工程师	杨国钧	男	东风瓷厂	1989 年
高级工程师	梅　村	男	中国瓷都洁具厂	1989 年
高级工程师	王松沂	男	中国瓷都洁具厂	1989 年
高级工程师	陈林兴	男	省陶瓷工业公司经销公司	1989 年
高级工艺美术师	张松涛	男	省陶瓷工业公司经销公司	1989 年
高级工程师	王庆华	女	市窑炉建筑安装公司	1989 年
高级工程师	余荣林	男	市窑炉建筑安装公司	1989 年
高级工程师	吴国寿	男	市窑炉建筑安装公司	1989 年
高级工程师	万时谦	男	市窑炉建筑安装公司	1989 年
高级工程师	陈正林	男	省陶瓷工业公司原燃料供应处	1989 年
高级工艺美术师	卓安之	男	市工艺美术公司	1989 年
教授	陆文遂	男	景德镇陶瓷学院	1989 年
教授	周国桢	男	景德镇陶瓷学院	1989 年
教授	施于人	男	景德镇陶瓷学院	1989 年
教授	李震华	男	景德镇陶瓷学院	1989 年
副教授	陈运华	男	景德镇陶瓷学院	1989 年
副教授	徐乃平	男	景德镇陶瓷学院	1989 年
副教授	胡国林	男	景德镇陶瓷学院	1989 年
副教授	杨斯煌	男	景德镇陶瓷学院	1989 年
副教授	汤思道	男	景德镇陶瓷学院	1989 年

续表

职称名称	姓名	性别	单位	授予时间
副教授	李林洪	男	景德镇陶瓷学院	1989 年
副教授	姚永康	男	景德镇陶瓷学院	1989 年
副教授	任瑞华	男	景德镇陶瓷学院	1989 年
副教授	龚龙水	男	景德镇陶瓷学院	1989 年
副教授	钟莲生	男	景德镇陶瓷学院	1989 年
副教授	贾　愚	男	景德镇陶瓷学院	1989 年
副教授	万绩鉴	男	景德镇陶瓷学院	1989 年
副教授	程森林	男	景德镇陶瓷学院	1989 年
副教授	李茂盛	男	景德镇陶瓷学院	1989 年
副教授	查山铭	男	景德镇陶瓷学院	1989 年
副研究员	曾祥通	男	景德镇陶瓷学院	1989 年
高级工艺美术师	夏忠勇	男	景德镇陶瓷职工大学	1989 年
高级工艺美术师	白　海	男	景德镇陶瓷职工大学	1989 年
副教授	方　复	男	景德镇陶瓷职工大学	1989 年
副教授	吴荫先	男	景德镇陶瓷职工大学	1989 年
中专高级讲师	张吉仁	男	景德镇技工学校	1989 年
高级工程师	陈吉秀	女	部陶研所	1990 年
高级工艺美术师	陈庆长	男	部陶研所	1990 年
高级工程师	陈学敏	男	艺术瓷厂	1990 年
高级工程师	周志云	男	光明瓷厂	1990 年
高级工艺美术师	张正海	男	雕塑瓷厂	1990 年
副教授	冯美诞	女	景德镇陶瓷学院	1990 年

第四章

国企主导　市场多元

在党中央以经济建设为中心,"改革、开放、搞活"方针指引下,景德镇陶瓷产业得到快速发展,生产规模不断扩大,经济效益明显提高。到80年代中期,各项经济指标达到历史以来最好水平,利润、出口创汇均在国内各产瓷区之首,成为全国重要的陶瓷生产基地。

与此同时,随着城市改革步伐加快,计划经济逐步向市场经济过渡,景德镇陶瓷企业所有制结构发生新变化,出现了以国营陶瓷企业为主体,包括集体、个体、私营、三资企业等多种所有制经济成分并存的新格局,呈现出相互竞争,协同发展,千帆竞发,走向市场的发展态势。

生产经营

（一）产业结构

景德镇陶瓷工业坚持以国内外市场为导向，树立"大陶瓷"观念，根据市场需要，合理调整产品结构，使景德镇陶瓷工业在继承优良传统的基础上，保持发展活力。

在恢复发展传统日用瓷、陈设瓷生产并取得巨大成就的同时，开拓了建筑卫生用瓷、纺织工业用瓷、无线电工业用瓷、电力工业用瓷及国防工业用瓷等新领域。开发研究生产多种釉面砖、瓷质内外墙地砖、卫生洁具、各式避雷器、压电陶瓷、介质陶瓷、真空瓷陶瓷滤波器等新产品，为景德镇陶瓷生产开辟新的广阔天地。形成一个以日用陶瓷为主体，以建筑卫生陶瓷和工业电子陶瓷为两翼的，包括生产流通、科研、教育、考古、旅游等在内的"大陶瓷"格局。全市生产日用陶瓷的企业占 70% 以上，生产建筑卫生陶瓷的企业占 2%，生产电力用瓷的企业占 1.5%，生产电子陶瓷和特种陶瓷的占 1.8%，其他工业陶瓷和新型陶瓷材料的生产企业约占 3.4%。

1. 日用瓷、陈设瓷

20 世纪 90 年代，景德镇陶瓷行业中，生产日用陶瓷的国有和集体企业近 200 家（不包括个体、私营企业和合资企业），其中省陶瓷工业公司所属的 12 个大、中型国有瓷厂年产量均在 1000 万件以上，是景德镇日用陈设陶瓷生产的骨干企业。

日用陈设瓷的产品结构日臻完善。按其功能和用途，大致可分为生活日用瓷和生活陈设瓷两大类。其中前者主要是餐具、茶具、咖啡具、酒具、文具、烟具等配套瓷和碗、盘、杯、壶、盅、碟等，生活陈设瓷主要是瓶、缸、罐、瓷雕、壁画、灯具等。日用陈设瓷的器型已有 2000 多种，画面近万种，可谓琳琅满目，美不胜收，能够满足国内外各种层次市场的需要。

以 1993 年为例，景德镇全市陶瓷工业总产值（按 1990 年不变价计算）达 8.94 亿元，其中日用陶瓷产值达 5.53 亿元，比上年增长 6.65%，占全市陶瓷工业产值的 61.8%。当年，全市日用陶瓷产量达 4.19 亿件，比上年增长 2.6%，其中省陶瓷工业公司总产量为 3.01 亿件。

全市日用瓷、陈设瓷生产企业主要包括：

（1）景德镇市建国瓷厂

位于胜利路、中华北路、风景路的迎祥弄、彭家弄、龙缸弄、罗汉肚等处，隶属省陶瓷工业公司，是生产传统高温颜色釉陈设瓷的定点企业。生产的高温色釉品种繁多，有钧红、祭红、郎窑红、天青、豆绿、乌金花釉、虎斑釉、象牙黄结晶釉等百余种色釉及釉上堆花的工艺瓷品，尤以"三阳开泰"产品深受人们喜爱。年产各类颜色釉瓷约 1200 万件。

184

珠光牌

（2）景德镇市人民瓷厂

位于斗富弄 22 号，厂区分布在薛家坞、沟沿上一带。隶属省陶瓷工业公司，是生产经营传统青花瓷的专业厂。主要产品有青花餐具、茶具、咖啡具、酒具、文具、饭具等配套瓷。有青花碗、盘、杯、碟、缸、罐、瓶、钵、凉墩等各种器型。还生产砂芯、球磨子、球磨坛等工业用瓷。产品花色丰富，规格完备，品种齐全。年产各类青花瓷约 1000 万件。

长青牌   万年青牌

（3）景德镇市新华瓷厂

位于莲社北路 7 号，隶属省陶瓷工业公司。主要生产民族用瓷、日用陶瓷、旅游瓷、陶瓷容器和仿古瓷、工业用瓷等。被国家民族事务委员会列为民族用瓷生产专业厂家，产品主要销往伊朗、伊拉克以及巴基斯坦等国家。年产日用瓷 2900 万件。

彩云牌   灵鸟牌   新华瓷厂大门

（4）景德镇市艺术瓷厂

位于莲社北路 24 号，成型区位于夜叉坞一带，隶属省陶瓷工业公司，是景德镇市粉彩瓷生产的主要厂家，生产的粉彩瓷有各类瓷板、花瓶、高白釉胎等。被誉为"瓷国明珠"，年产各类粉彩瓷千万件（套）以上。

艺术瓷厂大门　　　　　　　　　　红店牌　　　　　双喜牌

（5）景德镇市东风瓷厂

位于人民广场南侧方井头、青峰岭、金家弄、万年街一带。隶属省陶瓷工业公司，产品有壶类，青花瓷、仿古瓷、薄胎瓷等，主要生产各系列优质壶类产品，产量占陶瓷工业公司所属企业壶类总数的 80% 以上。年产约 2800 万件。

东风瓷厂大门

（6）景德镇市景兴瓷厂

位于中华南路 155 号周路口地段，隶属省陶瓷工业公司，是生产日用传统瓷正德器的制作厂家。主要产品是传统正德器，有"磬声"牌正德餐具、饭具以及庆兴五寸半碗，正德汤、大碗，八寸平、汤盘等，适用于个人和家庭的 3（头），兼具中西餐两用性。年产量约 2200 万件。

景兴瓷厂大门

磬声牌

（7）景德镇市光明瓷厂

位于沿河东路，西临昌江，东靠中山南路。隶属省陶瓷工业公司，是青花玲珑出口瓷生产专业厂。主要生产"玩玉"牌青花玲珑各式中西餐

光明瓷厂大门

玩玉牌青花玲珑瓷

具，茶具、咖啡具、酒具，还生产各种皮灯、花瓶、薄胎瓷之类的高档艺术瓷、陈设瓷和礼品瓷共 160 多个品种。年产日用瓷约 1850 万件，其中出口瓷约 870 万件。

（8）景德镇市红星瓷厂

位于曙光路 22 号及落马桥中华南路一带，隶属省陶瓷工业公司，是全市实现陶瓷生产半机械化最早的企业。主要生产"玉燕"牌皮灯、壁灯，"飞鹤"各式新花面中西餐具、咖啡具等陶瓷产品，是景德镇技术雄厚、装备先进规模较大的生产釉上新彩出口瓷的专业厂。年产瓷约 2190 万件，其中出口瓷约 980 万件。

飞鹤牌

（9）景德镇市红旗瓷厂

位于沿江东路 156 号，隶属省陶瓷工业公司。主要生产釉下彩和釉

红旗瓷厂大门

玉花牌

上彩各种中西餐具、茶具、酒具、咖啡具和各类单件碗、盘、杯、碟等日用瓷，精制各式花碗、薄胎碗、薄胎皮灯、挂盘等陈设瓷和展览瓷。产品行销全国各地，并远销欧美市场。年产瓷量约 2000 万件。

（10）景德镇市宇宙瓷厂

位于东郊新厂西路 150 号，隶属省陶瓷工业公司。主要生产"高岭"牌 45 头餐具、杯、盘、碟类，陈设瓷及各式中西餐具，是出口瓷生产的重点创汇企业，因生产美国"卡米沙"瓷名扬中外，年产瓷器约 2000 多万件。

宇宙瓷厂鸟瞰图　　　　　　　　　　　　　高岭牌

（11）景德镇市为民瓷厂

位于东郊新厂西路 118 号，隶属省陶瓷工业公司，景德镇新彩日用瓷出口重点企业之一。主要生产"高美"牌高中档新彩中西餐具、茶具、咖啡具、茶杯，盘类和部分陈设瓷、礼品瓷。1985 年日用瓷产量约 2950 万件，其中出口瓷 1218 万件。

高美牌

（12）景德镇市华风瓷厂

位于丁家洲，隶属省陶瓷工业公司。1978年，经中央轻工业部批准开始筹建，1985年基建收尾并投入生产，年设计生产能力160万件，是全国日用陶瓷行业中率先用煤气烧瓷的现代化陶瓷企业。主要生产成套中西餐具、茶具。茶具占全厂生产能力80%，还大批量生产以青花装饰为主的高、中档成套日用瓷，高档礼品瓷、展览瓷、陈设瓷等。

（13）景德镇市红光瓷厂

位于中华南路404号，隶属省陶瓷工业公司。主要生产195头以下青花玲珑中西餐具，各式餐具、茶具、咖啡具、烟具、酒具、灯具、文具等9大类100多个品种。年产青花玲珑日用瓷约3000万件。

玩玉牌

（14）景德镇市曙光瓷厂

位于太白园路36号，隶属省陶瓷工业公司，产品包括传统仿古瓷、大件陈设瓷、内销日用瓷、工业电瓷和纺织瓷等四大类型品种。是一家以生产传统仿古瓷、大件陈设瓷为主的骨干企业。主要生产品种有陈设瓷类、

玉乐牌

仿古瓷类等，共有 34 类、花面 120 余种。年产日用瓷约 460 万件。

（15）景德镇市新光（新风）瓷厂

位于中华南路 2 号，隶属省陶瓷工业公司。1979 年 6 月，由景德镇市陶瓷彩绘工厂改名为新光瓷厂，主要产品有"福寿牌"中西餐具、各式茶具、咖啡具、碗盘杯碟、艺术陈设瓷、陶瓷壁画、莲子缸等。年产瓷 176 万件。

（16）景德镇市雕塑瓷厂

位于新厂东路 139 号，隶属省陶瓷工业公司。主要生产具有中国民族特色的传统工艺瓷雕和各种实用瓷雕。主要代表品种有"天女散花""牡丹仙子""站鳌滴水观音""水浒 108 将人物"和"观音""罗汉""关公""财神""三星""八仙"等。此外，还生产橡胶手套瓷模。年产量约 150 万件。

（17）省陶瓷工业公司经销部彩绘瓷厂

散花牌

雕塑瓷厂大门

位于富强上弄 20 号，隶属省陶瓷工业公司，原系瓷器加工服务部的两个主体车间，于 1984 年组建，随着省陶瓷工业公司经销部成立而单独划出。

1980 年后，为适应市场需要，从事中餐具的配套加工生产。1985 年开始进行锦盒、纸箱生产，同时从次品瓷加工转向中高档粉彩配套加工生产。产品有各类粉彩大型壁画、薄胎瓷、挂盘、座盘及婚嫁、寿诞等礼品瓷。

陶瓷彩绘年生产能力为 900 万件，锦盒纸盒生产能力为 5 万只。

（18）景德镇陶瓷股份有限公司

位于朝阳路 558 号。1996 年经江西省政府批准，是以中国景德镇瓷厂为主体，整合为民瓷厂、光明瓷厂、红星瓷厂、陶瓷窑具厂等技改生产线项目组建而成，11 月 28 日正式挂牌成立。在国有企业划小承包的形势下，成为一家集产品研发、设计、生产、销售为一体的高档日用瓷国有股份制骨干企业。

该公司年设计生产高档日用陶瓷约 2160 万件，碳化硅窑具约 720 吨。主要产品有高档日用陶瓷（釉上、釉中、西餐具、咖啡具、茶具、宾馆酒店用瓷、办公用瓷、礼品纪念瓷、国宴国礼瓷）及抗菌瓷、新骨瓷、中温玻化瓷、白釉炻瓷、高档窑具等。公司拥有"红叶""家好""金品陶""金牌陶瓷"四个品牌，其中"红叶"品牌为江西省著名商标。

（19）江西省玉风瓷业有限公司

位于市新厂西路 389 号，1980 年创建，原为中国高档瓷生产指挥部、国家轻工部直属企业玉风瓷厂。1996 年，改为江西省轻工行业管理办公室直属企业，易名江西省玉风瓷厂。主要产品有"玉风"牌高档骨质瓷手绘餐具、茶具、咖啡具、办公用品；传统高白釉茶杯、茶具、咖啡具；高档陶瓷酒瓶、保健品器皿容器以及高档精品艺术瓷、礼品瓷、陈设瓷等四大系列、数百个花色品种。合成骨质高档日用瓷在景德镇属首创，填补江西省空白。年生产能力 500 万件。

2. 建筑卫生瓷

这一时期，景德镇的建筑卫生陶瓷有了长足的发展，从 1 家（景德镇陶瓷厂）发展到 12 家，从业职工 8000 多人。

景德镇建筑卫生陶瓷产品覆盖面广、品种繁多，规格齐全，不仅能生产低中档的各色釉面砖、立体釉面砖、无光釉面砖、内外墙砖、地砖地毯砖、琉璃瓦等，还能生产豪华高档次的卫生洁具、磨光地砖等。通过技术引进和技术改造，生产能力得到很大提高，其中瓷质外墙砖设计年产能力近 200 万平方米，高档卫生洁具设计年产能力达 72 万件，有 5 个系列 18 个品种。

以 1993 年为例，全市建筑卫生陶瓷产值 1.94 亿元，占全部陶瓷产值的 21.7%。釉面砖产量达 442 万平方米，墙地砖产量达 41.6 万平方米，卫生洁具产量达 16 万件，实现了产品由单一品种的白釉面砖发展到"三砖"（釉面砖、内外墙砖、地砖），从低中档到高档次的过渡。

全市建筑卫生用瓷生产厂主要包括：

（1）景德镇陶瓷厂

江西省第一家建筑卫生用瓷生产企业，建有一条年产 18 万件卫生陶瓷生产线。1982 年 3 月，国家计委在景德镇陶瓷厂再建一条 18 万件卫生陶瓷生产线，成为国内大型卫生陶瓷生产厂家。企业以生产各种规格的三角牌釉面砖为主，同时生产洗面器、水箱、大小便器等品种的卫生洁具用瓷。企业原属国家建材部，后为景德镇市建工建材局主管。

景德镇陶瓷厂卫生洁具用瓷生产车间

（2）景德镇市景光釉面砖厂

前身原名保温材料厂，1981 年改为景光釉面砖厂，隶属省陶瓷工业公司集体所有制企业，主要生产釉面砖。有原料加工、成型、烧炼、包装等生产能力，年产釉面砖 15 万平方米。1985 年，平面砖、立体砖、铬渣颜色釉面砖获江西省新产品证书。

（3）景德镇市工业瓷厂

1978 年创建，属省陶瓷工业公司集体所有制企业。主要产品有锦地砖、毛面砖、耐酸砖、填充圈、耐火泥、熟料粉、高温黏结剂等，是以生产工业用瓷为主的专业厂。

（4）景德镇市建筑瓷厂

1981 年 1 月，市计委批准成立景德镇市华昌瓷厂。并利用新华瓷厂在西郊新建的厂房和隧道窑等设施，改建年产 80 万平方米的釉面砖生产线，1982 年 5 月建成投产。1984 年 2 月，划归市建工建材局管辖。6 月，易名市建筑瓷厂，属集体所有制企业。主要生产鲤鱼牌白色釉面砖，年产 50 多万平方米。是江西省规模较大的建材厂之一，全市生产釉面砖的骨干厂家。

（5）景德镇市鹅湖面砖厂

1980 年 7 月，市革委会批准鹅湖区属的景德镇市电器材料厂转产釉面砖，更名景德镇市鹅湖面砖厂。并自筹资金 72 万元，于 1981 年 8 月建成年产釉面砖 15 万平方米的生产线，主要生产品种有釉面砖、墙地砖，年产釉面砖 15 万平方米。

（6）景德镇市第一中学瓷厂

1981 年创办，前身为校办工厂，属市教育局集体所有制企业，主要生产品种为陶瓷锦地砖（俗称马赛克）。

（7）中国瓷都洁具厂

1985 年，江西省计划委员会下达建设中国瓷都洁具厂计划项目。5

中国瓷都洁具厂

月 13 日，市建工建材局成立中国瓷都洁具厂筹建处。8 月 24 日，省计委批复《中国瓷都洁具厂设计任务书》，确定建设规模为年产高级卫生洁具36 万件，总投资 2450 万元。生产工艺主要选用国内成熟的工艺技术，部分引进国外先进技术和设备。

3. 电力用瓷

20 世纪 80 年代，景德镇在发展传统陶瓷的基础上，电力用瓷、电子陶瓷、特种陶瓷及新材料、纺织用瓷等在内的工业陶瓷也得到快速发展，成为景德镇陶瓷行业领域的重要力量。

1993 年，景德镇生产电瓷的企业有 9 个，有职工近 5000 人，产品有悬式、针式、棒型、套管绝缘子，避雷器，高低压隔离开关等三大类六大系列，品种较为齐全，能生产我国最高电压等级 90 万伏高强度棒型支柱绝缘子和 50 万伏高强度耐污棒型支柱绝缘子。110 千伏和 220 千伏氧化锌避雷器，质量和性能已超过国家规定的标准。1993 年全市电瓷产值近 5000 万元，占全部陶瓷工业产值的 5.6%；电瓷产量 6485 吨，其中高压电瓷 6200 吨，比上年增长 22.02%。

全市电力用瓷生产企业主要包括：

（1）景德镇市电瓷电器工业公司

1978 年 10 月 6 日，景南、景北区的两家区办电瓷厂归口景德镇市电瓷厂，成立景德镇市电瓷电器工业公司（简称市电瓷电器公司），公司的主体即景德镇市电瓷厂。主要生产500千伏及以下高压电瓷、20千伏及以上高压隔离开关和20千伏以下无间隙氧化锌避雷器等三大类共24个系列185个规格品种的产品，是江西省骨干电瓷厂。被国家机械电子工业部批准为机电产品出口扩权企业，被国家经贸部物资部、建设部、机电部列为机电出口产品定点生产单位。

（2）景德镇市昌平电瓷厂

1981年创建，隶属景德镇市机械工业公司，为集体所有制企业。主要生产高压低压电瓷。年产高压电瓷1136吨；低压电瓷200吨。

（3）景德镇市昌江电瓷厂

1958年创建，隶属景德镇市机械工业公司，为集体所有制企业，主要生产高压低压电瓷。年产高压电瓷2593吨；低压电瓷200吨。

（4）景德镇市昌化电瓷厂

1965年创建，隶属景德镇市机械工业公司，为集体所有制企业，生产低压电瓷低压电器。年产低压电瓷5340吨，低压电器一般元件79万件。

（5）景德镇市电瓷电器工业公司劳动服务公司

1981年创办，隶属景德镇市电瓷电器工业公司，为集体所有制企业。主要生产低压电瓷、低压电器。年产低压电瓷90吨。

4. 电子陶瓷

景德镇重视电子陶瓷技术改造和引进，增强企业后劲，电子陶瓷得到迅速发展，生产规模不断扩大，技术水平不断提高，逐渐发展为我国电子陶瓷生产基地。

产品包括压电陶瓷、介质陶瓷、真空瓷、装置瓷、磁性瓷、厚膜混合集成电路、PC陶瓷、SIN陶瓷、热敏陶瓷、湿敏陶瓷等10多个系列数百个品种，6.5M压电陶瓷系列产品、超高频大功率金属陶瓷发射管等产品在市场的占有率达 95% 左右，专门生产电子陶瓷产品的企业已有 8 个，其中九九九厂被誉为中国"电子陶瓷基地"。

1993 年全市电子陶瓷产值 8747.13 万元，占全部陶瓷工业总产值的 9.78%。

全市电子陶瓷生产厂主要包括：

（1）国营景华无线电器材厂（又称九九九厂）

经过十余年的发展，九九九厂已发展成为生产包括高、中、低频压电陶瓷滤波器系列产品，压电换能器件、鉴频器、陷波器、声表面滤波器件、小型微调瓷介电容器、厚膜混合集成电路、衰减器、压电蜂鸣片和各种高铝瓷、滑石瓷等多品种的电子陶瓷专业厂家。其中，1979 年试制压电蜂鸣片电子发声元件。1982 年开始为电视机大量配套生产 6.5 兆赫陶瓷滤波器、陶瓷鉴频器、陶瓷陷波器，1984 年从日本引进村田生产线，其质量、品种和数量方面均处于国内领先地位，年产 2000 万只。其中，压电陶瓷滤波器 1981 年获电子工业部优质产品称号，1982 年获国家银质奖。其特点是稳定性好，选择性、可靠性高。L65MB 压电陶瓷滤波器，1981 年 7 月生产定型，1984 年获江西省优质产品称号，1985 年获电子工业部优质

九九九厂大门

九九九厂产品荣获国家质量奖章

产品称号。1985年，先后参加以南京无线电厂为主体的熊猫集团，以重庆无线电厂为主体的重庆电子集团、以绵阳长虹机械厂为主体的长虹集团、以杭州电机厂为主体的西湖集团以及以天津无线电厂为主体的华夏电子产品出口集团等横向经济联合体组织。

（2）国营景光电工厂（又称七四〇厂）

建厂以来，七四〇厂逐年扩大生产规模，主要产品包括：金属陶瓷发射管微波小陶瓷三级、四级管；超高频器件；气体激光器件；真空、激光应用产品等5大类130多个品种。产品畅销国内20个省、自治区、直辖市，并远销欧美市场。为国家运载火箭、科学实验卫星等重大科研项目提供高可靠的优质产品，受到国防工委、电子工业部的多次嘉奖。

1984年，生产的4CX系列产品进入美国市场，全部采用美国军用标准（ML标准）。同年还为美国REL公司包建一条4CX系列金属陶瓷发射管装配生产线，在国内电子行业中第一家实现对外技术输出。厂部在北京、上海南京等大城市设有办事处。

（3）国营万平无线电器材厂（又称八九七厂）

八九七厂承担各类可变电容器（包括空气真空、玻璃、塑料薄膜等有机和无机介质主调、微调、预调电容器）和真空继电器、真空接触器、真空开关管的研究、设计试制和生产任务。产品不仅在国内市场占有很大比重，而且在国际市场上享有较高声誉，销往中国香港和美国，并由香港转销泰国等东南亚国家和欧洲市场。是全国96个机电产品主要出口基地之一。

（4）邮电部景德镇通讯设备厂

邮电部景德镇通信设备厂，是国内邮电通信配件设备的主要厂家之一。1979年，从生产隔电子改为半导体器件、陶瓷滤波器、继电器等电子元器件，进入电子工业行列。主要产品HPX系列配件、架箱陶瓷滤波器达到国内外先进水平。12KC、16KC、20KC和116KC压电陶瓷滤波器于

1983年、1985年分别获部优产品。

（5）景德镇市无线电厂

位于浮梁县湘湖镇荞麦岭，是市属国有三类企业，是江西省电子产品整机生产骨干企业，主要从事设计、生产电子测量仪器、军用电台、彩色电视机用电子产品，后研制 BT - 19 双线频率特性显示仪，解决了20MHZ 以下的各种器件的测试难题。其研发的 JW1221、JW1252 精密扫频仪，技术指标达到国际先进水平，为科研、生产和使用部门提供高精度高效率的测试设备，为成都第 10 研究所、北京七〇七厂、七〇六厂、九九九厂、永川 24 所、上海航天部 XX 厂等科研生产单位所广泛采用。

（6）景德镇市无线电磁性材料厂

位于河西，1969 年从艺术瓷厂分出约 50 余人，主攻生产磁性材料电子产品，名为"无线电元件一厂"，1980 年更名无线电磁性材料厂，隶属市电子工业局。主要生产和收音机配套用的天线磁棒。后产品由单一的生产磁棒升级到磁性材料领域的各种类型产品，成为从原料进厂到各工序加工，直到产品出厂一条龙的磁性材料多品种的生产厂家。1991年停产。

5. 纺织用瓷

全市纺织陶瓷生产厂主要包括：

（1）景德镇市珠山纺织瓷厂

1981 创建，属景德镇市珠山区街办集体所有制企业。主要生产纺织工业用瓷。年生产纺织瓷 2 吨。

（2）景德镇市新虹瓷厂

1985 年创建，属景德镇市珠山区街办集体所有制企业。主要生产工业用陶瓷。年生产工业用瓷 3 吨。

（3）景德镇市珠山陶瓷工艺纺织瓷厂

1985 年创建，属景德镇市珠山区运输公司集体所有制企业。年生产工业用瓷 20 吨。

（4）景德镇市珠山区劳动服务公司纺织瓷厂

1983 年创建，属景德镇市珠山劳动服务公司集体所有制企业。主要生产纺织工业用瓷及美术瓷。年生产纺织瓷 8 吨。

（5）景德镇市昌盛瓷厂

1979 年创建，属景德镇市昌江区太白园街道办事处的集体所有制企业。主要生产纺织工业用瓷及日用瓷加工。

（6）景德镇市曙光纺织瓷厂

1979 年创建，属省陶瓷工业公司集体所有制企业。主要生产纺织工业用瓷。年生产纺织瓷 4 吨。

6. 特种陶瓷和新型陶瓷材料

200

特种陶瓷和新型陶瓷材料的生产处于起步阶段，能够批量生产的产品主要有特种陶瓷人工关节、氧化锆人造宝石、蒸青石质蜂窝陶瓷、氧化铅高纯超细微粉、被银瓷、陶瓷轴承、氧化铝瓷件等，其中氧化锆人造宝石产量高、晶体大、质量好。到 1993 年底，景德镇生产特种陶瓷或新型陶瓷材料的厂家有 5 个，其中 4 个是专业厂。生产、科研不断向特种陶瓷和新型陶瓷材料的领域发展。

（二）规模效益

1979 年以后，景德镇陶瓷工业坚持深化改革，对外开放，内外贸易不断发展，使陶瓷工业的经济效益明显提高，企业发展后劲明显增强。

1. 生产规模

这一时期国家对景德镇陶瓷工业的扶持增强、基本建设规模和技术改造投资增加，企业在市场经济的大幅推动下，自我积累、自我发展的能力提高，促进了企业生产能力和生产规模有较大的发展。在规模上，至 1993 年底，省陶瓷工业公司所属企业拥有固定资产（原值）28216 万元，比 1978 年增加近 3 倍，（县区和乡村办陶瓷企业、三资企业及私营个体陶瓷企业无统计资料）公司所属企业在职职工 4.69 万人，其中全民所有制职工近 3 万人。生产能力方面，1993 年底，省陶瓷工业公司所属企业日用瓷生产能力达 4.2 亿件，其中出口瓷 1.4 亿件，瓷土加工能力达 8.5 万吨，瓷用花纸生产能力达 2100 万张，瓷用金水 11 万瓶，陶瓷机械 5500 吨。

电力用瓷、建筑卫生瓷的生产能力有较大增长。1993 年，釉面砖产量 42 万平方米，卫生瓷产量 16 万件，电瓷产量 6500 吨。

2. 经济效益

景德镇陶瓷工业坚持以提高经济效益为中心，不断从改善内部管理着手，以提高产品质量为手段，在国家税收、资金等扶持措施支持下，企业经济效益有较大的提高，基本实现产值、销售收入、利税增长的三同步。

一是产量逐年增加。与 1978 年的 2.74 亿件比较，1982 年产量突破 3 亿件，1991 年产量突破 4 亿件，至 1993 年底，产量达 4.2 亿件，比 1978 年增长 65%。产值逐年增加。1978 年省陶瓷工业公司年产值 1.4 亿元，1984 年产值突破 2 亿元，1991 年产值猛增到 4.6 亿元，至 1993 年底，年产值已达 5.53 亿元，比 1978 年增加 3 倍多。

二是全员劳动生产率逐年增加。1978 年省陶瓷工业公司全员劳动生产率为 4369 元 / 人，1984 年达 5122 元 / 人，1988 年达 6416 元 / 人，1991 年猛增到 10391 元 / 人，1993 年底，全员劳动生产率已达 11096 元 / 人，比 1978 年增加近 2 倍。

三是销售收入逐年增加。1978 年省陶瓷工业公司销售收入为 1.2 亿元，1986 年突破 2 亿元达 2.34 亿元，1988 年达 3.4 亿元，1992 年达到 4.44 亿元，比 1978 年增加近 3 倍。

四是利税总额逐年增加。1978 年省陶瓷工业公司实现利税 2365 万元，

1981年达3465万元，1986年达4295万元，最高的1988年曾达到6158万元，1992年实现利税4282万元，是1978年的1倍左右。

（三）辅助配套

1. 陶瓷原料

景德镇陶瓷生产主要原料有瓷石和高岭土。从事开采加工供应陶瓷原料行业的企业主要有省陶瓷工业公司原料总厂、余干瓷石矿、抚州瓷土矿，景德镇陈湾瓷石矿、大洲瓷土矿。

其中，省陶瓷工业公司原料总厂属省陶瓷工业公司国有企业。1985年7月，以市瓷石矿为主体，与省陶瓷工业公司矿管处、省陶瓷工业公司原燃材料供应处原料科合并组建成立。拥有三宝蓬、浮东、宁村、新矿等4座矿山，年生产加工能力可达5万吨，产值达2900多万元；余干矿年产矿石可达8800余吨，瓷土7900余吨；陈湾矿年生产加工能力可达2万吨；大洲矿年生产高岭土8000余吨。1990年，工业总产值累计完成2965.30万元，瓷土产量累计完成28.74万吨，瓷土质量合格率达99.50%。

1991年，原料总厂承担国家"八五"重点科技攻关项目"陶瓷原料精选中试及设备研究"，1996年3月顺利完成，并通过专家审定考核。建成的国内第一条陶瓷原料精选中试线，工艺先进，为生产高档优质原料提供了中试基地。

从20世纪90年代中期开始，国有陶瓷原料采掘企业经营进入困境，逐步停产、停采。一些私营企业介入陶瓷原料生产加工行业，如台达、鑫源等20余户，保障了国有矿山企业退出后，景德镇陶瓷企业对原料的需求。

柳家湾瓷石　位于浮梁县寿安乡柳家湾何家蓬，20世纪70年代，由省陶瓷工业公司投入230万元新建矿区，年产矿石3.10万吨。1986年，矿体东段已采尽，集中在西段开采，年产量在 2 万吨左右，为景德镇陶瓷生产主要原料基地。1996 年关矿停采。

宁村瓷石 位于浮梁县寿安乡宁村，20 世纪 80 年代初，经地质部门探明宁村矿地质储量为 330 万吨，省陶瓷工业公司投入 260 万元开发建矿，至 1985 年建成投产，年产量 3 万吨。1989 年，开始研制高白泥新产品，它是生产高档日用瓷、陈设瓷、纺织瓷的原料。1991 年 10 月，试产高白泥 70 余吨，其中 60 吨销往广东深圳。成为景德镇陶瓷生产主要原料基地之一。后关矿停采。

余干瓷石 位于江西省余干县梅港乡，20 世纪 80 年代初，经地质部门探明，余干瓷石矿地质储量达 220 万吨。1987 年，年产矿石近万吨。成为景德镇陶瓷生产主要原料基地之一。后关矿停采。

大洲高岭土 位于浮梁县黄潭乡龙潭，20 世纪 80 年代，经地质部门探明，地质储量约 520 万吨，全矿区除省陶瓷工业公司所属大洲瓷土矿外，还有龙潭、力岭、茅山、杭坑、幸福等 5 个矿区，年产高岭土 8000 吨，成为景德镇陶瓷生产主要原料基地。后关矿停采。

抚州砂子岭高岭土 位于江西省抚州市临川县云山乡和进贤县李家渡乡交界处的砂子岭，省陶瓷工业公司根据陶瓷生产对高岭土的需要，在抚州砂子岭组建经营抚州瓷土矿，经地质部门探明地质储量达 223.50 万吨。20 世纪 80 年代，形成年产 1 万吨高岭土的规模，成为景德镇陶瓷生产主要原料基地之一。后关矿停采。

省陶瓷工业公司原燃材料供应处。隶属省陶瓷工业公司，计划经济时期，供应处根据省陶瓷工业公司年产瓷计划需要，负责瓷土、窑柴、煤炭、重油、化工原料以及包装材料的采购订货、计划分配、运输储存和保障供应，是景德镇瓷业生产后勤物资供应的主要基地。1994 年 6 月，供应处进行股份制改革，以企业资产和职工出资入股形式，组建成立省陶瓷工业物资供应有限公司。

20 世纪 80 年代各瓷厂使用的球磨机

2. 机械设备

按陶瓷生产工艺过程，原料机械设备分为原料破碎、原料细磨、超细磨、筛分、磁选、浆料输送、浆料搅拌、脱水、压滤、真空练泥等。成套机械设备，主要有球磨机、搅拌机、旋浆机、除铁机、振动筛、压滤机和真空练泥机等。成型机械设备，由于陶瓷产品种类繁多，坯体性能各异，形状大小不同，因而机械设备的种类也随之多样化，主要有滚压机、刀压机、荡釉机、射内釉机、机动辘车、双头自动剐坯机和生产作业工作线等。

（1）景德镇市陶瓷机械厂

是从事专业制造陶瓷机械设备的厂家，隶属于省陶瓷工业公司。20世纪 80 年代，生产的机械产品从矿石粉碎、原料精制、成型干燥到贴花装饰、窑炉等 60 余个品种。1985 年，景德镇市日用瓷生产主要机械有球磨机 190 台、搅拌机 257 台、振动筛 218 台、磁选机 203 台、双缸泵 173 台、压滤机 133 台、真空练泥机 103 台、滚压机 231 台、刀压机 78 台、机压作业线 167 条、注浆作业线 24 条。1990 年，市陶瓷机械厂生产各类陶瓷机械 506 台，售往全国各地。1986 年，产量 902 台。1994 年，企业经营正常，效益良好。1997 年，市陶瓷机械厂开发的新产品 TC3360 全自动液压压砖机试产成功，并通过国家鉴定。是建筑陶瓷墙地砖压制成型的专用设备，集主机、电气控制系统为一体，采用电脑控制，实现全自动循环工作，代表 90 年代先进水平。

（2）景德镇市陶机二厂

原系生产包装陶瓷的木箱和加工陶瓷模型原料的石膏，因其机械设备先进，技术能力较强，1969 年，建立市陶瓷机械修配厂。20 世纪 80 年代初期，易名为市陶机二厂。1985 年，全厂有职工 254 人，主要产品有建筑卫生陶瓷设备。1986 年 1 月，与市陶瓷机械厂合并。

（3）景德镇市轻工机械厂

1978 年 5 月建立创办，隶属市陶瓷机械厂，为集体所有制企业。1985 年，全厂有职工 206 人，主要生产日用陶瓷枫械、高档陶瓷机械、建筑陶瓷机械、卫生陶瓷机械等。

（3）景德镇市防尘机械厂

1978 年 7 月建立创办，原名群力机械厂，属市陶瓷机械厂厂办集体所有制企业。1985 年，全厂有职工 53 人，主要生产 LG 型系列带式吸尘器。

（4）景德镇市电瓷电器专用设备制造厂

1981 年建立创办，是为电瓷生产提供专用设备的专业厂，隶属机械工业公司的集体所有制企业。1985 年，全厂有职工 318 人，主要生产品种有除铁器、搅拌机、振动筛等，产品销往市内和国内其他产瓷区。

3. 烧炼窑炉

这一时期烧制瓷器的窑炉不断革新。1986 年，各瓷厂采用烧煤的隧道窑烧瓷。窑房规模扩大，设有专门的烧炼车间，车间内含各类瓷窑和坯匣

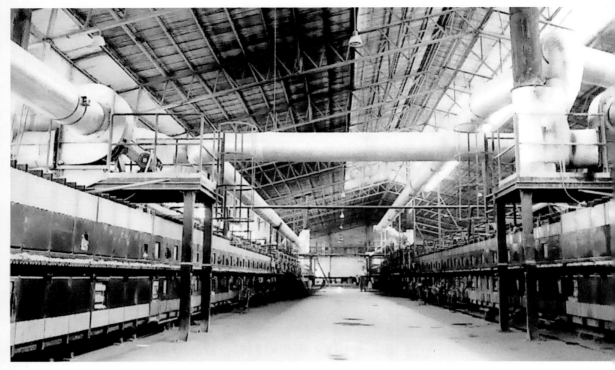

隧道窑

206

储存、装坯、开窑场所。

　　为了降低烧煤造成的粉尘污染,各大瓷厂推广油烧隧道窑,至1983年,共建油烧隧道窑16条。到20世纪80年代中期,市焦化煤气厂建成投产后,光明瓷厂、红星瓷厂、新华瓷厂先后建成煤气隧道窑烧瓷。1991年,红光瓷厂、红星瓷厂、景德镇瓷厂建成煤气隧道窑4条,并投入使用。1992年,建国瓷厂、东风瓷厂、艺术瓷厂、景兴瓷厂相继建成煤气隧道窑4条,并投入生产,全市共有煤气隧道窑11条。1999年,全市各瓷厂共新建煤气梭式窑71座,液化气梭式窑21座。至此,各瓷厂煤烧圆窑全部拆改。

(1)景德镇市窑炉建筑安装公司

　　隶属省陶瓷工业公司,是为全国陶瓷生产企业建造安装窑炉的国有企业。业务范围由原来的建窑、修窑等单项技术发展到窑炉、机械、电器控制等全套设备配套安装投产的全包工程;服务对象,由原来的服务于市区陶瓷系统的各瓷厂而发展到面向全国,服务纺织、冶金、电子、化工等多种行业。1985年,全公司拥有固定资产原值109万元,生产能力可达千万元工程量。公司先后承担从德国、英国、意大利等国进口窑炉的施工安装任务数十余条（座）。1996年在浙江东阳横店，首创全国燃气式明焰烧成磁性材料窑炉。

（2）景德镇市陶瓷窑具厂

原名景德镇市匣钵厂，是具有相当规模的陶瓷窑具生产专业化企业，1985年12月，更名为景德镇市陶瓷窑具厂。1985年有职工717人，拥有固定资产原值35.6万元。有小器匣钵钢模成型车21部、大器匣钵辘轳成型车13部、500吨和30吨油压冲床各1台、81米长的油烧隧道窑1座，动力机械总能力1927千瓦。年产匣钵29335吨，其中大器匣钵10829吨。小器匣钵18405吨，碳化硅100吨，产品除销售全市各瓷厂外，还销往江西、福建、浙江、湖北、四川、甘肃等省的62个市、县地区。1998年1月，并入景德镇市焦化工业集团有限公司。

（3）景德镇市陶瓷建筑工程处

1985年，与国营窑炉建筑安装公司划开，正式独立经营独立核算的集体所有制企业，承建各种工业窑炉的专业单位，属省陶瓷工业公司管辖。全处有职工220人，设6个职能科室，能承建日用陶瓷工业窑炉，建筑陶瓷窑炉、耐火材料窑炉、电瓷窑炉、食品加热炉等，向全国10多个省、市承建窑炉业务。

（4）景德镇市石膏模具厂

隶属省陶瓷工业公司。1980年6月，景德镇陶瓷石膏模具厂从景德镇陶瓷机械修配厂分出单独成立，年生产能力为6000吨模用石膏粉，应用于陶瓷、建材、精密模具及农业土壤改良等领域。1986年产量1.11万吨。1987年11月，投资150万元进行技改，引进西德尧脑夫公司的技术设备，年产能达2万吨。1988年竣工投产，由生产单β-石膏到生产高强度a-石膏。1993年，成功试制K石膏，具有强度高、可塑性好的特点，可用于代替硫黄制作母模、种模、主模。

（5）景德镇市耐火器材厂

隶属省陶瓷工业公司，主要生产黏土质、高铝质耐火砖、轻质黏土、高铝砖、铬渣砖、耐火泥等耐火材料，运用于陶瓷、冶金、石油、化工、玻璃等工业。1986 年产量 18204 吨。1995 年停产。

4. 颜料花纸

作为陶瓷制作的配套，这一时期的颜料花纸工艺不断提升、种类不断丰富。瓷用化工厂是景德镇装饰材料配套骨干企业。自 20 世纪 90 年代中期始，景德镇从事花纸生产的私营企业逐渐兴起，其中较具规模的有中艺、大方、景丰源、佳艺、大成云祥、翼龙、协和、长晖、三雄花纸厂等企业，这些厂家一般拥有 2～3 条全自动印刷作业线和 2～3 部半自动机械设备，年销售收入约 800 万～1000 万元。

景德镇市瓷用化工厂

隶属省陶瓷工业公司。是日用陶瓷、艺术陶瓷、玻璃器皿、不锈钢器皿加工用化工颜料、金水、花纸等装饰材料配套产业，全国主要日用陶瓷等化工装饰材料基地。花纸类包括瓷用、日用玻璃器皿、日用不锈钢器皿等装饰用各类贴花纸上千个品种。十一届三中全会后，该厂研发有了更大发展，先后研制成白金水、亮

三蕾牌

白银水、丝印金水、耐酸丝网印刷颜料、降铅粉彩颜料、80118# 白颜料、丝印花纸、平丝结合纸、玻璃花纸、釉下丝印花纸以及大量新花面。其中，80118# 白颜料的研制成功，填补了国内容白，产品质量达同类产品先进水平，成为国内唯一的瓷用三大产品（金水、颜料、花纸）齐全的大厂。1995—1996 年，企业的年总产值达 6000 多万元，利税均达 600 万元。1998 年 2 月，进行股份制改制，更名为市三蕾瓷用化工有限公司。

5. 包装材料及其他配套厂

1983 年，景德镇开始进行"以纸代草"包装改革试点。首先从成套瓷开始，采用纸箱包装，后逐步扩大到多件头中餐具和多头饭具，再扩大到各种茶具都改为纸箱盒装包装。其他单件瓷、碗、壶、针匙、饭勺、冬瓜坛等，也进行包装改革。到 1988 年，陶瓷包装以纸代草的比例已达 95%，基本改变了沿袭多年的景瓷包装以草为主的历史。20 世纪 80 年代开始，陆续出现胶带、塑料带、封箱机、打包带、铁扣等配件材料，为陶瓷包装的升级换代提供了条件，为景德镇陶瓷的形象提升提供了保障。

（1）景德镇市纸箱厂

景德镇陆续设立第一纸箱厂和第二纸箱厂，1981 年底两厂合并，成立景德镇市纸箱厂，年生产能力可达 800 万平方米。另外，还有陶瓷进出口公司包装材料厂、新华外贸纸箱厂、竟成纸箱厂、石狮埠纸品厂等生产纸箱包装用的泡沫塑料和出口内销纸箱约 500 吨。市纸箱厂 1985 年产值达到 472.72 万元，销售额 366.76 万元，利润额 13 万元。

（2）景德镇市瓷用毛笔厂

位于市珠山区马鞍山路 36 号，员工 84 人，注册资本 24 万元。主要制造、销售瓷用毛笔。20 世纪 90 年代，瓷用毛笔厂改制解体，瓷用毛笔的制作社会化分散手工生产。

（3）景德镇市工艺雕刻厂

从用蜡印印制代替手工笔绘，提高白胎瓷加工的速度、质量和效益，到用乳胶铸印部分取代蜡印，使粉彩瓷的加工成本得以降低，再到改用海绵为材料制作印子，使青花瓷的花面更加完善、丰满，景德镇工艺雕刻行业不断伴随推动着陶瓷生产的革新与进步。该厂主要生产陶瓷彩绘加工所需的印子和雕刻图章。

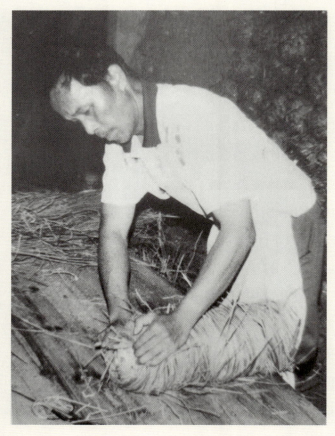

20 世纪 80 年代初期
的人工稻草包装

景德镇市纸箱厂从德国引进的五色胶印机

企业管理

党的十一届三中全会后，经过企业全面整顿，陶瓷企业建立健全了全面质量管理、技术管理、成本管理、财务管理、劳动人事管理、设备管理、物资管理等各方面的基础管理，促进陶瓷企业管理水平的提高。

（一）整顿提高

1979 年，国家对国民经济提出了调整、改革、整顿、提高的要求。1982 年 1 月，中央做出关于企业全面整顿的决定。景德镇陶瓷行业于当年下半年开始，陆续开展了企业的全面整顿工作。省陶瓷工业公司成立企业整顿办公室，抽调了 20 名管理骨干，分别到人民瓷厂和宇宙瓷厂蹲点，参加、指导整顿工作。组织七个巡回检查组，负责一帮二促三验收，整个公司共配备 239 名专职干部抓全面整顿工作。到 1985 年 9 月，以验收合格为主要标志的全面整顿工作基本结束。对全面提高企业素质，尤其是企业领导班子素质发挥了较大作用，使企业的各项工作全部转到以提高经济效益为中心的轨道上。

按照中央关于干部"四化"要求，整顿和建设企业领导班子，逐步实现干部"革命化、年轻化、知识化、专业化"的要求。省陶瓷工业公司对所属 29 个企业（其中国有 24 个，集体 5 个），分三次调整了领导班子，大胆启用一批有文化科学知识、有开拓进取精神、有较强的组织指挥才能和善于管理、年纪较轻、精力充沛的干部，共调整企业领导班子成员

191人，平均年龄46.2岁，比整顿前的平均年龄下降了3岁；中专以上文化程度159人，占总数83.25%，比调整前的30.95%提高1.69倍；具有助理工程师以上技术职称的66人，占总数34.6%，比整顿前上升9.6%，一定程度上改变了企业长期难以改变的传统经验管理模式。同时，一批过去长期从事陶瓷生产经营或技术工作的专业人才提拔到了领导岗位。班子结构的变化，使领导经济工作的生机和活力得到增强。

加强全员培训，提高职工素质。采取开办补习班、选上大、中专业学校进修、开展技术岗位练兵以及与科研机构和高等院校签订合同，聘请代训等方式，许多企业还制定鼓励自学成才的奖励办法，涌现一批自学成才的先进典型。据25家厂矿统计，全员培训对象有27047人，到1985年已培训24866人，占应培训人数的91.94%。职工的文化素质比进入"六五"初期普遍提高。青年职工经过思想政治教育和技术培训，增强了主人翁责任感，掀起了学文化科学知识热，上电大、业大、夜大的积极性空前高涨。

颁行或修订一系列管理制度，进一步加强企业管理的基础工作，为企业上等级，产品上水平奠定基础。在整顿中，除企业自订制度外，省陶瓷工业公司还下发一系列健全管理制度的文件。其中以质量管理方面的最多，除质量管理以外，在标准化管理、设备使用、工艺操作、用工制度、奖惩制度以及安全生产、文明生产等方面，都先后形成了一整套文件。规模较大的企业普遍推行厂部和车间两级核算，原来已经推行两级核算的企业，进一步强化起来，实行厂部、车间、班组三级管理，有的企业还采取设立分厂的管理形式，在企业建立内部银行，分厂之间一切经济往来，实行买卖关系，按月核算成本、利润，按年奖扣兑现，起到了实际划小企业规模和模拟分散严细管理效果。

在思想政治教育和法制教育活动中，多数企业党委致力于加强企业思想政治工作的目标管理，建立每月政治工作会议制度，定期分析职工

1995 年之前的省陶瓷工业公司大门

思想动向，研究后进职工的心理状态，提高思想教育工作的针对性和战斗性。企业工会、共青团、民兵组织也结合本职工作，积极开展"读书竞赛""智力竞赛""振兴中华演讲赛""提合理化建议"等活动。

（二）基础管理

1. 财务管理

省陶瓷工业公司是景德镇陶瓷业重要的生产经营及管理单位。1984年，省陶瓷工业公司机构改革，撤销财务部，成立财务核算部。公司所属企业以建立"内部银行"形式全面开展经济核算，将企业对国家承担的经济指标，层层分解，横向落实到各科室、部门，纵向落实到车间、班组、个人，形成人人有指标，个个负责任的指标完成保证体系。企业"内部银行"内有专职核算人员，有厂内计划价格，有合理的消耗、费用资金定额，有规定的会计科目、会计账簿和会计报表，有适合企业实际的会计结算方法，有基层的核算队伍，有检查、考核、奖罚的具体办法。

2. 产品价格管理

20 世纪 80 年代中期以后，陶瓷产品的价格由生产部门报物价管理部门审批后定价。定价基本采取按质定价，优质优价。日用瓷大路货，薄利多销；名特传统产品，厚利销售；新开发的、达国际先进水平的高档次产品卖价为普通产品的数倍；陈设瓷中的精品，产量极少，价格更为昂贵。进入 90 年代后，陶瓷价格完全放开，物价部门和陶瓷公司财务核算部只进行协调管理、指导和向企业提供价格信息，开展价格咨询等工作。

3. 利润和纳税管理

1980 年以前，陶瓷行业实现利润均上缴国家，亏损亦由国家核销。1980 年后，随着经济体制改革，景德镇市人民政府与省陶瓷工业公司签订利润递增包干、超额分成的承包合同。1980—1983 年，每年实际上缴利润分别为 820 万元、902 万元、1119 万元，均超额完成包干基数。1984 年后，实行利改税，1984 年上缴 693.6 万元，1985 年 1236.8 万元，1986 年 1203.4 万元，1987 年 1362.7 万元。1988 年实行企业经营承包责任制，根据"包死基数，确保上缴，超收多留，歉收自补"的原则和省陶瓷工业公司向景德镇市政府上缴包干总任务的要求，确定企业的承包基数。实行之后，市财政和企业都获实惠。

214

4. 劳动工资管理

1985 年，省陶瓷工业公司成立生产经营部，劳动工资并入生产经营部。1988 年，公司成立劳动人事部，其职责是负责所属厂矿干部、职工的管理、调配工作；掌握工资，奖金发放情况；协助企业做好"定员、定额"工作；负责职工的劳保退休工作；组织各专业的技术职称评定、管理和考核等工作。在此背景下，各企业也相应成立劳动工资科。

20 世纪 70 年代后期至 80 年代中期，景德镇的陶瓷厂开始实行"顶替"用工制度，离职退休职工子女"顶替"父辈进厂就业。1984 年开始对用工制度改革，改过去"内招"为公开招工，实行条件公开、工种公开、统一考试、民主评议、择优录取、集中培训、组织分配，并一律实行合同制。1985 年、1992 年分别进行了两次工资改革，此外还有粮食、副食品等多种津贴。1990 年，据省陶瓷工业公司统计，除超质超产、联利联质、质量攻关、合理化建议等各种奖金，医疗、病残老死等各种福利外，全系统人均年工资 1684 元。

5. 质量管理

1979 年开始，各大型瓷厂推行全面质量管理。通过加强质量管理的基础建设、加强质量检验员队伍建设、开展"质量月"活动、开展群众性的质量管理小组活动、开展企业标准化与计量升级活动、建立质量任制和质量信息中心、开展质量创优活动等，使产品的质量稳步提高，质量管理工作达到了新的水平。

（1）全面质量管理

1979 年初，省陶瓷工业公司从艺术瓷厂、红星瓷厂、光明瓷厂、建国瓷厂、雕塑瓷厂、人民瓷厂等企业抽调具有大中专学历的科技人员，加

光明瓷厂召开质量提升动员大会

上公司技术科原有负责质量检验的人员共13人，组成了公司质量管理科，并制定了《关于推行全面质量管理的意见》，公司派工作组进驻宇宙瓷厂，进行全面质量管理试点。在总结试点经验的基础上，制定了《陶瓷生产质量责任制》《陶瓷产品缺陷多边检验分析制度》《关于陶瓷商标和标记（底款）的管理制度》《工业企业质量管理小组章程》等一系列规章制度。其中《陶瓷生产质量责任制》，对厂部、车间、班组三级都规定了具体的质量责任，尤其是对班组质量责任的规定，细到每一台主要设备和每一个工种岗位，使职工有章可循，"质量第一"的观念逐步深入人心，许多企业还根据自己的情况不断深化质量管理内容。如宇宙瓷厂创造了质量否决权制度，使该厂质量管理在全国同行业中成绩显著。各企业纷纷派人到宇宙瓷厂参观学习，相继成立了学习与推行全面质量管理的专门职能机构。

（2）质量管理委员会和"质量月"

1984年3月，省陶瓷工业公司将质量管理科改为质量管理办公室，并成立公司全面质量管理委员会，由公司经理任主任委员，主管质量的副经理为副主任委员，各有关科室的负责人为成员，将每年9月定为"质量月"。同时，还制定《全面质量管理委员会工作条例》。随后，各企业均相继成立工厂全面质量管理委员会，由厂长任主任委员。厂质量管理科改为质量管理办公室或全面质量管理办公室，各车间则成立全面质量管理领导小组，车间主任任组长，以有利于推动全面质量管理。

各厂经常开展技术培训，质量攻关，解决工艺和操作易存在的问题，使得产品质量逐步提升。

（3）质量小组活动和质量教育

1980年，召开了全市陶瓷行业第一次质量管理小组成果发布会，1984年，召开了第二次质量管理小组成果发布会，以后每年召开一次。各瓷厂也每一年举行一次质量管理小组成果发布会，以展示车间、科室、班组质量管理小组的成果，并挑选出优秀成果参加系统和全省的成果发

成型班组质量攻关分析会

为民瓷厂质量检验

布，再优中选优，参加全国的质量管理小组成果发布。

全面质量管理始终把质量教育贯穿于质量管理活动的全过程，对参与质量管理活动的全员普及质量管理基本知识。仅 1984 年陶瓷系统共有 4000 多工人和干部参加全面质量管理基本知识读书竞赛活动。各厂矿每年都组织干部、工人收看中央电视台的全面质量管理基本知识电视讲座，参加全国全面质量管理基本知识统考。

（4）质量责任制

企业建立质量责任制，对各部门职工在质量工作中的具体任务、职责和权限做出规定，使以提高质量为核心的生产经营活动有序进行。做到质量工作有专人、办事有标准、工作有检查、考核有奖惩，建立责任明确、功过分明、高效严密的质量管理责任体系。各企业在经济责任制中，一律实施质量否决权。

1984 年，省陶瓷工业公司建立质量信息反馈制度，加强质量管理人员力量。1987 年，专门发文《一九八七年质量工作十条意见》重申按企业人数配备专职质量管理人员，建立全面质量管理办公室，全面质量管理办公室主任享受企业副厂级待遇，副主任享受企业正科级待遇。

（5）原材料的检验和把关

各厂对原材料的质量检验与控制认真严格，明确规定不合格的原材料不准投入使用。原料进厂前，各厂派技术人员和采购人员共同到瓷土矿山现场考察，观察矿山生产质量状况，然后确定是否进货。原料进厂后则由专门人员采用烧试样的传统做法，配之以控制室测定进厂原料的水分和细度，来判断原料的大致质量状况。

原料投入使用后，从操作工人，到质量检验人员都对照工艺技术标准，认真操作，一旦发现有原材料不符合工艺技术标准，则采取措施改进，或由厂部技术管理部门和质量管理部门与原料车间共同研究后提出处理意见。

（6）生产过程控制

企业将质量管理贯彻到生产全过程。生产操作工人按照每道工序各自把好质量关。

成型车间专职质量检验员每天对各班组的压坯车主轴转速、内外釉浆的比重或含水率等进行工艺标准控制，对在制品和过架成坯进行抽查，确定是否能进入下道工序。

彩绘车间质量专职检验员的重点是监督操作工人严格执行质量责任制，将出厂产品的错检率，漏检率控制在国家规定的标准范围之内。

工厂质量管理办公室定期或不定期地组织质量检验人员对成型车间的工艺标准执行情况进行监督抽查，对各班组的过架成坯进行重点抽检，一旦超过控制范围，则通知立即停止生产，进行缺陷分析和重新检验。

除了在成型车间进行工艺技术标准检验控制以外，对成品车间产品的器型规格标准进行检验控制，确保产品符合器型规格的标准。

（7）质量创优活动

1979 年开始，在全国范围内开展优质产品评比活动，1979—1980 年省陶瓷工业公司组织力量制定了赣 Q/J29-80《日用细瓷器优质产品》、赣 Q/J21080《粉彩陈设瓷器优质产品》、赣 Q/1211-80《高温色釉陈设瓷器优质产品》和赣 Q/J212-80《玲珑日用细瓷器优质产品》等企业标准，要求各企业认真贯彻，按标准要求组织生产。

（三）各项管理显露成效

由于陶瓷工业系统积极完善管理制度，并督促检查各企业认真做好了生产计划管理、质量管理、技术管理、成本管理、财务管理、劳动人事管理、设备管理、物资管理等在内的全面质量管理工作，使得各项工作取得了令人瞩目的成果。

宇宙瓷厂生产现场

　　历年来，共有12179人获得国家经委和中国质量管理协会颁发的全国全面质量管理基本知识统考合格证。1987年，人民瓷厂获得省全面质量管理基本知识电视讲座先进企业奖，1991年，瓷用化工厂、人民瓷厂、雕塑瓷厂获省全面质量管理质量教育先进企业奖。1985年至1991年，有27家企业获省级标准化合格证书，有18家企业获计量二级合格证书，有36家企业获计量三级合格证书，有1家企业计量通过三级验收。

　　从1980年到1995年，陶瓷工业系统共荣获国家优秀质量管理小组奖9项，获部优秀质量管理小组奖8项，获省优秀质量管理小组奖61项，获省质量管理成果奖4项，获省轻工业厅优秀质量管理小组奖14项，获厅质量管理成果奖41项，获地、市优秀质量管理小组奖83项，地、市质量管理成果奖28项，获省陶瓷工业公司优秀质量管理小组奖56项，获质量管理成果奖142项，荣获江西质量管理成果发布奖10项。

　　1994年，景德镇置镇999周年暨第五届景德镇国际陶瓷节期间，评选景德镇陶瓷十大名牌产品。建国瓷厂、人民瓷厂、景德镇瓷厂、光明瓷厂、新华瓷厂、宇宙瓷厂、雕塑瓷厂等榜上有名。1997年，景德镇瓷厂和光明瓷厂荣获中国质量万里行活动委员会授予的中国质量万里行活动（1992—1997年）上榜企业。

结构多元

随着国内陶瓷市场转旺，陶瓷企业所有制结构出现新格局。形成了以省陶瓷工业公司所属国有企业、景德镇陶瓷股份有限公司、江西省玉风瓷业有限公司为主体，集体、个体、私营、三资企业等多种经济成分的格局。乡镇企业和个体户发展迅速，打破国有陶瓷企业大而全的单一经济结构，出现国有、集体、私营、三资企业经济并存、相互竞争的新势头。

（一）集体所有制经济

陶瓷行业先后建立一大批"大集体""小集体"所有制经济组织。城市区办、街道办集体陶瓷经济，在发展陶瓷生产力，丰富陶瓷产品的花色品种，以及安排待业青年就业等方面发挥积极作用，形成"五大块十六个条条管辖"体制特色。"五大块"即省陶瓷工业公司所属陶瓷工业企业；城市区、街办的集体陶瓷工业企业；农村区、乡办集体陶瓷工业企业；各行业办陶瓷工业企业；个体、私营陶瓷工业企业。"十六个条条"即市林业局、机械局、建工建材局、民政局、教育局、文化局等16个主管部门，都分别办有陶瓷工业企业。

1. 发展原因

随着国家改革开放政策的推动，集体企业经营机制灵活，在开拓内销陶瓷产品市场，转移农村富余劳力，缓解社会就业矛盾，恢复传统手工生产，内部经营管理等方面具有优势和潜力。

国内市场陶瓷产品的需求日益增多。1980年内销瓷订货会上，国内各经销地提出需求量达2.5亿件，景德镇只能供给1亿件，仅占需求量的40%；在需求品种141种中，景德镇无货可供的达33种。解决办法是扩大生产能力，增加内销产量，发展陶瓷集体经济便是主要出路之一，特别是一些需求总量小的品种，适合集体企业生产。

农村改革的深入和农业经济的发展，富余劳力向工业、商业等三产转移已成定势，景德镇每年安置1万多名城镇待业青年，其中，集体企业是主要安置途径。

2. 发展成效

（1）集体陶瓷企业比重加大

1979、1980年两年，集体陶瓷工业企业的发展迈出较大步伐。初期，集体所有制陶瓷工业企业，一般规模比较小，多数是采取大厂办小厂方式发展起来。即老厂将一部分厂房、设备让出来，派一些技术工人和管理人员做骨干，将全民职工未就业的子女组织起来，形成独立核算的大小集体企业。城市区和街办也兴办了一批新的集体陶瓷企业。

市委、市政府特别重视陶瓷集体企业的发展，曾组织赴江苏常州考察团，学习推广常州以及江苏省许多城市发展经济的成功经验，还专门组织了联合调查组，对全市集体所有制瓷厂的发展情况进行了详尽调查，并从思想认识、资金投入、税收减免等方面提出一系列扶持集体企业发展的具体措施，促进陶瓷集体企业的发展。

到1980年底，集体陶瓷工业企业已达47户，工业总产值水平已达到5223万元（按1970年不变价计）职工人数增加到15600人，拥有固定资产原值1448万元，流动资金854万元。与全民企业相比，集体陶瓷工业的比重得到了进一步的扩大。

1981年到1985年，陶瓷集体所有制经济得到巩固和发展，除了原有的大厂带小厂、城市区和街道兴办的集体企业以外，农村一批乡村办集体企业也茁壮成长。到 1985 年，全市具有一定规模的集体陶瓷工业企业已发展到 130 家，占当时全市陶瓷企业总数的 79.3%（全市陶瓷企业共 164 家，其中全民 34 家，集体 130 家）。130 家集体企业实现盈利 865 万元。按 1980 年不变价计算，130 家集体陶瓷企业工业总产值为 11179 万元，占全市陶瓷工业企业总产值的 34.34%，有固定资产原值为 5514 万元，占全市陶瓷工业企业比重为 25.43%，职工人数 29201 人，占全市陶瓷工业企业职工总人数的 46.55%。

到 1985 年，陶瓷行业的集体工业企业产值水平达 100 万元以上的 29 家，产值占全部陶瓷集体企业 75.2%。据 1987 年 9 月调查资料，经景德镇市工商行政管理部门注册的城乡大小集体陶瓷企业有 379 家，职工人数 3.7 万人，拥有资产总值 5500 万元，年产值 1.25 亿元。

集体工业产值相当于全民企业的 52.57%，相当一部分集体职工插班在全民所有制企业生产，固定资产净值相当于全民企业的 39.2%，实现利润相当于全民企业的 29.2%，上交产品税相当于全民企业的 41.49%。陶瓷行业创百万元以上工业产值的集体企业增加到 34 家。

（2）乡镇集体陶瓷经济步伐加快

景德镇乡镇集体陶瓷经济，从 1985 年开始发展步伐加快。1985 年全市乡镇陶瓷工业企业约有 30 家，其中 22 家主要企业。1985 年工业普查资料合计产值规模为 1110.1 万元。到 1992 年，全市乡镇陶瓷工业企业超过 200 家，其中多数系乡、镇、村办集体瓷业，产值规模约 1 亿元。1992 年以后，在市委、市政府的重视和关心下，乡镇陶瓷工业得到进一步发展，1993 年涌现了一批新的产值超百万元的陶瓷企业，有的企业陶瓷产值规模超千万元。其中，浮梁县洪源乡创办的洪源瓷厂，年产值规模超过 1300 万元。

城乡集体陶瓷工业得到发展壮大的同时，集体陶瓷商贸企业也有较大的发展。主要表现在两个方面：一是集体陶瓷经销门店增多，遍布市区主要街道，形成火车站、汽车站、莲社南路、三河陶瓷街等四个主要陶瓷专业市场。二是几乎全市每个集体陶瓷工厂都开办了独立核算或非独立核算两种类型的集体陶瓷产品经销"窗口"，有的"窗口"还对外辐射到了南昌、九江、北京、上海、杭州、苏州、武汉、南京、重庆、成都等大中城市和广州、深圳、珠海、福州、厦门、汕头、温州、大连等沿海地区。

3. 集体所有制代表企业

（1）景德镇市卫华瓷厂

隶属省陶瓷工业公司。1979 年 5 月易名卫华瓷厂，是高中档粉彩加工专业厂。主要产品有各式花瓶、花钵、箭筒、凉墩、莲子缸等陈设瓷以及汤碗、茶具等日用瓷。

（2）景德镇市风光瓷厂

隶属省陶瓷工业公司。原属东风瓷厂厂办集体企业。1985 年与东风瓷厂划开，实行经济独立核算。主要产品有东风壶、新玉壶等。年产日用瓷 623 万件。

（3）景德镇市建新瓷厂

隶属省陶瓷工业公司。原属红星瓷厂厂办集体企业，1985 年与红星瓷厂划开，实行经济独立核算。主要生产 54 头餐具配件、出口瓷等，年产日用瓷 590 万件。

（4）景德镇市昌州瓷厂

隶属省陶瓷工业公司。1981 年建立，原隶属于陶瓷加工服务部。1984 年，陶瓷加工服务部与省陶瓷工业公司国家用瓷办公室合并后，单独列为省陶瓷工业公司经销部昌州瓷厂，并与国营企业划开，主要进行彩绘加工，独立生产经营、独立经济核算，主要产品有广彩白玉茶杯、粉彩山水高白釉茶杯、金边贴花 54 头中餐具等。

（5）景德镇市美雕瓷厂

隶属窑具厂，原为景德镇市前进耐火材料厂，经济独立核算。主要产品有陈设瓷，日用瓷，兼营耐火材料，具有成型、彩绘生产能力。

（6）景德镇市宏图瓷厂

隶属人民瓷厂，1978年5月建立，经济独立核算。主要产品有青花茶杯、青花针匙、彩花日用瓷等，具有成型、彩绘、包装等生产能力。

（7）景德镇市长征瓷厂

隶属为民瓷厂，原名为民综合加工厂，1978年改名长征瓷厂，主要产品有日用陶瓷、陈设瓷。产品行销欧、美和东南亚地区。有成型、彩绘、包装生产能力。

（8）景德镇市光华瓷厂

隶属红旗瓷厂，1978年建立，主要产品有日用瓷、雕塑瓷、工业用瓷、陈设瓷，并开发了电镀古铜雕塑陈设瓷新产品。具有成型、彩绘、雕塑、包装等生产能力。

（9）景德镇市红艺瓷厂

隶属艺术瓷厂，1978年5月建立，主要产品有中级粉彩、山水、翎毛、雪景、洋彩、黄电光等、品种有日用瓷、陈设瓷。具有彩绘、包装等生产能力。

（10）景德镇市勤俭瓷厂

1978年6月建立，原属原料总厂，实行经济独立核算。主要产品有日用瓷、雕塑瓷、仿古瓷、旅游瓷、陈设瓷等。具有成型、烧炼、彩绘、包装等生产能力。

（11）景德镇市建中瓷厂

隶属国营建国瓷厂，1978年创建，主要产品有各式宝珠坛、天字坛、各式青花色釉、釉下彩茶杯、青花针匙、文具等，具有成型、彩绘、包装等生产能力。

（12）景德镇市创业瓷厂

隶属光明瓷厂，1978年创建，实行经济独立核算。主要产品为具有民族风格的青花玲珑瓷，品种有罗汉汤碗、饭匙、牙签筒、胡椒筒、50件乔梁壶、白胎正德罗汉汤碗等。具有成型、彩绘、包装等生产能力。

（13）景德镇市春光瓷厂

隶属新华瓷厂，1978年在原家属工厂的基础上创建。主要产品有日用陶瓷和民族用瓷。以自产自销为主，民族用瓷行销10个少数民族地区。具有成型、彩绘、包装等生产能力。

（14）景德镇市永兴瓷厂

隶属景兴瓷厂，1979年创建，1982年实行经济单独核算。主要产品日用陶瓷，品种有杯、盘、碟、针匙等，具有成型、烧炼、彩绘、包装等生产能力。

（15）景德镇市振兴瓷厂

隶属国营陶瓷供应处，1980年12月建立，原名陶瓷原料加工厂。1983年12月改名为振兴瓷厂，为集体所有制企业。主要产品有日用瓷和雕塑瓷。具有成型、彩绘、烧炼等生产能力。

（16）景德镇市玉华瓷厂

1991年创建，主要生产日用瓷。年生产3万件日用瓷。

（17）景德镇市跃进瓷厂

隶属珠山区，是以加工生产粉彩出口瓷为主的集体所有制企业。生产中高档日用瓷、仿古瓷、陈设瓷、民族用瓷、旅游瓷、建筑壁画等6个系列产品。有中西餐具、咖啡具、酒具、饭具、茶具、烟具、瓷板、薄胎瓷等品类。

（18）景德镇市红卫瓷厂

隶属珠山区，是以加工陶瓷出口产品为主的陶瓷彩绘专业厂，产品主要有碗、盘、杯、壶、茶具、餐具、咖啡套具、仿古瓷、中高档陈设瓷等 150 多个品种。

（19）景德镇市青花文具瓷厂

隶属珠山区管辖。1977 年创办，原名新村陶瓷厂。1979 年 9 月改产青花文具瓷，易名为新村文具瓷厂，1983 年，划归珠山区管辖，成为全市生产青花文具瓷的专业厂。主要产品有日用瓷、文具瓷、旅游瓷、工艺陈设瓷、雕塑瓷等。

（20）景德镇市先锋瓷厂

1981 年，由省陶瓷工业公司、市知识青年办公室和先锋垦殖场 3 家合办，1986 年划归珠山区管辖，主要品种有日用瓷、雕塑瓷、陈设瓷等。年生产日用瓷 134 万件。

（21）景德镇市昌明瓷厂

1984 年划归珠山区管辖，并由东郊公社彩绘瓷厂更名昌明瓷厂，主要产品有日用瓷、仿古瓷、陈设瓷，产品销售国内外。

（22）景德镇市昌虹瓷厂

隶属珠山区，主要是日用陶瓷加工生产。主要生产陶瓷彩绘出口瓷，品种有红、绿、黄万寿普通彩绘瓷；山水、翎毛、人物等中级粉彩瓷；新花、贴花等各种陈设瓷和日用瓷。

（23）景德镇市立新瓷厂

隶属昌江区集体所有制企业，主要生产普通粉彩日用瓷、中高档粉彩陈设瓷、仿古瓷。产品有各式中西餐具、茶具咖啡具、花瓶、花钵、莲子缸、薄胎瓷等。

（24）景德镇市向阳瓷厂

隶属昌江区，集体所有制企业，主要从事日用瓷加工。

（25）景德镇市鱼建彩绘瓷厂

隶属昌江区，主要生产日用瓷。

（26）景德镇市东方美术瓷厂

隶属昌江区，1983年，与太白园街道雕塑纺织瓷厂合并，易名东方美术瓷厂，是成型、彩绘配套生产粉彩日用瓷和工艺雕塑瓷的专业厂。主要生产日用彩绘瓷和工艺美术瓷，有300多个花色品种。

（27）景德镇市胜利瓷厂

隶属昌江区，1977年易名胜利瓷厂。主要产品以粉彩万花和黄、白五龙穿花为主的粉彩加工，日用瓷陈设瓷90%以上为出口陶瓷产品，行销东南亚、日本以及法国、捷克斯洛伐克、加拿大等84个国家和地区。

（28）景德镇市昌南瓷厂

1983年创建，原属昌江区运输公司，1987年划归昌江区，为集体所有制企业，主要生产日用瓷。

（29）景德镇市桥建瓷厂

1981年创办，隶属市城乡建设局，为集体所有制企业。主要生产日用瓷。

（30）景德镇市园林瓷厂

1981年创办，属市城乡建设局，为集体所有制企业，主要生产日用瓷。

（31）景德镇市壁画厂

1984年创办，隶属市民政局、为集体所有制企业，主要生产工艺美术瓷。

（32）景德镇市福利瓷厂

1984年创办，隶属市民政局，为集体所有制企业，主要从事彩绘加工。

（33）景德镇市仿古彩绘瓷厂

1981年创办，隶属市文化局，为集体所有制企业，主要生产工艺美术瓷。

（34）景德镇市气象瓷厂

1983年创办，隶属市水文气象局，为集体所有制企业，主要从事日用瓷彩绘加工。

（35）景德镇市科艺瓷厂

1985 年创办，隶属部陶研所，集体所有制企业，主要生产日用瓷。

（36）景德镇市电兴瓷厂

1983 年创办，隶属市机械工业公司，为集体所有制企业，主要生产日用瓷。

（37）景德镇市鹅湖雕塑瓷厂

1979 年开始筹建，1980 年投产，隶属鹅湖区。原名景德镇市东区雕塑瓷厂，后易名鹅湖雕塑瓷厂，为集体所有制企业，主要生产观音、三星、罗汉等雕塑瓷。

（38）景德镇市竟红瓷厂

1983 年正式投产。原属昌江区竟成乡樊家井村办集体企业，后转为昌江区竟成乡集体企业，是江西省 21 个重点乡镇企业之一。主要生产的品种有青红花白玉茶杯、九头茶具、六头文具、罗汉汤碗、高脚锅三大碗以及 24 寸长条瓷板、薄胎类日用瓷和陈设瓷。

（39）景德镇市竟雕瓷厂

1983 年由后街日用瓷厂改称竟雕瓷厂，属昌江区竟成乡，集体所有制企业，主要生产三星、罗汉、观音等雕塑瓷。生产的 56 寸"怪站三星"，是景德镇市重要的瓷雕产品之一。

（40）景德镇市古城瓷厂

1978 年转产改名为古城瓷厂，属昌江区吕蒙乡，集体所有制企业。主要生产四特酒瓶、双龙茶杯、喜字坛等。

（41）景德镇市永红瓷厂

1982 年由昌江街道永红瓷厂易名景德镇市永红瓷厂。主要从事日用瓷彩绘加工，重工描金，图案有金地斗方双喜龙凤、黄地电光宽金边斗方双喜龙凤、红绿水仙花图案等。

（42）景德镇市太白园福利瓷厂

1981年创办，属昌江区太白园街道办企业，主要产品是日用瓷彩绘加工。

（43）景德镇市民间工艺瓷厂

1984年创办，属昌江区劳动服务公司所办企业，主要生产工艺美术瓷。

（44）景德镇市太白园群英瓷厂

1979年创办，属昌江区太白园街道所办企业，主要从事彩绘加工。

（45）景德镇市朝阳瓷厂

1981年创办，属昌江区朝阳垦殖场所办企业，主要从事日用瓷加工。

（46）景德镇市昌鱼瓷厂

1983年创办，属昌江区鲇鱼山乡所办企业，主要从事日用瓷加工。

（47）景德镇市洪源瓷厂

1984年创办，属蛟潭区洪源乡所办企业，是江西省粮油土畜产品出口公司出口陶瓷包装酒瓶的定点厂，又是传统名瓷青花玲珑的生产厂家之一。主要产品有粉彩三星、青花玲珑瓷等。

（48）景德镇市新村彩绘瓷厂

1978年创办，属珠山区新村街道所办企业，主要从事日用瓷彩绘加工。

（49）景德镇市建华瓷厂

1981年创办，珠山区运输公司所办企业，主要生产日用瓷。

（二）个体、私营

在国家政策的鼓励和引导下，景德镇陶瓷个体私营经济发展步伐加快，成为公有制经济的有益补充。

1. 发展的条件

景德镇陶瓷产品，门类繁多，瓷业生产仍保留部分手工劳动方式，较适应个体、私营瓷户生产经营。尤其是新奇特产品和工艺要求精湛的产品，只有用手工劳动方式才能制作出来。个体私营作坊的生产效率，对小批量订货的适应力，对新品种新花面的创造力，比公有制工厂更显其长。

20世纪90年代，个体、私营瓷户进入门槛低，具有一般技艺或商贸特长的市民，只要有少量的资金，便可以办起陶瓷商店。或借助搭窑的条件，从市场上买到所需的原材料，办起小型瓷厂或作坊来获得一定的收益。个体瓷户发展到一定阶段，其中有的扩大规模，吸收员工，形成私营陶瓷企业。众多的具有技艺的劳动力和待业青年的存在，为个体私营陶瓷经济发展提供了劳动力来源。

为了解决子女就业问题，大批技艺精湛、生产经验丰富的老工人退出国有陶瓷企业，这些人有的通过留用方式继续留在企业工作，有的到集体企业发挥余热，有的受聘于个体企业，成为个体私营企业生产的骨干。同时，待业青年也很多，这些人年纪轻、文化程度高，一旦受雇于个体私营企业，就是较好的雇员。充足的劳动力资源的存在，为个体私营陶瓷经济发展提供了条件。

瓷业生产流程中的若干环节可以单独分解出来进行生产，如成型、彩绘、烤花等工艺环节，这种生产占地小，工具简单，有利于超小型个体私营瓷户发展。

景德镇瓷土等原材料供应丰富，除了全民所有制大型瓷土矿外，还有不少乡、村办起了零星小矿。个体户既可以向这些小矿购买生产用瓷土，也可以向公有制大厂购买精制好的泥料、石膏、花纸颜料等生产资料，方便快捷。

2. 发展过程和规模

1979—1980年，景德镇陶瓷个体私营经济的发展尚未迈开步伐，陶瓷行业个体户非常少。1980年，根据上级管理部门的新精神，市人民政府批准《关于恢复和发展个体工商户的请示报告》，市个体工商户到1981年底发展到6个行业431户。

1985年，国家重新鼓励出口，全国陶瓷形势开始好转，景德镇陶瓷个体工商户也逐步增多，但多数个体经营者不敢轻易扩大再生产，这一时期出现了许多所谓"挂户企业"，就是挂靠集体所有制企业，从事个体性质的生产或经销活动。

1987年10月，中国共产党第十三次代表大会上的报告为个体经济的发展规定了具体的政策。不久，景德镇市人民政府颁发了鼓励个体经济发展的十条措施，个体陶瓷经济开始有较大的发展。据调查统计，1986年底景德镇直接从事陶瓷生产的个体户为42户，1987年增加到60多户。到1988年6月，增加到152户。经过几年发展，起步早一些的个体陶瓷专业户，生产经营达到了一定规模，成长为私营企业。随着国家鼓励个体私营经济发展政策的进一步明朗，个体私营瓷户逐步有较大发展，到1990年底，纳入工商登记的个体陶瓷有726户，2826名从业人员，其中工业414户，从业人员2356人。纳入工商登记的私营陶瓷企业29户，其中工业24户，商业5户，从业人员676人。

到1993年，景德镇陶瓷个体经济有了进一步发展，初步统计，陶瓷经营个体达1000户以上。陶瓷私营经济的发展引人瞩目，仅陶瓷私营工业企业已达56户，注册资金621万元。全市陶瓷个体私营工业企业的年产值约5.5千万元。产品通过广州、上海、天津等口岸出口，约占全市出口的四分之一以上。

（三）三资企业

随着改革开放的扩大，外商涉足景德镇陶瓷的越来越多，包括中外合资经营企业、中外合作经营企业、外商独资经营企业在内的三资陶瓷企业开始兴起。与此同时，国内大城市和较发达地区一些单位也看中与景德镇瓷业的融通，纷纷与景德镇陶瓷领域进行各种合作。

中外合资合作陶瓷企业的兴起成为景德镇陶瓷公有制经济的有益补充。

1. 早期的对外合作

主要局限于通过相互考察观光寻求建立友好关系，扩大贸易和技术文化交流。如 1979 年景德镇市委书记应日本濑户市市长的邀请，组团到日本古老产瓷区濑户参观考察；1980 年日本高岛屋株式会社邀请以江西省副省长为团长，景德镇有关人员为成员组团赴日考察等。这一时期，并没有与外商外资创办合资合作陶瓷企业。

直到 1982 年，成立与北京市供销社合股的"北京景德镇陶瓷联营公司"，至此，以产权为纽带的紧密性合作开始正常化并稳定发展。这种合作使双方都获得较好的经济效益。如联营前的 1980 年到 1982 年，服务部累计陶瓷销售额为 383 万元，年均 128 万元，联营后的 1983 年

1979 年 10 月景德镇陶瓷代表团访日

至 1985 年累计销售额为 936 万元，年均 312 万元。联营前两年年均实现利润 17.3 万元，联营后三年年均 71 万元，北京和景德镇双方按第一期合同分别以 65% 和 35% 分享利润，与北京成功合作的经验，不久后移植到上海，也获得成功。

2. 对外合作新发展

1985 年以后，随着国家对横向经济联合鼓励措施和政策的出台，景德镇瓷业对外的合作日益活跃，合作形式丰富。除贸易合作、参展参评、学习考察和文化交流外，增加了技术和劳务输出，在国外设销售网点，以及旨在宣传和联络销售的办事处、商务代理等。形式更加多样化，有将技术和企业管理经验输出到国内其他地区，在全国大中城市创办联合销售陶瓷的实体等。

1991 年后，合作状况发生新变化，一批合资合作陶瓷企业在景德镇兴起。据统计，1991 年景德镇有中外合资陶瓷企业 7 家，1992 年为 12 家，1993 年为 16 家。

境外资本在景德镇区域内合资办瓷厂，以"华峰瓷业有限公司"最为典型。1991 年 12 月批准公司设立。由生产日用青花瓷的大中型企业市华风瓷厂同香港兆峰有限公司合资经营，项目总投资 734 万美元，公司注册资本 367 万美元。从德国和意大利引进两条先进生产线，生产高级瓷质磨光地面砖，年生产规模 150 万平方米。1992 年 6 月开始筹建，次年一次试产成功。

陶瓷贸易

党的十一届三中全会以来，景德镇陶瓷内外贸易发展很快，陶瓷贸易交流日益活跃，交流领域不断扩大。

（一）内销扩大

中华人民共和国成立以来，景德镇陶瓷一直是采取"工业管生产，商业管销售"模式，内销瓷由省陶瓷销售公司独家经销。1980年初开始，生产企业在国内市场销售自己的产品，实现企业向生产经营型转变。1982年开始，省陶瓷销售公司在国内大中城市设立独立及联营公司，取得较

20 世纪 80 年代初的景德镇瓷器友谊商店

好效益，并恢复中断 10 多年之久的年度景瓷全国订货会。至 1992 年，连续 14 年年销售量为 1 亿件左右，年创利润 100 万元左右。

20 世纪 90 年代，景德镇陶瓷民间贸易开始兴起，一种以自发结帮到外地摆摊展销的销售形式应运而生，在莲社路、火车站、汽车站附近和三河街等几处瓷器专业市场的基础上，1998 年 8 月，位于市中心人民广场旁，珠山中路与莲社南路交汇点的金昌利陶瓷大市场建成并开业，开启了景德镇陶瓷市场建设四处开花的序幕，方便外地客户选购，每天均有相当可观的成交量。

1. 调整品种结构

1983—1984 年，因外贸实行"三压一降"，内销也受到波折，部分产品一度积压，又由于市场上工业和建筑用瓷紧俏价高，国内不少日用陶瓷企业为避免亏损，纷纷转产或停产。

236

据不完全统计，仅 1984 年，全国就有 147 户日用瓷厂转产或停产，使日用瓷生产能力一度下降。而景德镇瓷业由于基础好，具有较强的应变能力，在全国各产区日用瓷企业大量关停并转的情况下，站稳了脚跟。

1986 年，各地改革开放步伐加快，固定资产投资增多，旅游业急剧发展，四方客户纷纷前来订货，景德镇瓷器由滞转旺，供不应求。据湖北省抽样调查，人均需要瓷器 1985 年为 3.3 件，1986 年则升为 3.5 件，该省 1986 年销售总量比 1985 年增长 13.7%，1986 年景瓷内销订货要求 1.7 亿件，可供应量仅 1 亿件，供求缺口扩大。

1988 年，经省陶瓷销售公司和各企业自销的瓷器达 22363 万件，比 1976 年增长 2 倍多。1993 年，内销陶瓷为 23265 万件。内销总体趋势上升。

这一时期，内销品种结构发生新的变化，由过去的低，中档向中、高档，单件瓷向成套瓷方向发展，据湖北省提供的资料，该省过去细瓷销售量占总量的 22.5%，1986 年已扩大到 35%。

2. 开拓外地市场

改革开放以后，景瓷内销绝大多数年份一直处在卖方市场地位，景瓷内销的扩大除了消费者需求的推动之外，还与搞活流通，积极开拓外地市场紧密相关。

内销形式由过去省陶瓷销售公司独家经销，发展为省陶瓷销售公司、省陶瓷工业公司陶瓷经销部和各陶瓷工业企业、陶瓷商业企业多家经销；由过去的国营商业公司垄断经营发展为国营、集体、个体一起经营；由过去的"工业管生产、商业管销售"发展为工业企业除了生产外，还可以自销自己的产品。

开辟多种流通渠道，推动陶瓷内销扩大。1982 年，省陶瓷工业公司所属企业自销量为 5642 万件，占省陶瓷销售公司销售量的二分之一；1988 年，自销量达 13482 万件，超过省陶瓷销售公司销售量 8881 万件；1993 年，企业自销量达 21030 万件，占当年省陶瓷工业公司内销日用瓷年产量的 69.8%，自销金额 21437 万元。由于允许企业自销，不少企业都在外地设立经销网点。集体企业和个体户也广泛与外地商户密切联系，进行营销活动。

开展联营活动，开展横向联合，开拓外地陶瓷市场。企业既有门市部，又从事批发业务，对扩大销售，开拓外地市场十分有效。省陶瓷工业公司还在上海、厦门、汕头、大连、深圳、西安、武汉、南京、合肥、昆明、宁波、内蒙古和东北等地设立了独资和联营销售公司，经销网点遍布全国各大中城市和沿海、沿边地区，并向港澳台地区扩展。

1982 年，省陶瓷工业公司和北京市供销社联营成立的"北京景德镇陶瓷联营公司"，联营前商品销售额年均为 123 万元，联营后年均为 312 万元，比联营前 3 年平均增长 1.44 倍，利润增长 3.18 倍。

3. 主办展览展销

1979 年以来，坚持每年召开全国日用瓷订货会，生产厂家与各地客商直接见面，洽谈合作，成交大批现货和期货业务。1982 年订货会，省陶瓷工业公司经销公司与厂家签订产购合同 12000 万件，比 1981 年订货会增加了 11.67%；与各地客商签订供销合同 271 份，订货 10769 万件，比上年订货会增加 15.2%。

此外，经常派员参加全国各地召开的各种交易会。1982 年，参加在郑州召开的全国民族用品、轻纺、土特产品展销会，签订 100 万件供货合同，接受订货 400 万件。1991—1992 年，在北京、武汉、南昌等地主办和参加展览展销会达 13 次之多。

1993 年，省陶瓷工业公司组织精品瓷器参加上海华东出口商品交易会、广州春季交易会和北京第三届国际博览会、江西省工艺美术展等，展品达 2000 余件。

1993 年以后，随着个体、私营瓷器作坊迅速增加，个人组团到外省、市参加、举办展会逐渐增多。其中，艺术陈设瓷的展览交易日趋活跃。

1995 年，省陶瓷工业公司分别在深圳、上海、北京等地举办陶瓷技改新产品展销会。景德镇瓷厂、市为民、红星、宇宙、光明、艺术、雕塑等瓷厂参加深圳展销会，展品有 20 多个品种 30 多个新花面 1000 多套件，共接待日本、阿联酋、黎巴嫩等国和香港、台湾地区以及全国各地客户 500 多人次，成交 1364 万元，意向成交额 800 万元；上海展销会上，景德镇瓷厂的高档釉上彩中西餐具、咖啡具，红星瓷厂的高档釉上彩强化瓷，为民瓷厂的高档中、西餐具和"维美斯"系列彩花瓷，受到各大宾馆、酒店等国内外客户的青睐；北京展销会上，除技改新产品外，还展出高档日用瓷、陈设艺术瓷。

1997 年 2 月，中国景德镇陶瓷精品博览会在北京中国历史博物馆开幕，展览为期一个月。全国人大常委会副委员长王光英，全国政协副主席、民革中央副主席何鲁丽出席开幕式。共展出 600 多件（套）高水平的陶瓷精品，既有日用瓷，又有艺术陈设陶瓷，展示了瓷都景德镇改革开放以来的成就。

4. 掌握市场信息

坚持开展市场调查，掌握市场信息，密切产销关系，改进销售工作。一方面邀请各经销地代表到景德镇开座谈会，反映当地的销售情况和意见要求。另一方面，经常派员到各经销地进行调查直接听取景瓷经销单位、消费者意见。

1980年，省陶瓷销售公司召开部分省、自治区、直辖市驻景代表座谈会就反映景瓷品种缺档、数量不足、价格较高的意见，以便及时加以改进。同年还派员和省陶瓷工业公司一起组成4个调查组，先后赴西南、华东、华中地区进行重点市场调查，就如何搞活景瓷产品设计，满足用户需要，开拓国内市场收集商情和意见。

通过各种调查，密切产销关系，掌握供需信息，从而能有针对性地组织生产和营运，扩大景瓷市场。

5. 改进包装装帧

1983年，景德镇瓷器开始进行"以纸代草"的包装改革试点。到1988年，

20世纪90年代陶瓷彩印包装提升形象

陶瓷包装以纸代草的比例已达95%，基本改变了沿袭多年的景瓷包装以草为主的历史。之后，随着商品经济意识的提高，彩印包装和锦盒包装发展很快，使用彩印包装的陶瓷品种已达70多个，提高售价5%~10%。瓷器包装的改革，减少瓷器破损，满足消费者对礼品包装的需求。陈设艺术瓷逐渐采用锦盒包装，保护产品安全，便于长途运输，有利于市场的开拓。

（二）外销拓展

1988年，全国外贸体制进行改革，江西省陶瓷分公司与中国工艺进出口公司脱钩，更名为省陶瓷进出口公司，统一经营陶瓷进出口，自负盈亏，自主经营，结束景德镇陶瓷不能自主出口的历史。

1993年1月，国家外经贸部批准增加市外贸局开发公司、省陶瓷工业公司进出口部、省陶研所、市瓷器友谊商店4个单位享有出口权。

1994年，国家对外贸实行出口权登记制，逐步放开出口权，省陶瓷工业公司加快转型。1995年11月，成立对外贸易发展公司，与公司进出口部分开经营，强化自营进出口业务。1997年，陶瓷由二类商品变三类商品，陶瓷进出口经营权全面放开，实行多渠道贸易，多元化经营。同景德镇市有贸易关系的国家和地区达到127个。

1. 创汇实现增长

景德镇陶瓷出口，1978年由上海口岸改为江西口岸，1980年由中国工艺品进出口公司江西省陶瓷分公司直接经营出口业务，有利于改进和扩大外销业务，这一体制的重大变革，使外销工作得到加强，陶瓷出口有很大的发展。1976年出口交货为6271万件，出口创汇为905万美元，单件换汇16.8美分。1982年出口交货数达10626万件，出口创汇达3104万美元，单件换汇31美分，大大超过1976年的水平。这一年出口创汇居全国同行业的首位。

1983—1985 年，陶瓷出口有所下降。1985 年以后，随着外贸政策的调整，景瓷外销不断回升和发展。1988 年，中国工艺品进出口公司江西省陶瓷分公司出口交货数达 8588 万件，出口创汇 3003 万美元。1991 年，出口瓷生产高达 14900 万件，出口交货数 10083 万件，创汇 3104 万美元。

1993 年 4 月和 9 月，省陶瓷工业公司分别与捷克卡拉斯公司与澳大利亚墨尔本市斯维达股份有限公司达成合作意向，开展合资经营合作。当年，省陶瓷工业公司深圳公司开业，由省陶瓷工业公司及其所属宇宙、为民、红光、红星、东风等 6 家瓷厂按股份形式组成，以深圳为基地，拓展国内外市场。

1994 年，省陶瓷进出口公司全年进出口额 180 万美元，完成销售 2000 万元，其中外贸 1500 万元。澳大利亚景德镇陶瓷有限公司接受订单 200 余万美元。在印度尼西亚设立的景德镇陶瓷艺术有限公司为景德镇陶瓷宣传及市场开拓发挥重要作用。另外，在无锡、昆明、深圳、上海设立分公司及工作处，实行内、外贸相结合，取得良好效果，被国家轻工总会授予 1994 年度出口创汇金奖。

2. 参与国际竞争

景德镇陶瓷生产和出口部门按照中央提出的"出口为主多创汇"的要求，坚持以"出口为主，保传统、抓配套、上高档"的生产方针和"质量第一、信誉第一、出口第一"的工作方针，狠抓产品质量、产销对路、产品配套、产品升级提档和及时交货等各项工作，积极参与国际市场竞争。

坚持高标准、严要求，坚持落实质量经济责任制，使出口瓷合格率由 1976 年的 41.9% 稳定地提高到 1988 年的 62.3%。根据国外市场需要，大力增加青花、青花玲珑、古彩、粉彩、颜色釉、薄胎等传统名瓷的生产。开发适应国外消费者爱好的新产品，1985 年配套瓷餐具、茶具、咖啡具等占出口瓷总数的 30% 以上。大力发展高档配套瓷，提高单件换汇值，

景德镇陶瓷赴日本展出

景德镇陶瓷赴日本展出

履约率达 95.11%。

3. 扩大自营出口

打破省陶瓷进出口公司独家经营的局面，景德镇陶瓷出口出现了多渠道流通的格局。省陶瓷工业公司和一批重点出口瓷生产企业均获准拥有出口自营权，陶瓷工业企业中有 7 家自产陶瓷产品出口，部分外资企业每年还收购一部分景瓷出口；各陶瓷厂家和个体、私营企业也竞相与沿海其他口岸公司联系，采取买断形式，扩大景瓷出口。

4. 对外展览展销

党的十一届三中全会以后，景德镇陶瓷对外展销工作得到迅速发展，走出国门，加深世界各国人民对景德镇陶瓷的了解，提高了景德镇陶瓷的声誉。1991—1992 年，省陶瓷工业公司和各瓷厂组织 12 批赴美、法、俄、日、韩、新加坡、马来西亚、印度尼西亚、约旦、摩洛哥和澳大利亚等国主办和参加展览展销。

这一时期，景德镇瓷器对外展览展销的主要特点：

外展次数增多。据不完全统计，1980—1987 年共外展 43 次之多，平均每年达 5 次以上。1988 年以后，外展更加频繁。

外展范围扩大。展览会不仅在东南亚国家、日本举行，而且多次到欧美展出。

外展形式多样。既有世界性的博览会，也有地区性、专业性展览会；既有外商组织的展销会，也有由国家有关部门组织的展销会，还有由景德镇自己组织的展销会；既有联合举办的，也有单独举办的，甚至有由生产厂家直接举办的展览会，反映了景德镇陶瓷外展的多样性、灵活性。

景德镇陶瓷在港澳台地区及世界各地展出，受到普遍欢迎。

1980—1999 年景瓷对外展览、展销基本情况

年份 信息	基本情况			
	活动名称	时间	地点	展览情况及成果
1980	中国景德镇、汕头陶瓷展览	7月12日至8月11日	中国	人物、走兽、禽鸟等雕塑瓷，花瓶、瓷板等陈设瓷，凉墩、箭筒、杂件和日用瓷近1万件参展
1981	中国江西工艺美术景德镇陶瓷展	1月5日至30日	日本东京、大阪、横滨、京都等地	展品共3100件由日方以48万余元买断
1982	中国物产、景德镇陶瓷展	1月7日	日本东京、横滨、大阪、京都等地	全部陶瓷展品由日方以68万元一次性买断
	中国景德镇、宜兴陶瓷展览	1月7日至2月9日	中国香港	展览会共提供展品11120件，价值人民币110万元
	世界博览会		巴基斯坦	
1983	国际博览会 世界博览会	10月至次年6月	美国、西德、捷克斯洛伐克、波兰、南斯拉夫、法国、菲律宾	连获三枚国际金质奖章，展出瓷器315件，折合人民币11万元
1984	中国江西工艺美术景德镇陶瓷展	1月22日2月20日	日本大阪、京都、东京、横滨、岗山岐埠等地	广受好评
	中国古代传统技术展览	3月1日至9月12日	美国西雅图市	宣传景德镇陶瓷品牌
	世界博览会	4月21日至11月23日	美国、巴基斯坦、罗马尼亚、日本	展出的青花、粉彩、高温颜色釉、薄胎高白瓷等630件为顾客所争购
	中国景德镇陶瓷展销	6月中旬	中国香港	景市传统名牌产品，各式日用瓷，获好评如潮

续表

信息年份	基本情况			
	活动名称	时间	地点	展览情况及成果
1985	中国陶瓷展览	1月12日	中国香港	其中艺术瓷厂的180多件瓷器和人民瓷厂的青花梧桐餐具参展，深受欢迎
	大中国展	1月25日至3月1日	日本高岛屋	景德镇部分瓷器参展
	中国出口商品展销会	2月1日至3月16日	斯里兰卡	扩大景瓷知名度
	"人类、居住、环境和科学技术"综合国际博览	3月25日	日本筑波城	瓷雕"螳螂菊花筛""站鳌滴水观音""丝菊"作品参展
	中国陶瓷展	6月	中国香港	共展出陈设瓷和日用瓷12000件（套）
	亚太国际博览会	9月25日	北京	建国瓷厂生产的祭红、青红釉里红、钧红、三阳开泰、郎窑红、影青刻花瓷器参展
1986	景德镇陶瓷艺术名家作品展	1月	中国香港	参展的作品400件（套），进行现场拍卖
	莱比锡春季博览会	3月	德国	光明瓷厂"玩玉牌"青花玲珑清香45头西餐具荣获国际金质奖章一枚
	国际博览会	5月	苏联	景瓷首次在苏联展览，共50件（套）艺术瓷参展
	江西和福建仿古瓷器展销会	8月	新加坡	送展产品洽购成交额达100余万新元
	德克萨斯州世界博览会	8月	美国	120件（套）价值1.9万美元的展品抢购一空
	中国陶瓷精品展销会	11月	中国香港	广受好评，产品被抢购

信息\年份	基本情况			
	活动名称	时间	地点	展览情况及成果
1987	景德镇陶瓷艺术名家作品展览（第二届）	1 月	中国香港	参展作品 400 多件（套），销售收入 20 余万元人民币
	大中国展、景德镇陶瓷展	2–3 月	日本	送展景瓷 11000 件（套），销售 40 余万元人民币，其余展品全部由日方一次性买断
1987	景德镇雕塑瓷厂名家作品展销会	9 月	中国香港	参展作品 500 余件（套），销售收入 31.6 万港元
1991	中国景德镇陶瓷展销会	1 月 15 日至 19 日	印尼雅加达	景瓷首次在印度尼西亚举办展览，圆满成功
	陶瓷艺术珍藏品展	1 月 25 日至 2 月 23 日	中国香港	参展作品 300 余件
	景德镇陶瓷名作展	6 月 6 日	日本横滨市	取得良好反响
	省陶研所名家名作展		日本高知市	
1991	景德镇陶瓷展销会	全年	新加坡、美国、马来西亚等国家和香港、澳门等地区	取得圆满成功
1992	景德镇陶瓷展销会		中国香港	取得圆满成功
	景德镇瓷器展销会		约旦	取得圆满成功
	景德镇陶瓷展		俄罗斯、马来西亚、法国、美国、印度尼西亚等国家和澳门地区	取得良好反响
	景德镇出土五代至清初瓷展	4 月至 6 月	中国香港	取得良好反响

信息\年份	基本情况			
	活动名称	时间	地点	展览情况及成果
1993	中国景德镇陶瓷展	9月	摩洛哥	有效促进文化交流，并同该市结成友好城市。
	景德镇瓷器展销会		西班牙	扩大景瓷知名度
	景德镇瓷器展销会		沙特阿拉伯、意大利、印度尼西亚	取得圆满成功
1995	景德镇陶瓷展销会	4月	印尼雅加达	展销的景瓷有釉上、釉下、综合装饰艺术瓷和日用瓷，4天销售额达12万美元
1997	国际博览会和展销会	全年	埃及、伊拉克（巴格达）、古巴（哈瓦那）、科特迪瓦等地	促进国际贸易，扩大文化交流
1998	法兰克福秋季交易会	8月28日至9月11日	德国	高温硬质瓷釉中彩高档餐具首推欧洲市场，拿到40万美元订单。同年，市宇宙瓷业有限公司共组织生产31个品种产品，出口欧盟、南美、西亚
1999	中国省陶研所陶瓷精品展	7月	泰国曼谷	取得圆满成功

5. 国外市场考察

1979年后，派出大批人员出国考察市场，了解外国陶瓷市场商品的特点、供求规律、发展趋势，改进生产。先后与美国米卡沙、天山维尔、纽考、埃克塞尔等大公司建立产销联系，多次签订贸易协议，扩大景德镇陶瓷外销流通渠道，促进生产技术水平的提高。

6. 开展跨国经营

在国外建立贸易机构，积极开展跨国经营，实现多元化国际市场，扩大出口创汇。省陶瓷进出口公司巩固和开拓国际市场，采取多种形式，先后在英国、迪拜、印度尼西亚与外商合作设立陶瓷销售点；1998 年，在智利与外商合资成立"智利华宝公司"联营公司。收购美国一家外商陶瓷经营公司，创建了"美国三泰有限公司"境外独资公司。

7. 外贸优惠奖励

政府采取对陶瓷外贸的优惠政策和奖励政策，使组织出口的经营单位和生产厂家得到利益，调动了广大瓷业职工、出口工作人员的积极性。

（三）经销单位

省陶瓷进出口公司

成立于 1980 年，其前身为中国工艺品进出口公司江西省陶瓷分公司，属省级大、中型国有外贸企业。省陶瓷进出口公司设有传统瓷、新花瓷、特艺瓷、合资开发、进口业务、商情样品宣传、包装材料、综合计划、财务、管理等科室和包装材料厂、仓储运输部等下属部门，并在上海设立储运站，在广州外贸中心设立长期展馆，在深圳设立外贸商品窗口。

1982 年铺设铁路专线，并兴建日吞吐量为 10 车皮货物的站台仓库。从仓库装车可直接发运到上海、深圳、大连等海关口岸。

昌南牌、百花牌

20 世纪 80 年代中期的省陶瓷进出口公司外运铁路专线

公司主要从事国际经济贸易活动，主营陶瓷制品，轻工产品进出口业务。公司每年均参加广州出口商品交易会和上海华东出口商品交易会，在全国陶瓷出口队中属实力参展单位之一。

省陶瓷销售公司

成立于 1968 年，主要从事国内陶瓷销售业务，与省陶瓷进出口公司、省陶瓷工业公司经销公司形成三大支柱。

1979 年，公司恢复中断 10 多年之久的一年一度的"景瓷全国订货会"，为生产部门及早安排生产、为经销地经营部门及早安排市场发挥桥梁和纽带作用。公司年销售量为 1 亿件左右，占全市日用瓷总销量的 50%，年创利润 100 万元左右。

1994 年 3 月，更名为江西省陶瓷销售总公司，原下属经营部门均改称分公司，实行经营承包。储运公司仓库对外实行租赁。1995 年 9 月，将公司的主要商店瓷器友谊商场与江西华联合作，成立江西华联母子商场经营百货。1998 年公司收回友谊商场，恢复友谊商场名称，自主经营。

省陶瓷工业公司经销公司

1984 年，由景德镇市陶瓷加工服务部、省陶瓷工业公司国家用瓷办公室和省陶瓷工业公司销售科合并成立，是陶瓷业部门自产自销的专业机构，原名省陶瓷工业公司经销部。1989 年 3 月，根据企业经营发展需要，更名省陶瓷工业公司经销公司，隶属省陶瓷工业公司，地址在珠山中路 40 号。公司设有一个门市部及一个彩绘加工厂，货备储运仓库 1000 平方米，流动资金 500 万元，年销售额 2600 万元。

公司以商品做流动资金参股投资，与 20 余家企业联营，其中北京联营公司、上海联营公司、厦门联营公司 3 家最具实力。

开放交流

改革开放以来，景德镇陶瓷行业对外经济文化交流的领域不断扩大，层次不断提高，形式更加多样，成效更加显著。

1991年7月，中共江西省委、省政府批准景德镇市实施外向型经济发展战略，景德镇以陶瓷行业为主的对外开放进入新阶段。从1990年开始每年举办一次的景德镇国际陶瓷节，以陶瓷文化旅游活动为媒介，以招商引资、经贸洽谈为重点，吸引了20多个国家和地区参加。

这一时期，景德镇陶瓷出国展览展销，专家和技艺人员出国考察、现场表演、讲学等活动增多。仅1991年至1992年，在美、法、俄、日、新加坡、马来西亚、印度尼西亚、摩洛哥等国及中国香港、澳门等地区举办的展览展销就有20批次；赴美、英、德、法、意、俄、日等国考察的人员有17批。同时，还与日本有田町、摩洛哥萨非市等国外产瓷胜地开展了缔结友好城市活动。

（一）对外文化交流

1. 建立交通网　壮大旅游业

1982年10月，皖赣铁路全线通车，景德镇成为黄山—景德镇—庐山旅游区热点。1991年5月，景德镇是国务院公布的第一批国线景点，境外学者、旅游者慕名而来。

据统计，1978年到景德镇的外国人、华侨、港澳同胞只有278人。

到 1986 年则猛增为 5486 人。1978—1988 年 10 年累计 2.5 万人左右。1993 年，景德镇一年接待的境外游客达 1.01 万人，旅游收入近 600 万美元。

在大批赴景访问、考察、旅行的外国朋友中，有许多是世界科技界、文化界、经济界的知名人士，如英国前驻华大使、著名古陶瓷研究专家约翰·艾惕思，日本《陶瓷之路》作者、著名陶瓷考古学家三上次男，诺贝尔奖获得者、世界著名物理学家李政道等。英国约翰·艾惕思两次到景，并举办了两次学术报告会，回国后发表了《元后期景德镇湖田窑的发展》等著作。

加强对外宣传，开发旅游资源。 景德镇大力加强对外宣传力度，先后在《中国旅游报》《人民日报（海外版）》等报刊上，发表介绍景德镇旅游资源的文章 20 多篇。中央人民广播电台播发了"古瓷窑和作坊介绍"。"名瓷介绍"现场录音节目。中国建筑工业出版社出版了全国历史文化名城丛书大型画册——《景德镇》；景德镇对外文化交流协会编印出版了《景德镇——发展中的外向型经济》画刊，市旅游局编写出版的中、英、日文版的《景德镇陶瓷系列旅游介绍》等，对景德镇的市情和旅游项目做了详细介绍。

这一时期，景德镇新建一批旅游景点，开发一批新的旅游项目或活动。新景点方面，建成了陶瓷艺术研修苑和明清园，融陶瓷专项旅游、旅游者陶瓷研修和旅游瓷生产为一体。根据国际旅游市场和全市旅游资源的开发情况，对外推出明清制瓷工艺、现代瓷器生产线、古今陶瓷艺术欣赏、陶瓷古迹游、明清建筑博览、陶瓷研修、烧太平窑、画瓷、做瓷、烧窑等 10 项特色鲜明的观光旅游项目，受到境外旅游者欢迎，也受到国内外许多旅行团体的重视。

瓷艺表演结合，展览内容丰富。在对外展览和文化交流当中，融入瓷艺名家现场表演瓷艺的内容，引起了人们的极大兴趣。如：1981 年、1984 年在日本举办的"中国江西工艺美术景德镇陶瓷展"，1984 年在美国举办的"中国古代传统技术展览"，1985年在日本举办的"大中国展"，均派出专家和技术人员做画瓷、拉坯、利坯技术表演。1984年，在日本举行的"中国物产"展销会上，艺术家做画瓷表演80场，观众达数万人，日本《读卖新闻》《每日新闻》《朝日新闻》等大报争相报道。

（二）对外技术交流

改革开放为景德镇陶瓷对外技术交流活动提供了十分有利的条件，对外技术交流活动日益活跃。

对外技术交流的主要形式有：派员出国进行技术交流和在景德镇市与外国专家进行技术交流。其中，派员出国技术交流包括参观考察、学习培训、参加国际陶瓷学术会议、现场表演制瓷技术等等。据不完全统计，1979年到1988年3月，先后派遣出国人员216人次，应邀或自己组团分别到日本、新加坡、马来西亚、印度尼西亚、斯里兰卡、泰国、英国、联邦德国、意大利、法国，美国、加拿大、南斯拉夫、捷克斯洛伐克、波兰、匈牙利、保加利亚、科威特、土耳其等国家进行参观考察活动。派遣出国人员中有市长、副市长、工厂企业经理、工程师、专家、技艺人员以及一般技工，重点参观考察日本、英国、意大利等先进制瓷国的陶瓷生产工艺技术、设备条件、陶瓷窑炉、窑具耐火材料、产品质量，市场花面装饰造型设计流向、产销状况、工厂建设等。考察结束后，组织工程技术人员、工人、管理人员对考察成果进行消化、吸收和应用，在各瓷厂进行适用推广，促进产业规模和品质提升。

部陶研所和省陶瓷工业公司还分别派员赴美国新泽西州罗格斯大学陶瓷系、陶瓷研究中心进修，赴西德克脑夫工程公司进行设计联络和技术培训。1986年，省陶瓷工业公司派员参加在法国里摩日市召开的国际陶瓷学术会议，并在会上做了《景德镇的陶瓷工业》学术报告，还在展

20 世纪 90 年代景德镇市陶瓷考古研究所刘新园赴日本参加学术交流

254

览厅播放介绍瓷都风貌与传统艺术的录像。1991—1992 年，景德镇市陶瓷考古研究所所长刘新园先后应邀赴日本东京和英国伦敦参加学术交流，分别做了《元·官窑与元青花起源》《元·官窑的考证》等学术报告。

配合展览进行画瓷、制瓷技术表演。1985 年 3 月，中国科协在美国亚特兰大历史博物馆举办"中国传统技术表演团"，景德镇代表的表演受到美国观众的赞扬。1992 年 2 月，部陶研所高级工艺美术师戴荣华应邀赴日本"大中国展"进行现场技艺表演。

在景德镇市与外国专家进行技术交流活动主要包括：1990 年 6 月，应中国硅酸盐学会的邀请，美国陶瓷学会代表团一行 17 人来到景德镇，参观陶瓷生产工艺流程，举行陶瓷美术设计、餐具制造、白瓷制造等方面的技术交流。1981 年 3 月，应轻工业部邀请，英国陶瓷第三次访华团在景德镇举行技术报告会，来自重点产瓷区 37 个单位的 88 名工程技术人员参加了报告会。省陶瓷工业公司对技术报告会的资料进行了整理，汇编成《英国来华陶瓷技术交流资料》，对从事陶瓷专业的管理干部、科技人员和生产工人有较高的参考价值。

对外技术交流活动的开展，取得了良好的效果，主要体现在：有利于开阔视野，及时了解国外陶瓷生产技术的发展水平和状况，认识世界市场对陶瓷生产的技术要求和质量要求，找到自己与先进制瓷国的差距；有利于针对性地引进外国关键先进技术和设备，以最小的代价，获得较大的效益；有利于景德镇陶瓷生产新技术、新工艺、新产品的开发和利用，通过技术交流和引进、消化、吸收，提高生产水平；有利于世界各国制瓷技术的共同提高和进步，使景瓷的传统技艺与国外的现代制瓷技术有机地结合起来。

（三）举办国际陶瓷节

1990 年开始，由中国轻工业联合总会、江西省政府联合举办的中国瓷都——景德镇国际陶瓷节（以下简称陶瓷节），每年金秋时节在景德镇举办。首届陶瓷节的举办时间是 1990 年 10 月 11—14 日。

第一届国际陶瓷节得到了中央和省里的高度重视和支持。时任党和国家领导人李先念、彭真、王震分别题写"中国瓷都景德镇"，给瓷都人民以极大的鼓舞和激励。来自日本、英国、法国、意大利、印度尼西亚等

首届陶瓷节开幕式

首届陶瓷节新闻发布会

首届陶瓷节花车巡游

18个国家和地区的515名外宾及近3000名内宾参加。陶瓷节期间，举行开幕式、闭幕式、艺术文艺晚会、陶瓷节花灯会、国内外陶瓷精品大奖赛、陶瓷珍品系列展、国际陶瓷技艺表演、国际陶瓷学术交流、陶瓷考古学术交流、陶瓷产品展销、对外经济技术合作项目洽谈，陶瓷文化观光旅游等活动。国内外陶瓷精品大奖赛共收到国内外参赛产品1157套件，评选一、二、三等奖产品，共221套件，景德镇市有77个产品获奖，在全部精品大奖赛中获团体冠军。

首届陶瓷节期间，与外商洽谈签订对外合作项目18项，引进资金6680万元，内外贸成交额达2.15亿元。

在第二届陶瓷节期间，举办"景德镇瓷器"邮票首发式和文艺晚会、"景德镇杯"日用瓷陶瓷精品大奖赛、江西省集邮成果汇报展、江西陶瓷技艺表演、景德镇陶瓷产品展销、对外经济技术合作项目洽谈等活动，经

首届陶瓷节花灯会

首届陶瓷节烧太平窑

贸成交额 2.53 亿元，引进资金 2893 万元。

第三届陶瓷节活动以陶瓷文化旅游为基础，以招商引资为重点，融陶瓷文化与经贸于一体。经贸洽谈引进"三资"企业 9 家，合同外资额 636 万美元;签订利用外资项目 5 个，利用外资额 314 万美元，总成交额 6.5 亿元。

1994 年 11 月 2 日，景德镇市人大常委会决定：把每年的 10 月 12 日正式定为中国瓷都——景德镇国际陶瓷节，原则确定每年举办一次较大规模的陶瓷节。

除陶瓷展览展示和经贸文化交流外，陶瓷节还举行陶瓷精品大奖赛等活动，促进景德镇陶瓷的对外贸易和合作交流，发掘优秀陶瓷艺术品，鼓励设计人员开发设计新产品。

第五章

改革改制　变革图强

改革开放后，景德镇陶瓷坚持改革、改组、改造并举，积极探索陶瓷改革发展的路子，相继开展扩大企业自主权、实行利改税及新税制、企业领导制度改革、推行企业三项制度改革和内部承包经营经济责任制、探索建立现代企业制度等一系列改革，陶瓷产业实现涅槃重生。

经济体制改革

1984 年，党的十二届三中全会做出了关于经济改革的决定，提出社会主义经济是公有制基础上的有计划的商品经济。由此，景德镇陶瓷工业改革逐步展开深化。

（一）扩大企业自主权

1984 年 5 月，国务院发布了《关于进一步扩大国营工业企业自主权的暂行规定》，省陶瓷工业公司结合陶瓷工业企业的特点，制订并下发《关于陶瓷系统当前经济体制改革有关问题的实施意见》，以扩大企业自主权为主要目标，提出从八个方面扩大企业权限：

1. 扩大企业人事权

扩大企业干部管理权限。主要内容包括：①陶瓷系统所属企业的领导干部除正职按上级规定的权限任免外，企业行政副职由厂长提名。党委副书记、工会主席由党委书记提名，经党委讨论后，报公司党委考核任命。行政中层干部由厂长任命，党委中层干部由党委任命，报省陶瓷工业公司组织部门备案。②各企业本着精干原则，在行政管理人员不超过公司规定比例的前提下，企业可根据实际需要，自行决定机构设置和人员配备。扩大企业招工权限。企业有权根据生产需要，在劳动部门指导下，自行制定招工简章，公开招工。经过考试，择优录取，并与录用人员订立劳动合同，不需要或不合格的可以辞退。对违反厂规厂纪而又屡教不改者，厂长有权将其正式工改为临时工。改为临时工后，不能享受工厂正式工待遇。在一年内，仍不悔改的，厂长有权予以除名。

2. 扩大企业核定或承包利润后的留成比例

体现"国家得大头、企业得中头、职工得小头"原则，推行各种形式经营承包：大中型全民所有制企业，按利改税办法实行税后利润承包；小型国营企业（固定资产原值 150 万元以下，实现利润在 20 万元以下）实行"国家所有、集体经营、照章纳税、自负盈亏"。税后利润未超过核定 50% 的，企业全部留用；超过 50%，其超过部分由企业缴纳 20% 承包费。对 1983 年经营性亏损企业，1984 年亏损不拨补，盈利归企业留用。

3. 扩大企业工资、奖金使用权

①企业有权决定内部的工资和奖励形式。可以实行全额超额计件工资、浮动工资、计分发奖和岗位津贴等。加班工资、夜餐津贴经劳动部门一次核定后，由企业掌握使用。②奖金发放同企业的经济效益挂钩，上不封顶，下不保底。企业在全面完成国家计划，税利比上年增加的前提下，可以相应增加奖金。③厂长每年可以对有特殊贡献的工程技术人员、管理人员和优秀生产工作者，按职工总数 3% 比例，给予晋升工资级别的奖励。

4. 减收管理费

允许企业提取新产品开发基金，并在试销期间自定销价。①从 1984 年 6 月份起，对工业企业（供销企业除外）提取的管理费，由原占销售额的 1.2% 减少为 0.7%。②小型国营企业提取的基本折旧基金从 1984 年起全部留归企业使用；企业提取的窑炉复置金，自行掌握，专款专用。③允许企业在产品销售收入中提取 1%，作为新产品开发基金，列成本开支，其中 40% 上缴公司掌握使用，60% 留给企业，专款专用。新产品试销期间，企业可以自行确定价格，并报请免征工商税和所得税一年。正式投产后，在第一年新增销售额中，提取 1% 资金，奖励设计、试制和推销新产品的有功人员。

5. 扩大企业自销产品权

企业在保证完成出口公司和内销公司订货计划的前提下，可以自销产品。其中库存一年以上的积压产品，价格可以上下浮动。浮动幅度在10%以内，企业可自行决定；超过10%报省陶瓷工业公司批准后执行。

6. 放宽对集体企业的政策

①省陶瓷工业公司所属新办集体企业和厂属大小集体企业，实行"交足国家的、留足自己的，剩下都是职工的"分配办法。可自行决定内部工资和奖金形式，与经济效益挂钩，上不封顶，下不保底。②在税收政策上，按市委、市政府规定执行，老集体企业比上年新增利润部分，所得税减或免征。新办集体企业，可要求在给予一次性的减免。减免的税收，不列入分配，主要用于发展生产或归还借贷资金。③集体企业可吸收职工个人投资入股，按股分红，并由主管部门提供保证，投资者获得不低于银行存款利息的收益。

7. 扩大企业对外洽谈业务权

对企业引进外资和技术给予优惠待遇。①企业在遵守国家涉外规定的前提下，经有关部门批准，可直接开展对外技术交流、技术考察、贸易洽谈等活动。对于促成国内外引进技术和投资有贡献的人员，在政治上予以鼓励、记功，在经济上给予奖酬。②允许企业在技改项目获得效益后，用新增税利偿还借贷资金或分红。③省市内外大专院校科研单位为促进各厂技术进步，选择单位或科研项目进行承包，可以从新增利润中提取一定比例作为报酬。

8. 允许企业以优惠政策留住企业内和引进企业外人才

①对科技人员，在工作中取得科技成果的，企业可以从当年和第二年所获直接受益或转让科技成果收益中，提取一定比例的资金予以奖励，成绩卓著者，可破格晋升技术职称和工资级别。②对特艺人员传授技艺，

给予精神和特别奖励，付给一定津贴。学艺人员可以从老艺人的子女或待业青年中挑选，并从招工指标中优先解决编制问题。③企业可以根据生产需要，继续留用退休技术和特种工艺人员。留用期间可以在原退休工资的基础上增加一至三级工资。贡献大的可增加到四级。奖励方面，享受与在职工人同等待遇。④调进外地有真才实学人才，在住房和家属落户、子女工作安排等待遇方面从优照顾。企业可以聘请国内外技术和管理方面的专家担任顾问，并给予一定报酬。

（二）实行利改税及新税制

1. 利改税第一步改革

陶瓷行业利改税的改革，按全国统一步伐实施。将传统的统收统支旧体制，改为企业完全独立核算，国家征税，自负盈亏的体制。为配合国家利改税第一步改革，市政府根据国家有关改革部署，1984年10月前，对工交财贸企业推行了利润承包制，实行税后利润承包。对陶瓷预算内企业，主要是实行税后上缴利润递增包干，超收留用、短收补足办法，从而使企业与国家分配关系发生了新的变化。其分配关系比例1983年国家得79%，企业得21%，1984年国家得71%，企业得29%。

2. 利改税第二步改革

1984年10月，国家根据利改税第一步取得的效果，开始利改税第二步改革。其主要目标，是要将第一步改革的税利并存逐步过渡到完全的以税代利。

实施利改税后，景德镇骨干陶瓷企业的产品税率实际执行结果是逐步下降。1984年16户日用陶瓷骨干企业实际产品销售税率为8.94%，至1987年16户企业税率降为5.8%。此后进一步有所下降，如1988年11户国营瓷厂产品销售税率为5.35%，1991年又下降为5.09%。

3. 实行新税制

1994 年 1 月起，国家对全国实行新的税制改革，景德镇陶瓷税制从此纳入新的轨道。新的税制改革内容包括：①以推行规范化的增值税为核心，相应设置消费税、营业税，建立新的流转税制格局。②内资企业实行统一的企业所得税，取消原来设置的国营企业所得税。③取消个人收入调节税和城乡个体工商业户所得税，对个人收入和个体工商业户的生产经营所得统一执行修改后的个人所得税法。④调整、撤并和开征其他一些税种。税制改革对于景德镇陶瓷工业，最重大的变化是产品税改为增值税，与 1983 年以前的税负比较有所加重。而由于调节税的取消和在所得税方面的变革，使国有工业企业与非国有工业企业实现了税负在税收制度上的平等。

（三）企业领导制度改革

陶瓷工业企业领导制度改革，开始于光明瓷厂、宇宙瓷厂、景德镇陶瓷厂和电瓷电器公司。1984 年 8 月 30 日，景德镇市委、市政府下发《试行厂长（经理）负责制的通知》，将全市七户企业作为全市第一批领导制度改革试点企业。1985 年，试点取得初步效果后，经中共景德镇市委、市人民政府批准，当年分三批共 28 户企业实行企业领导新体制。实施过程中，企业普遍制订厂长、党委、工会工作条例，致力于理顺党、政、工三者关系，力求做到"三分三合"。即职责上分、思想上合；工作上分、目标上合；制度上分、关系上合。共同办好企业。

1986 年陶瓷行业按照国家"巩固、消化、补充、改善"的阶段性改革总方针，巩固和完善责任制，对各种形式责任制进行调整和完善后，1986 年 8 月和 1987 年 2 月，市政府修订和重新制订颁发《厂长任期目标责任制》和《推行多种形式经营责任制，落实企业内部经济责任制的若干规定》。其中《厂长任期目标责任制》,对 1985 年 11 月所订的厂长(经理)任期目标进行修改,由原定预算内国营企业,"由市经委会同主管部门同企业厂长签订任期目标责任书",改为"根据上级新的有关精神,决定各国营工交企业厂长任期责任目标,经工厂管理委员会决定后报企业主管部门批准,市经委备案即可组织实施"。要求"各企业在厂长任期目标确定后,要层层分解,层层健全经济责任制,采取有效措施,确保厂长任期目标的实现"。

1986 年 9 月,党中央、国务院颁发《全民所有制工业企业厂长工作条例》《中国共产党全民所有制工业企业基层组织工作条例》《全民所有制工业企业职工代表大会条例》。进一步明确企业党、政、工三者关系和各自职责。1988 年,省陶瓷工业公司选择 7 户全民所有制企业实行基数指标和厂长招聘,引进竞争机制和风险机制,公开、民主、竞争、择优选择企业经营者。中标厂长具有更大的生产经营管理权,具有聘用厂级行政副职权,而非招标企业的厂长对行政副职只有提名权。同时,公司机关按照公开、平等、择优原则,面向全系统进行了招聘干部的尝试。

1988 年 5 月,全民所有制企业《企业法》颁布。确立全民所有制厂长负责制的法律地位。根据《企业法》的基本精神,市委、市政府通过调查研究,提出《关于理顺企业内行政、党组织和职代会之间关系的意见》,进一步明确厂长在企业的中心地位,明确了企业党组织的职能和机构人员的设置。

随着国家对外开放形势的发展,景德镇瓷业领域出现现代企业制度萌芽,董事会领导体制应运而生。较早采取董事会领导体制的景华电声器材厂比较典型。起步较晚的有华风瓷业有限公司。该公司于 1992 年筹建、1993 年 7 月投产、生产高档瓷质墙地砖。由市华风瓷厂和香港兆峰集团两家合资运营,组成由 5 个董事的董事会行使管理该合资企业职能。

（四）推行各种经济责任制

1. 企业实行承包责任制

1983 年 1 月，中共景德镇市委按照"改革要坚决，经济要抓紧"的要求，对推行承包经营责任制做出部署，研究落实包括陶瓷企业在内的60 个企业与主管部门签订承包合同问题。对省陶瓷工业公司，规定当年利润承包指标为 1200 万元。"超过部分归公司和企业留用"，欠交以工厂留利、专用基金、公司管理费补充上缴市财政。对含有建筑陶瓷、电瓷等大中型骨干企业的工业局（后改名机械工业局）、建工局（后改名建工建材局），下达利润承包指标 120 万元、198 万元。对超包干部分由局留用，主要用于所属预算内企业发展生产。完不成包干部分，由局在年里留用利润中或将工厂专用基金补足上缴财政。为完成包干责任制规定的指标，将指标分解到下属企业，层层实行各种承包经营责任制。

《中共中央关于经济体制改革的决定》发布后，承包经营责任制内容逐步修订，不断深化。1985 年 4 月，省陶瓷工业公司对所属企业实行以效益为中心、以质量为重点的经济承包。并以利润、质量为主要内容的系列指标写进合同，促进了企业在质量和效益上下功夫。宇宙瓷厂在这一年创造"联质计酬经济承包责任制"，效果在全国陶瓷行业引起反响。该厂出口瓷一级品率达 72.4%，实现利润和上缴产品税 239 万元，质量和效益指标都居全行业日用陶瓷企业之首。不少企业相继推广这一责任制形式，促进了质量提高和效益增长。1985 年，省陶瓷工业公司系统实行各种经济责任制，涉及职工 3.5 万人，占当时全系统职工总数的 90%。当年公司下属预算内 31 家企业，产销两旺，户户增盈。为兑现承包合同，公司对达标的 24 个企业的 43 位厂长和党委书记发放了奖金。

2. 企业内部推行经济责任制

1983 年，市政府对省陶瓷工业公司实行承包责任制改革措施后，公司把对政府的承包指标落实到企业，企业又把指标分解到科室、车间、班组，有的还分解到个人。各企业根据自己的情况，创造出多种形式的内部经济责任制，主要有：利润承包责任制，指标以利润为主，在企业内部实行三级核算、两级盈亏考核；目标成本责任制，指标以降低成本费用为主；百分记奖制，主要针对二、三线人员，采取以利润为基础，以考核单行指标和岗位责任为依据，确立定级系数，按分奖扣；还有"四定"、"三含"责任制、联利联质浮动工资责任制等。有的企业以一种形式为主，有的同时采用多种形式。电瓷电器公司1983年实行了五种类型的责任制形式：电瓷生产线实行以质计件，优质多得，500kv高压电磁棒型绝缘子组实行超产计奖；开关厂和氧化锌避雷器车间实行单独核算，自负盈亏，利润基数包干，超额分成；车队实行利润基数包干，超额分成；其他部门实行包保任务、计时加奖。全公司30个部门单位、366个工种，按五种责任制，全面制定经济责任条款3188条。当年该公司取得产值、销售收入、利润分别比上年增加13.8%、13.43%和47.38%的好成绩。其他瓷厂的内部单项承包或部门承包责任制也很有特色。

1984年，企业内部的责任制有进一步发展，形式多样，成效也越来越大。宇宙瓷厂在联质计酬责任制取得成效后，多数日用瓷厂推广了该厂的经验，制订了类似责任制度，成立了全面质量管理机构，广泛开展QC活动。集中反映在质量水平上，瓷器一级品率逐步有所提高。其他单位在推进内部承包责任制方面也有创新。为民瓷厂1985年对彩绘分厂实行局部承包责任制，分厂把责任制指标落实到工段、班组直至个人，取得了较好效果。当年分厂完成利润71万元，超过承包合同规定66万元的要求，厂部按合同奖给分厂厂长和管理人员年终奖2900多元。随着局部承包责任制的推行，省陶瓷工业公司所属十几个骨干瓷厂，逐步将原来车间改为相对独立的分厂，陆续在内部建立了五十多个分厂。为适应分厂建制的发展，有15个企业先后设立厂内银行，承担内部各分厂之间及总厂与分厂之间的内部结算业务。

1987 年 10 月开始，省陶瓷工业公司所属部分企业开始采取内引外联、开放式承包经营责任制措施。艺术瓷厂通过采取开放式承包形式，在厂内厂外形成 80 多个承包单位。厂内每个承包单位在完成厂部下达计划前提下，都可以直接对外承接业务，销售产品；厂外承包单位主要承接厂内完成不了的品种计划和加工任务。

3. 试行"一厂两制"

从 1991 年开始，先后在为民瓷厂的"4369 工程"（后称景德镇瓷厂）、人民瓷厂，陶瓷装饰材料厂、景德镇陶瓷厂等企业，比照中外合资企业管理办法，划出部分分厂，试行"一厂两制"的改革试点。改革的做法是："岗位靠竞争、收入凭贡献"，没有"铁工资""铁饭碗""铁交椅"；用工原则是双向选择，择优录用、自愿上岗，全员合同制。坚持改革与强化企业内部管理相结合。

|第二节|

管理体制改革

（一）省陶瓷工业公司转为全民所有制经济实体

20世纪70年代以后，景德镇陶瓷工业的行业管理，基本上以省陶瓷工业公司为主。其间虽有变化，但大多保持1964年10月中共江西省委〔赣发（64）374号〕文关于批示成立省陶瓷工业公司时的体制特色。其主要职能是从改进生产技术管理入手，将有关生产单位组织起来，加强领导、促进生产、提高质量、降低成本，集中力量搞好生产。在计划经济体制下，省陶瓷工业公司主要是组织系统内陶瓷企业搞好生产，实现利润，完成各项计划经济指标和下属企业干部配备方面实行行政管理，实际上是一个行政管理机构，没有真正成为经济实体。这种管理体制显现出条块分割、产销脱节、科工脱节等弊端。1991年3月，经市政府批准，省陶瓷工业公司成建制地转为全民所有制经济实体，作为一级法人，在国家计划统一指导下，对所属企业实行统一管理，承担经济责任。由公司与市政府，签订3年承包合同。同年，经国务院经贸办公室等6个部门审定，省陶瓷工业公司为国家首批公布的大型一类企业，享有自营进出口权。

（二）尝试组建景德镇陶瓷企业集团

为克服陶瓷管理体制上存在的各种弊端，促进陶瓷企业组织结构的调整和优化，推动生产要素的合理组合，充分发挥景德镇陶瓷产业的群体优势和综合功能，努力发展外向型经济，提高景德镇陶瓷参与国际市场竞争的能力，加强景德镇陶瓷工业的管理。1991年，景德镇市委、市政府在省委、省政府的支持下，尝试组建陶瓷企业集团。集团于当年6月8日经国家工商行政管理局准予注册，8月正式挂牌成立。集团以公有制为主体，采取股份制形式，以资产为联结纽带，实行集权与分权相适应的陶瓷科工贸、人财物、产供销"九统一"的多层次、多功能的经济联合体。集团组织形式分为四个层次：核心层、紧密层、半紧密层和松散层。其中核心层为集团主体，意欲实行贸工科、人财物、供产销"九统一"。核心层由省陶瓷工业公司、省陶瓷进出口公司、省陶瓷销售公司、省陶研所四方合股形成，组建"景德镇陶瓷企业集团股份有限公司"，注册资金为1亿元。其中工业公司占股份比例为84.4%，出口、内销两家公司以及陶研所分别占7.78%，4.89%和2.93%。集团紧密层和半紧密层包括了四家公司的下属主要法人单位以及部陶研所和部属景德镇陶瓷学院等事业单位。松散层由市区县办和各主管局办陶瓷企业、乡镇街道办陶瓷企业，以及私营个体陶瓷企业参与组成。其组成单位136家，职工7万余人。

由于组成核心层的四大公司的上级主管部门有的属"块块"，有的属"条条"，"块块"和"条条"的现行体制对集团及其股份公司的运行实际存在着许多矛盾，未能形成资产经营一体化的强有力的核心，集团组成三年多，但群体作用的发挥并不理想。

（三）成立景德镇陶瓷股份有限公司

1996年5月，时任中共中央政治局常委、国务院副总理朱镕基同志视察中国景德镇瓷厂，听取了省陶瓷工业公司及中国景德镇瓷厂负责同志的汇报，并做出重要指示：中国只有一个景德镇，要把景德镇建成我国日用陶瓷出口基地。实现陶瓷技术改造企业生产要素的最佳配置，提高产品的国内外竞争能力和企业经济效益。1996 年 10 月 28 日，江西省人民政府〔赣股字（1996）10 号〕文件批准成立景德镇陶瓷股份有限公司，由中国景德镇瓷厂为主要骨干，"红叶"牌作为主要无形资产，整合光明瓷厂技改线、红星瓷厂技改线、为民瓷厂"八五"技改线、高档窑具厂技改线的资金，强强联合，进行重组。

深化企业改革

（一）企业三项制度改革

1. 劳动用工制度改革

1984 年前后，陶瓷企业用工制度开始改变过去"内招"办法。对企业因老职工退休而产生的补员和扩大再生产需要的增员，都实行指标公开、条件公开、统一考试、择优录取、集中培训的办法。其中，对职工退休补员的公开招工，实行有限度的照顾办法。当时考核的内容主要有文化、操作两项。其中有的工序操作考核得分在总分中占的比例较大。因此，多数陶瓷职工子女都经第一年或第二年考试合格，录用进厂。市华风瓷厂等企业还实行新招工人试用制度，在签订正式录用合同前，试用 4 个月，以考核招进的工人是否符合要求。

1986 年，国务院颁发了关于劳动制度改革的四项暂行规定。对劳动制度的改革从宣传教育到组织实施都做了部署安排，并重点阐明了几个政策性问题。对用工制度的改革以及与之配套的招工制度的改革、辞退违纪职工，建立社会保险制等都做出了明确具体的规定。当年，省陶瓷工业公司系统按新的招工办法，共招录首批合同工 1500 名，其中 350 名全民合同工，均为原已在企业苦、脏、累工种插班生产的非正式工。1987 年，以同样办法招录了全民合同工 2677 名。此后，全民合同工每年都有增补。

国家逐步放弃统招统配政策和指令性招工计划后，企业的招工、用工逐步扩大。1992年3月，人民瓷厂试行用工制度改革，全厂实行全员岗位劳动合同制，并在14个班组实行班组长招标承包、产值含量工资、质量计件工资。把职工收入同劳动强度、技术高低和贡献大小紧密地挂起钩来。当年在原燃材料大幅度涨价的条件下，产量、产值、利润和上缴利税分别比1991年提高6.98%、14.60%、11.80%、11.70%，超额完成全年经济任务。同年5月，该厂试行全员劳动合同管理改革，在全厂职工中实行岗位合同，明确企业与职工双方的责、权、利，引进竞争机制，增强职工竞争上岗的压力和动力。市瓷用化工厂破除各种身份界限，固定工、合同制工、长短期临时工享有同等的权利和义务，并按照合同制工人的规定同厂部签订劳动用工合同。

1995年5月，市政府决定在陶瓷企业进行用工制度改革试点。10月，光明瓷厂首先实行全员劳动合同制，厂长与劳动者签订劳动合同，确立劳动关系，明确责、权、利，理顺用工制度，并经市劳动行政部门鉴证。之后，市景兴、东风、红旗、新华、宇宙、春光、红艺等瓷厂和陶机、窑具、轻机、防尘等企业也实行劳动合同制。至年底，全系统签订劳动合同企业22家，人数达14708人。

2. 分配制度改革

从20世纪80年代初开始，景德镇陶瓷行业推行各种形式的分配制度改革：

实行计时工资加奖励制度。1978年4月份之后，陶瓷行业逐步恢复奖励制度，作为计时工资制度的补充，即计时工资加奖励制度。奖励额是以企业为单位，按工资总额12%计发的。陶瓷企业在奖励制度恢复初期的具体奖励形式主要有两种：一种在生产工人中实行保质超产、保产超质和配套掉队品种的超质超产奖。另一种是在管理人员、辅助生产工人和服务人员中实行按利润增长比例提取8%～12%奖金的综合奖。具体办法是：企业完成了主管部门核定的利润计划指标，则按工资总额的8%

提取奖励基金，利润超过计划部分，按超过的实绩提高提取奖金的比例，但最高不超过 12%。

1981 年 5 月，遵照国务院有关文件精神，对奖励制度进行修订。规定对 1981 年公交企业的奖金控制，按各系统的生产和盈利情况分别核定。有的全年奖金额度可以达一个月标准工资总额，有的可达一个多月。省陶瓷工业公司系统被核定为一个半月。另外，还规定超额完成利润计划的系统可增加提奖比例，省陶瓷工业公司的超提比例按超额利润的 15% 增提奖金。

奖励制度在后来几年的演变，是提取奖励基金比例逐年增大。由相当工资总额一个半月到两个月、两个半月，直至四个月。个别企业经批准可达五个半月。对超过规定比例发放奖金的企业，按国家规定征奖金税，具体办法大致与全国其他行业相同，但对一些手工特艺瓷厂，则因情况特殊放宽政策。1989 年后，国家的奖励政策继续松动，但由于陶瓷微利，大多数企业的奖金发放水平超不过甚至达不到国家政策上限。

恢复并扩大推行计件工资制。计件工资制对调动陶瓷企业职工生产积极性，起过很好的作用。1980 年前后，少数企业局部恢复了计件工资。主要是集体陶瓷企业。但当时的计件工资，与中华人民共和国成立初期的全额计件工资有较大的区别，实行的是超定额计件。一般方法是，完成定额拿等级工资；超过定额，其超过部分按件计酬。国家对计件工资额度的管理，是按企业实行计件工资范围内，职工超过工资总额的 30% 以内控制的。随着改革形势的发展，有的大中型国有企业在改革内部分配制度中，除实行一定范围的超定额计件工资制以外，有条件的企业，也在一定范围以至较大范围推行全额计件工资制。到 1981 年底，省陶瓷工业公司系统已有 18 家厂矿局部或全面推行有计件工资含义的分配制度。涉及职工有 9870 余人，约占职工总数的四分之一。当时归纳为 8 种具体形式：工种等级直接计件工资制（红光瓷厂）、超额计件工资制（红旗瓷厂）、工作物等级计件工资制（雕塑瓷厂）、按质论价计件工资制（曙光瓷厂）、按产联质计件工资制（卫华瓷厂）、联产联质计分计奖工资制（新光瓷厂）、联利计酬计件工资制（宇宙瓷厂）、联利计奖工资制（景兴瓷厂）。计件工资制的推行，在当时取得了明显成效。据陶瓷工业系统 1981 年按试行计件工资制的厂、车间、班组综合统计，比试行计件工资前的月平均产量增长 20%，质量一级品率提高 6.7%，高的达 10% 以上，利润增长 25%，成本下降 15%，职工收入增长 20%。此后，计件工资制得到推广，尤其在众多集体企业推广开来。从全系统来看，广泛推行计件工资前的 1980 年，省陶瓷工业公司发放各种奖金及计件超额工资 256.3 万元，占当年全部工资总额 2803.3 万元的 9.14%。其中大部分是奖金，真正计件工资分量很少。到 1985 年，省陶瓷工业公司发放的各种奖金及计件超额工资为 941 万元，占当年全部工资总额 3511 万元的 26.8%，其中计件工资 585.4 万元，占当年全部工资的 16.67%，职工收入明显提高，计件工资的分量大大增加。1985 年，省陶瓷工业公司 23 家全民所有制企业中局部实行计件工资制的有 15 家，占 65.22%，28 家集体所有制企业中，则有 27 家实行计件工资制。

　　陶瓷企业的奖金发放制度和计件工资制度，是在国家宏观管理范围内实施的。主要通过控制企业的工资总额实现。1990 年以后，国家对企业的宏观调控，逐步采取"工效挂钩"形式，即通过工资总额与企业经济效益挂钩，来确定企业工资总量，从而调控社会消费基金的增长。

　　1990 年 11 月 30 日，继市政府 1988 年全市工交企业首次推行集体承包之后，市政府再次对市机械、建材行业的 10 家企业推行集体承包，其中陶瓷企业有市电瓷电器公司、景德镇陶瓷厂、陶瓷装饰材料厂。1991 年 8 月，人民瓷厂开始先行试点，组建河西分厂，作为分配制度改革的"厂内特区"。选择 3 个班组实行质量计件工资和质量、产值含量工资，即按照生产和产品的质量高低，作为计算工资的依据，彻底打破原有的 8 级工资制度，把职工的收入同劳动强度、技术高低和贡献大小紧密挂钩。同时，实行班组长招标承包，按照班组的盈亏对承包人实行奖罚。调动职工的生产积极性，分厂产品质量逐月提高。光明瓷厂是全省41家岗位技能工资试点单位，通过以改革分配制度为突破口，厂内车间之间推行"模拟市场"，实行买卖制。工人、干部按岗位、技能，按实绩获取报酬，实行苦累技术工种收入高于一般工种，工资、奖金向产品合格者倾斜的办法，调动职工积极性。1992年下半年，红旗瓷厂启动"划小核算单位，以成型为主体，多边开展结算，实行企业内部买卖关系"的运行机制，在14个班组实行后，取得明显效果。

1993年，省陶瓷工业公司在企业内部划小核算单位，企业内部模拟市场运行。各企业推行"一定三包，超额分成"的销售政策，调动销售人员的积极性。6月，市属大集体企业新风瓷厂严重亏损，通过分片承包的办法，将1060名职工的企业划分成9个小瓷厂、1个颜料经营部。当年盈利8.2万元，上缴税收3万余元。东风瓷厂工艺美术研究所通过压缩非生产人员，组成新的生产班组，实行联质联效的计件工资制，每月多创产值2万多元。开发出口俄罗斯咖啡具等新产品，年产值达348.34万元，为上年的2.47倍，实现利润105.04万元。1994年，光明瓷厂21个机压成型班组实行岗位技能工资制，品种生产周期平均缩短20%，人均收入增长30%~50%；宇宙瓷厂推行以质量为中心的岗位全额计件工资制；瓷用化工厂推行计件工资制和岗位结构工资制，对100多个岗位分劳动技能、劳动责任、劳动强度，劳动条件四方面29个项目进行测评；陶瓷石膏模具厂对一线工人实行以质计件工资制，对二、三线人员实行岗位工资10个百分考评制；红旗瓷厂将一线生产岗位分为四类，分配向苦脏累、技术要求高、责任重的岗位倾斜。到1993年底省陶瓷工业公司所属国有企业实行工效挂钩率已超过80%多。

1995年，省陶瓷工业公司要求下属企业进一步加大以质计件工资和岗位工资制度的改革力度。打破原有工资级别，分配上重点向一线倾斜，以发挥工资的杠杆作用，引导人员合理流动，调动广大职工的生产积极性。对一线工人主要推行以质量为中心的岗位全额计件工资制；对销售人员采取销售超额提奖、欠额扣工资的办法，平了保底，上不封顶；对带来显著经济效益的新产品研制人员，实行一次性重奖或上浮 2 ~ 3 级工资；非生产人员的分配也与企业经济效益挂钩，按原工资 80% 起点，20% 作为浮动工资，按岗位责任大小，工作繁简度浮动工资系数。公司同时加强了对企业的综合考评，对达到市委有关文件标准的企业，规定企业领导收入可为全厂职工人均收入的 1 ~ 3 倍。

1997 年，省陶瓷进出口公司推行"一级管理、二级承包、三级核算"的经营机制。在统一对外、归口管理的原则下，赋予二级法人的经济相对独立地位，出口贸易实行"批次管理、跟单核算、盈亏到组、责任到人"的约束机制，出口陶瓷销往 47 个国家和地区。1998 年，省陶研所实施分配制度改革，综合设计室、日用陶瓷室、工业陶瓷室、经销部以室主任为代表，与所部签订全员责任承包合同，独立核算，自负盈亏。部陶研所改革内部分配制度，所属各经济实体打破"大锅饭""档案工资"的分配形式，推行计件工资制或效益工资制。

3. 干部人事制度改革

1987 年下半年，省陶瓷工业公司开始将市景光釉面砖厂和地质队的厂长（队长）面向全系统进行公开招聘，拓宽企业经营者选择面，改革干部人事制度。

1992 年 3 月，省陶瓷工业公司选择市华风瓷厂作为企业干部人事制度改革试点单位。试点工作分为调查研究、考核干部、设置机构、定员定编、聘任聘用五个阶段。按照"精干、高效"原则，将原有 33 个科室合并为 22 个。考核干部的办法是：先由中层干部和一般干部按照德、能、勤、绩四个方面写出书面述职报告，在职代会上述职，接受职工群众评议。然后根据群众评议意见和组织考核结果，自上而下层层聘任。即由厂部先聘任中层干部，再由科室第一责任人聘用科室干部。经层层聘任聘用，全厂有 72 名中层和 116 名一般干部被聘任聘用。其中 5 名一般干部提拔为中层干部，并从群众推荐的 42 名优秀工人中聘用 5 人为一般干部。同时，免去了 6 位中层干部职务，两位中层干部降职使用，一般干部中有 36 人落聘。

宇宙瓷厂从企业实际出发，以职能归口定科室，以工作量满负荷为标准定责任，科室职能定岗位。将全厂原有的 27 个科室部门精简为 18 个。然后，按岗位定员、择优选拔，对科室干部实行层层聘用制。即由厂长聘任科长，科长挑选科员，使科室定员由原来的 175 人减至 140 人。由此，在企业内部逐步形成了能上能下、能工能干的激励机制。

1994 年 2 月，省陶瓷工业公司强化对企业的目标考核，签订目标责任状，对按期实现收支平衡，产销平衡，投入产出平衡的企业，领导班子成员上浮 2 级工资，对达不到三大平衡的企业，领导班子成员就地免职。公司机关全体党员领导下浮两级工资，机关部室干部下浮半级工资。3 月 26 日，中共景德镇市委下放陶瓷企业领导干部管理权限，省陶瓷工业公司党委直接任免三类、四类企业的行政正职领导干部和党组织负责人，事后报市委和市委组织部备案。在征求市总工会意见的基础上直接任免工会主席，企业厂长（经理）可以直接任免、聘任或解聘行政副职领导，事后报公司党委备案。当年，14 个企业的厂长（经理）直接提任本企业行政副职领导干部共 34 人。

1995 年 6 月，省陶瓷工业公司招聘一批日用陶瓷厂厂长，有 12 名外地、21 名市内应聘者报名。1999 年，省陶瓷工业公司先后对市人民、建国、新华、艺术、东风、红旗、红星、光明、为民、华风、红光、雕塑、曙光瓷厂、陶机、耐火、石膏厂、三蕾化工、供应、窑建、经销公司等 20 户三类企业的领导班子进行调整和充实。

（二）产权制度改革

1995 年，随着社会主义市场经济体制改革的不断深入，景德镇市国有陶瓷企业遇到前所未有的挑战。新旧矛盾交织，新老问题并发。相当多数企业生产经营陷入困境。针对陶瓷企业上述实际情况，省陶瓷工业公司多措并举推进企业改革

1. 在 8 户企业推行"两权分离"（所有权和经营权）改革试点

1995 年 5 月，景德镇市人民政府将东风瓷厂作为全市陶瓷企业两权（所有权与经营权）分离改革的试点单位，提出"搞活主体、开发周边、分流富余、增效增收"的改革思路。10 月，东风瓷厂借鉴广东潮州第三瓷厂的改革经验，变产品经营为资产经营，采取国有民营的形式，将生产主体切块划小为 38 个经营实体租赁给职工承包，有偿、有期、有风险抵押。承包者为二级法人，自主经营，上交租赁费和保证国有资产保值增值。职工与承包者商定合同上岗，各实体之间，相互执行买卖关系，每 10 天进行结算。厂部作为一级法人，实行宏观监控、协调、服务，对企业资产负责。当年产值增长 30.38%，达 238.52 万元；日用瓷增长 35.76%，达 227.69 万件；质量一级品率达 32%，提高 18.50%，销售收入（除税）达 194.01 万元，增长 68.12%。职工工资均有较大幅度的增长，企业还清改革前所欠职工的工资，改革初见成效。

1995 年 11 月，按照"抓大放小"的改革思路，省陶瓷工业公司选择市东风、红旗、艺术、人民、建国、为民、红光、曙光瓷厂 8 家企业为试点，推行两权分离，划小核算单位，实行风险承包的改革。市六套班子领导亲自在陶瓷企业挂点，60 名副县级干部到陶瓷企业蹲点指导改革。具体步骤是：

（1）"放开放活"。结合陶瓷企业特点，分别放开烧炼、原料、成型、彩绘、包装、窑具、模型以及可面向社会的职能部门和单位，面向市场

280

独立核算、自主经营、自负盈亏。

（2）确定承包标的。以"倒算法"方式按企业基本开支进行推算，以保证退休工资的正常发放和企业日常运转的最低支出。

（3）引入竞争机制。公开张榜选好承包（租赁）人，本着"先内后外、先职工后干部"的原则进行招标，并对承包（租赁）人的素质提出了标准和要求，以保证承租实体启动后的正常运作。陶瓷系统一大批车间干部、班组长等生产管理、工程技术骨干站在改革前列，带头承包。

（4）实行风险抵押。凡中标者，都必须以现金和有价证券或不动产按比例进行抵押，上缴企业财务结算中心，实行专项保管。

（5）实行规范化合同管理。企业与承包（租赁）实体，实体与横向协调部门，实体与职工之间用合同的形式将各自的行为进行规范。

（6）实行货币结算制。实体与企业，以及实体与实体之间的买卖关系以现金为支付手段。7～10天结算一次，严格执行合同。长期拖欠费用，经营严重亏损的，企业按合同以风险金冲抵其应缴费用，直至中止合同。

1996年6月，风险承包（租赁）试点的8户企业划出297个风险承包（租赁）实体。使一度停顿的生产大部分恢复，11000多名职工重新上岗，占8户试点企业职工总数的64%。

1997年初，省陶瓷工业公司为进一步在"两权分离"改革上取得突破，在认真总结8户风险承包试点企业的经验教训基础上，全系统20户企业中开始实施以"出售、参股、租赁、承包、兼并、破产"为主要形式的产权制度改革。20户改制企业中，有4户企业选择进行股份合作制改制，另16户企业划出360个实体，面向社会公开招标，把前期风险承包改为租赁经营。20户产权改制企业共划出生产性实体406个，启动运作381个，占实体总数的93.80%，实行风险租赁的318个，占实体总数的77%，买断和长期租赁46个，股份合作16个。同年，因厂制宜推进企业改革，陶瓷系统31家企业进行全面改制，改制面达100%。1998年，省陶瓷工业

租赁合同（1）

甲方：景市红旗瓷厂
乙方：欧阳林

甲乙双方根据公司产权制度改革方案，签订本合同时所属的模型—组地点如下：

按照互惠、互利、至信原则，根据公司产权制度改革方案，签订本合同时所属的模型—组地点如下：

（一）乙方承租甲方所属的模型—组地点如下：
面积：16M² 租赁期限为5年。

（二）每月租金___元，乙方必须在当月月15日前如数交清。

（三）本协议签订时，乙方须向甲方一次性交纳风险抵押金800元，如乙方超过一个月未交清租金，甲方有权终止协议，没收抵押金。

（四）协议签订后，乙方须亲自接收、安置甲方在岗职工，并保证其应享有的工资、福利待遇不低于国家有关规定，乙方对违纪职工、管理人员进行处理教育，怎不得以任何理由退回甲方。职工养老等统筹金由乙方和职工个人各分担23%和3%，由乙方按月统一收齐后上交甲方。

（五）租赁期间，双方各自责权义互不承担，乙方无权将甲方租赁财产出售、抵押转租等方式进行处分，否则，甲方有权终止协议，没收抵押金。

（六）甲方的权利和义务
1. 有权监督乙方按照合同规定支付的租金。
2. 收取乙方按照合同规定支付的租金。

3. 依法保障乙方经营管理自主权，维护乙方享有的各项权利。
4. 根据乙方要求，会同有关部门协助解决乙方在经营中的困难。

（七）乙方的权利和义务
1. 有权办理乙方登记，领取营业执照，依法享有各项经营管理自主权。
2. 维护本合法权益，按照国家价格政策，制定相应产品价格及服务配套费用。
3. 维护租赁经营财产，保证设备完好。
4. 按期支付租金。

（八）甲乙双方在本协议签订时，应对所租赁财产进行全面点估价，登记造册，制作清单附后，并经双方签字许可。经营期满，按清单收回租赁财产。

（九）经营期间，乙方新增、改造财产的完整和正常运转、新增资产，个人不得带走。

（十）租赁期租赁财产实行一次性买断天断租赁资产和有关何单位，个人不得无偿占有。

（十一）租赁期结束，除依法缴纳的各项税费后，归乙方所有。

（十二）第三方买断，本合同自然终止。

（十三）本协议一式参份，甲乙双方签字盖章并经市公证处公证后者优先，其有同等法律效力，双方签字盖章并经市公证处公证后生效。

甲方：_____
乙方：欧阳林 _____
公证：_____

1997年 8月 8日

公司产权改制企业共划出 498 个实体，其中实行长期租赁的 48 个；股份合作制的 26 个；中期租赁 32 个；风险租赁承包的 392 个。同年，红旗瓷厂、艺术瓷厂、景兴瓷厂、建国瓷厂、东风瓷厂 5 家企业首批下岗职工 497 人进入"再就业服务中心"。9 月 22 日上午，在红旗瓷厂举行下岗职工代表发证仪式，向首批下岗职工代表发放"下岗职工证"。至 1999 年，省陶瓷工业公司系统划出的生产性实体中，实行股份合作制的实体 18 个，已买断产权和长期租赁的实体 51 个，中长期租赁资产达 3107.60 万元。

1998 年，按照"靓女先嫁"原则，市委、市政府选择位于莲花塘风景区旁的新华瓷厂土地资产整体出让。推动新华瓷厂及其厂属大集体一并改制。在此后的实际操作中，景德镇陶瓷行业的企业改制，基本上采取了新华瓷厂的改制模式，即以一次性为职工买 10 年社保、5 年医保的方式了断身份，解除劳动关系。

2. 积极探索现代企业制度的建立

1994 年，省陶瓷工业公司原燃材料供应处在科室股份合作经营的基础上，实施全员股份合作制改组。成立江西省陶瓷工业物资供应有限公司，为首家国有企业改组为股份合作制公司。同年 12 月，宇宙瓷厂率先建立现代企业制度，成立景德镇市宇宙瓷业有限责任公司，成为陶瓷行业首家国有独资公司。1997 年 2 月 21 日，市瓷用化工厂进行股份合作制的改组，成立景德镇三蕾瓷用化工股份有限公司，采取"买断经营，分期付款"的办法，即全厂职工以认购股份形式分期买断经剥离后的净资产。首期付款为所认购股份的 32%，第一年年底至第三年年底付款比例各为20%、20% 和 28%。股权设置为基本股，岗位股和自愿股三种，每股分别为 2000 元。全厂职工入股股金总额约 800 万元，基本股每位员工必须购买；岗位股则视岗位分成 2 股、3 股、4 股、6 股、8 股 5 个等级购买；自愿股则为自愿购买。

宇宙瓷业有限公司成立大会

大事记

（1979—1998）

1979 年

4月1日，省陶瓷销售公司与省陶瓷进出口公司正式分设。

4月上旬，英国前驻华大使、古陶瓷研究学者约翰·艾惕思在景德镇市对瓷业生产进行考察。

4月10日，景德镇市对外贸易局成立。

4月19—26日，中断了13年的全国性的景德镇内销日用瓷订货会在景德镇饭店举行。来自全国各地的409名代表参加订货会，会间共签订9893万件瓷器的购销合同。

5月，中共江西省委第一书记江渭清到景德镇市视察瓷业生产。

8月，红旗瓷厂创出的BTW新工艺获国家发明四等奖。

8月28日，市高档瓷会战指挥部成立。

9月30日，人民瓷厂生产的"长青"牌青花瓷和建国瓷厂生产的"珠光"牌高温色釉陈设瓷，分别获1979年国家优质产品金质奖章和银质奖章。

10月9日，景德镇市革委会主任杨永峰为团长的景德镇陶瓷代表团赴日本进行为期10天的友好访问。

11月4日，日本佐贺县伊万里市长竹内通教一行在景德镇市考察陶瓷。

11月21日，中共景德镇市委召开常委扩大会议，专题研究陶瓷工业问题，决定：（一）全市的经济工作应以陶瓷工业为重点，要在思想上进一步明确，没有陶瓷就没有景德镇。（二）今后景瓷产品的方向应该是：

立足国内，以出口为主。（三）外销要在继续发展亚非拉市场的同时，积极扩大欧美市场。（四）要继续抓好陶瓷技术改造。（五）适当调整瓷厂规模。一些规模过大的瓷厂要适当划小，现有陶瓷企业，不能再面加水水加面，越搞越大。（六）要继续抓好陶瓷产品质量。既要保名牌，又要创名牌。

12月，省陶瓷工业公司主持制定《陶瓷粉彩技术操作规程》。

12月，建国瓷厂邓希平研制的大件郎窑红新配方获省科技成果四等奖，1980年又获轻工业部科技成果四等奖，1986年获国家科技进步三等奖。

红旗瓷厂牛水龙等五人对薄胎碗生产进行BTW新工艺试验研制成功。新工艺获省科技成果一等奖，1981年又获国家科委发明四等奖。

1980 年

1月26日，法国驻华大使沙耶夫人等一行在景德镇市考察陶瓷。

1月29日，市陶瓷机械厂研制的TCSI型滚压成型机获轻工部科技成果三等奖。

2月28日，日本岐阜县多治冗市议会议长金子大亮一行在景德镇市考察陶瓷。

3月13日，中共景德镇市委通过1980—1985年陶瓷生产建设发展规划。

3月20日，市陶瓷壁画公司成立，由省陶瓷工业公司代管。

5月15日，中央新闻电影制片厂《心声》拍摄组到景德镇拍摄陶瓷艺人曾山东。该片获得1981年在意大利举办的"第一届聋哑人、残疾人国际电影节"纪录片一等奖。

5月26日，人民瓷厂为美国王氏企业联合公司制作的150套青花餐具启运，是进入美国市场的第一批青花配套瓷。

5月31日，宇宙瓷厂完成美商订制的1000套米卡沙高档成套瓷生产任务，景德镇高档瓷步入美国市场。

7月15日，全市第一座硅酸铝电热烤花炉在雕塑瓷厂建成投产。

8月6日，市古窑瓷厂在西郊盘龙岗建成。

8月7日，国内陶瓷行业中的第一座压力式喷雾塔在景德镇陶瓷厂试产成功。

9月30日，艺术瓷厂生产的"福寿"牌粉彩瓷获国家优质产品金质奖章。

10月6日，荷兰陶瓷考察组颜昌德一行到景参观考察。

12月18日，江西省玉风瓷厂成立。

12月30日，省陶瓷工业公司科学技术中心试验所成立，同日，省陶瓷工业公司工艺美术研究所成立。

1981 年

1月14日，市华昌瓷厂成立。

1月8—27日，"江西省工艺美术景德镇陶瓷展览"先后在日本东京、横滨、大阪、京都举办，历时20天共展出景瓷24725件。

1月25日，中共景德镇市委召开常委会议，研究加强雕塑瓷生产管理问题，决定自即日起成立松散型的景德镇市雕塑瓷联合公司，今后全市雕塑瓷的产供销均由该公司统管。

3月，省陶瓷工业公司向所属各企业下达《陶瓷生产质量责任制》陶瓷生产设备管理制度》《安全、文明生产制度》《陶瓷商标和标记管理制度》《陶瓷产品缺陷多边检验分析制度》《企业内控标准》等8个草案。

5月11—21日，省人大常委会主任杨尚奎到景德镇市视察陶瓷。

5月18—21日，中共景德镇市委召开陶瓷工作会议。会议明确提出振兴瓷业，建设瓷都，保住和发扬景德镇金字招牌。确定以创名牌、上高档、抓配套、全面提高产品质量，积极打开欧美市场，作为今后发展陶瓷的战略重点。

7月13日，中共景德镇市委召开常委会议，会议要求：（一）努力搞好传统瓷生产。传统瓷不仅要仿古，更要有创新，要提高到一个新的水平。

（二）组织力量，试制石器。（三）进一步重视智力开发，采取有效措施，培养、提高设计人员的水平。

9月30日，光明瓷厂、红光瓷厂生产的青花玲珑瓷获国家金质奖。

10月17日，中共景德镇市委召开常委会议，研究改革烧瓷窑炉与燃料问题。会议认为，为进一步提高陶瓷质量，必须采用煤气烧瓷。会议要求，各有关方面应当进一步采取措施，尽快把煤气站搞上去。

10月24日，景德镇市第一台CGC32型辊道烤花窑在宇宙瓷厂安装投产。

10月29日至11月4日，全国第一届黏土学术交流会在景德镇召开。

1982 年

1月20日，省陶瓷工业公司设计室更名为"景德镇陶瓷工业设计院"。

2月，景德镇获批国家第一批24个历史文化名城之一。

3月，景德镇湖田古窑址被列为全国文物重点保护单位。

3月15—16日，美籍华人著名物理学家李政道博士一行在景德镇市先后参观艺术瓷厂、陶瓷馆、雕塑瓷厂等单位。

3月31日至4月2日，英国陶瓷代表团一行在景德镇市先后参观陶瓷学院、陶瓷机械厂等单位并进行交流。

4月20日，国家计划委员会以〔计轻（1982）299号〕文件批准建设一座焦化煤气厂。

4月28日，日本濑户市市长加藤繁太郎等一行抵达景德镇市考察陶瓷。

6月，美国雷诺克朗公司陶瓷代表团约翰·张伯伦等5人到景德镇市进行贸易洽谈。

6月25日，景德镇市陶瓷史学筹备组、陶瓷馆联合召开唐英诞辰300周年座谈会。

6月28日，上海美术电影制片厂在景德镇市拍摄彩色童话美术片《瓷娃娃》。

7月24日，中共景德镇市委召开常委会议，研究陶瓷工业的技术改造问题，决定：（一）用134万元建设3个成型车间（宇宙瓷厂、红星瓷厂、人民瓷厂各建1个成型车间）。（二）用60万元改造瓷土矿山。（三）用70万元改造石膏模具厂。（四）用80万元引进陶瓷生产设备。（五）用12万元分别改造光明瓷厂、艺术瓷厂、曙光瓷厂、红光瓷厂、景兴瓷厂、新华瓷厂、新光瓷厂、玉风瓷厂、瓷土矿、匣钵厂。（六）用40万元改造区办、社办陶瓷生产企业。

9月21—27日，全国电瓷原材料检验和生产工艺控制标准会议在景德镇召开。

1983年

6月4—7日，捷克斯洛伐克地质部布拉格地质局局长彼得克维东博士等一行在景德镇市考察高岭遗址。

6月，景德镇参加全国陶瓷质量评奖，共有44件（套）产品荣获优质奖，占全国89个获奖产品的50%。

6月，国家轻工业部授予雕塑瓷"唐代仕女""春讯""滴水观音"等产品"全国陈设瓷同行业质量评比优胜产品"称号。

8月3日，日本"陶艺家访华团"一行到景德镇访问。

9月5日，景德镇市焦化煤气厂正式破土动工。

10月10—17日，国务委员兼国家计委主任宋平到景德镇市进行考察。

11月14—16日，澳大利亚陶瓷学会代表团一行在副理事长安德逊先生率领下访问景德镇。

1983年，景德镇出口瓷全部改用纸箱纸盒包装，内销成套瓷及花瓶、瓷雕、茶杯、壶、饭碗、茶盘等单件瓷都由稻草包装改为纸箱（盒）包装。

1983年，景德镇机械学会和宇宙瓷厂共同研制的TCC—204（130）杯类滚压成型机项目，获轻工业部科技成果四等奖。

1983年，《散花牌》瓷雕获国家经委颁布的一九八三年优秀新产品奖。

1984 年

1月8日，景德镇陶瓷工业科学技术中心试验所承担的"稀土在陶瓷坯釉中的应用"科研项目通过技术鉴定。

3月1日至9月3日，景德镇陶瓷参加由中国科技馆在美国西雅图举办的"中国古代传统技术展览"。

3月16日，人民瓷厂生产的青花梧桐45头西餐具在民主德国莱比锡春季国际博览会上荣获金质奖章。

6月，在全国陶瓷行业产品质量评比中，景德镇10个品种瓷器被评定为优秀产品。

6月16日，人民瓷厂生产的青花梧桐45头西餐具在捷克斯洛伐克布尔诺十五届消费品国际博览会上荣获金质奖章。

6月19日，人民瓷厂生产的青花梧桐45头西餐具在波兰波兹南50届国际博览会上荣获金质奖章。

6月22日，江西省省长赵增益发电报给景德镇人民瓷厂，祝贺该厂的青花梧桐餐具连获三枚国际金质奖章。

6月28日，全国各大主流媒体分别报道了青花梧桐西餐具连续获奖。

8月26—27日，日本东海总局事务局次长石井隆等一行到景德镇市考察陶瓷。

8月30日，市委、市政府决定在光明瓷厂、宇宙瓷厂试行厂长（经理）负责制。

8月30日，毛岸青一行到景德镇参观。

8月31日，人民瓷厂"新产品开发"QC小组荣获1984年度全国优秀QC小组称号。

9月22日，中共中央政治局委员、中央书记处书记胡乔木到北京中国美术馆参观景德镇艺术瓷展览预展并题词。

9月24日上午，景德镇瓷器赴京汇报展览在北京中国美术馆揭幕，全国政协副主席康克清为展览会剪彩。

10月6日，由景德镇陶瓷馆和东风瓷厂合作研制的117件仿元、明青花瓷获国家经委颁发的优秀新产品奖。

11月6日，轻工业部副部长贺子华抵达景德镇市视察。

11月30日，长青牌青花梧桐餐、玩玉牌青花玲珑餐、茶具，在北京召开的全国第七次"质量月"授奖大会上，获国家优质产品金质奖。

1985 年

1月6日，中共景德镇市委召开常委会议，研究陶瓷工业的发展问题。会议要求各陶瓷企业要尽快从生产型转为生产经营型。

1月11日，南斯拉夫马其顿共和国代表团到景德镇参观陶瓷。

4月23—24日，中央书记处候补书记郝建秀到景德镇市视察陶瓷。

5月27日，中共广东省委书记刘田夫一行到景德镇市参观陶瓷馆，并写下"集全国陶艺之大成，大有发展"的留言。

11月2—3日，著名经济学家于光远到访景德镇，提出在世界文明的瓷都建造一座"瓷宫"的建议。

1985年，省陶研所成立。

1986 年

1月1日，市匣钵厂更名为市陶瓷窑具厂。同日，市陶机二厂并入市陶瓷机械厂。

3月6日，宇宙瓷厂生产的系列艺术瓷盘"红楼梦十二金钗"首批运抵美国芝加哥，首次进入美国彩盘中心。

3月15日，国家计委把景德镇市的陶瓷技术改造列入国家"七五"期间的重点项目，从当年起到1990年，国家经委、计委将投资2.06亿元对陶瓷工业进行系统、全面、配套的技术改造。

3月20日，光明瓷厂生产的青花玲珑45头清香西餐具在莱比锡国际博览会上荣获金质奖。

4月18—19日，中共中央政治局委员、国务委员方毅在中共江西省委书记万绍芬陪同下，在景德镇市进行视察并题词。

5月14日，轻工业部副部长康仲伦一行抵景视察陶瓷。

6月4日，中共景德镇市委召开常委会议，研究当前陶瓷生产迫切需要解决的几个问题。会议要求各有关部门、单位必须采取有力措施提高陶瓷产品质量，降低粉彩瓷含铅量和控制水货。

6月25日，中顾委委员曹英一行到景德镇参观。

6月26—27日，中共中央书记处书记邓力群到景德镇视察并题词。

7月25日，为扶持景德镇陶瓷工业，江西省人民政府决定给景德镇陶瓷工业10项特殊优惠政策。

7月28日，宇宙瓷厂和航空航天部602所共同研制的"32米燃油辊道烤花窑微机控制系统"通过鉴定。

7月31日，交通部部长郑迪到景德镇参观。

8月18日，江西省人民政府下发《关于成立景德镇陶瓷工业技术改造领导小组的通知》，决定成立景德镇陶瓷工业技术改造领导小组，副省长钱家铭任组长。

10月12日，市歌舞团研制成功的瓷瓯，经文化部推荐，参加在武汉举办的"全国第二届发明展览会"荣获银奖。

10月26日，中央政治局委员、国务院副总理万里、国务院副秘书长阎颖、铁道部部长丁关根等国家领导到景德镇视察。

11月11日，中顾委委员李葆华等到景德镇视察。

12月4月，为民瓷厂技术改造工程被国家计委和轻工业部列为"省陶瓷工业公司出口瓷基地技术改造工程"中的重点工程之一。

12月9日，省陶瓷工业公司规划编制组编制的《江西省（1986—2000年）陶瓷工业科学技术发展预测论证报告》获省科委二等奖。

12月27日，1号焦炉出焦供气，标志着景德镇市焦化煤气厂基本建成投产。

1986年，杨成武同志视察雕塑瓷厂。

1987年

1月，雕塑瓷厂散花牌传统人物瓷雕荣获"中华人民共和国质量金奖"。

2月，省陶研所所长秦锡麟和景德镇陶瓷历史博物馆副馆长刘新园被授予国家级"有突出贡献的中青年专家"称号。

3月，省陶瓷工业公司（包括宇宙、光明、红光、为民、东风、艺术、红星、人民、建国、雕塑等瓷厂）列为国家150个重点出口企业之一。

5月27—30日，德意志民主共和国国家电视台《中国长江行》摄制组一行到景德镇采访拍片，拍摄昌江风光、瓷土矿、古窑、陶瓷馆陈列品、华风瓷厂青花日用瓷、艺术瓷厂粉彩和薄胎瓷。

8月，市陶瓷窑具厂生产的"熔融石英—黏土匣钵"、光明瓷厂生产的"青花彩色玲珑45头清香西餐具"、瓷用化工厂生产的"陶瓷釉上低温丝印颜料"和雕塑瓷厂生产的"夜光釉瓷雕"荣获全国轻工业部优秀新产品奖。

8月，全省第一条阳模滚压成型生产线在宇宙瓷厂投产。

9月29日，市工业瓷厂与中国工艺品进出口公司江西省陶瓷分公司合资办的万能达瓷厂正式成立。

10月9日，东风瓷厂推广应用氧化铝垫饼QC小组获全国优秀QC小组称号。

10月28日，人民瓷厂荣获轻工业部授予的1987年度优质质量管理企业。

10月30日，轻工部科技局在市华风瓷厂召开会议，鉴定通过该厂"冷净混合发生炉煤气焙烧日用青花细瓷器新工艺"。

12月3日，由部陶研所与江西医学院共同完成的"微晶陶瓷人工关节生物材料的研究及临床应用"项目获 1987 年度国家发明四等奖。

12 月 14 日，中共景德镇市委召开常委会议，讨论改进陶瓷生产、经营问题。会议提出要尽快着手组建江西陶瓷企业集团。

1988 年

5 月，以省轻工业厅副厅长钟起煌为团长的江西省陶瓷技术考察团赴德意志联邦共和国考察。

7 月 20 日，中共景德镇市委召开常委会议，研究陶瓷工业体制改革问题，会议提出 3 个设想方案：（一）将现在的陶瓷工业公司、陶瓷进出口公司、陶瓷内销公司合并，组建工贸集团。（二）将现有的陶瓷工业公司、陶瓷内销公司合并组建成一个生产经营部门：出口公司照旧不变。（三）将现有的陶瓷工业公司、陶瓷进出口公司、陶瓷内销公司合并，组建成省陶瓷局，下设以上 3 个公司。会议要求市政府尽快组织有关人员论证，从中选择一个方案，提交市委审定。

1987—1988 年初，景德镇市陶瓷考古工作者在珠山发掘、清理出大量极其珍贵的明成化官窑遗弃的废瓷片。这次发掘，被认为是"建国以来最大的考古发现之一"。

10 月 21 日，省陶瓷工业公司经理刘翮天和艺术瓷厂高级工艺美术师潘文复被授予国家级"有突出贡献的中青年专家"称号。

10 月 31 日，雕塑瓷厂荣获轻工业部优秀质量管理企业称号。

1988 年，国家轻工业部授予雕塑瓷厂"全国轻工业先进集体"。

1988 年，省陶研所研制的隧道窑节能窑车，获轻工业部金龙腾飞奖。

1989 年

1 月 30 日，宇宙瓷厂试制和小批量生产国徽瓷获成功，并经国家有关部门审定通过。

4 月 7 日，由市委副书记舒圣佑领队，市委常委、省陶瓷工业公司党委书记徐希祉为团长的景德镇赴淄博学习考察团一行 25 人启程赴淄博考察。

5 月 3 日，中共景德镇市委召开常委会议，研究陶瓷工业问题，决定以市委、市政府的名义于本月中旬召开全市陶瓷工作会议。

8 月 15 日，江西省重点建设工程——景德镇市焦化煤气厂全面竣工并举行交接仪式。

8 月 17 日，中共景德镇市委召开常委会议，讨论并原则上通过了《关于投权省陶瓷工业公司履行我市陶瓷行业管理职能的意见》《关于鼓励陶瓷产品出口创汇的几项决定》《关于加强日用陶瓷系统质量管理若干规定》《关于对陶瓷系统在职人员从事第二职业和退休人员再就业进行整顿的意见》等文件。

9 月 4 日，以全国政协副主席邓兆祥为团长的全国政协常委赴赣视察团一行到景德镇视察。

12 月 28 日，建国瓷厂邓希平研制的陶瓷彩虹釉，获 1989 年度国家发明四等奖。

12 月 29 日，全国政协副主席、国家民委主任司马义·艾买提到景德镇视察并题词。

1989 年，国家计委批准省陶瓷工业公司编制的《景德镇出口基地技术改造工程项目建议书》，总投资 1.06 亿元，用汇 1260 万美元。把矿山、石膏、瓷用化工列入重点改造。同时，重点引进高档成套的关键设备和技术，创建一个样板厂，即原名为"4369"工程的中国景德镇瓷厂。

1990 年

4 月 6—14 日，景德镇市举办首届现货易货商品交易会，总成交额达 2.5 亿元，其中陶瓷系统成交额达 4000 万元。

4 月 18 日，中共中央政治局常委、中央书记处书记、中纪委书记乔石一行到景德镇视察。

5月18日，中共景德镇市委召开常委会议，讨论并原则同意市政府拟订的举办《首届"景德镇国际陶瓷节"总体方案》，并将节日名称定为"首届中国瓷都——景德镇国际陶瓷节"。

5月29—30日，市委、市政府召开全市陶瓷工作汇报会，20个陶瓷企业的厂长、经理和有关部门的负责人在会上汇报了一年来贯彻全市陶瓷工作会议精神的情况。会议要求，在振兴景瓷的第二战役中要着重抓好提高认识，争创一流；打好基础，主攻质量；全面动员，科技兴瓷；稳定政策，改善服务等四项工作。

6月5日，中共景德镇市委召开常委会议，讨论提高瓷器质量问题，决定在近期内着重抓好三件事：成立市陶瓷质量检查督导团；进一步理顺关系，调动各方面的积极性；组织陶瓷问题汇报团，拟订《汇报提纲》，适当时候以市委、市政府名义专程到北京向轻工部汇报陶瓷工作，争取部领导的重视和支持。

6月，中国工艺美术协会委托艺术瓷厂在景举办1990年全国美术陶瓷评比会，全国15个省市选送作品参评。会议评出6个单项前3名，景德镇市夺取四个第一名，二个第二名，同时还获得优秀创作一等奖两项、二等奖1项、三等奖3项，为这次行业评比中获奖产品和项目最多的代表团。

6月18日，江西省陶瓷工业协会在景德镇市召开成立大会。该协会由全省148家陶瓷企业、事业单位组成。

7月31日，中共景德镇市委召开常委会议，研究进一步加强对陶瓷生产、经贸和教育、科研的协调问题，决定自即日起成立景德镇市陶瓷工业发展协调领导小组，领导小组由江国镇、殷国光、王伟科、徐希祉、于显文、李火保、林云万、赵灵武、秦锡麟组成。由江国镇任组长，殷国光任副组长。

8月1日，国家副主席王震为景德镇题写"中国瓷都景德镇"。

8月6日，器高55厘米、径围140厘米的千件釉下彩特大薄胎皮灯在红旗瓷厂烧制成功。

8月16日，雕塑瓷厂率先引进的澳大利亚波特欧肯公司液化气石油气梭式窑顺利点火。

8月23—27日，中共景德镇市委召开五届六次全体（扩大）会议。会议集中研究我市陶瓷工业如何摆脱目前困境，实现进一步稳定发展问题，并通过《关于解决当前陶瓷发展中几个突出问题的决定》。

8月31日，市委召开有27家陶瓷企业书记、厂长参加的贯彻市委五届六次全体（扩大）会议精神，落实《关于解决当前陶瓷几个突出问题的决定》的汇报会。

9月中旬，全国政协主席李先念为景德镇题写"中国瓷都景德镇"的题词。

9月中旬，全国人大原委员长彭真为景德镇题写"瓷都景德镇"的题词。

9月30日，中共景德镇市委召开常委会议，研究了陶瓷节的办节工作，决定自即日起成立首届陶瓷节活动执行小组。由市委书记江国镇任组长，殷国光、程新尧、李孝来任副组长；市委常委，市人大、市政府、市政协、军分区和市纪委领导六套班子的正、副秘书长为小组成员。执行小组成员均应于10月6日到进岗；整个活动进入陶瓷节的正常运行状态。

10月7—20日，全国政协副主席杨成武到景参加首届景德镇国际陶瓷节并视察工作。

10月11—14日，"首届中国瓷都——景德镇国际陶瓷节"在景举行。

10月21日，省委、省政府负责同志在中共景德镇市委，市政府向省委、省政府呈报的关于举办首届陶瓷节概况的专题汇报上批示："市委、市政府办节工作扎实、过细，成效明显，内外评价都高，望（1）认真总结、巩固并发展成果，可否考虑每年搞一次，借此扩大声誉，促进工作。（2）努力抓紧已签意向、协议、合同的转化和兑现工作，把成果拿到手。（3）

工作中需要加强环节，望制定措施，抓紧落实。"

10月，中共中央政治局委员、国务委员、国家教委主任李铁映同志到景德镇视察。

10月，雕塑瓷厂获全国质量"百花奖"。

12月13日，为加强对4369工程的领导，促进高档日用陶瓷的发展，中共景德镇市委决定自即日起成立4369工程领导小组，由市委书记江国镇任组长，市委副书记、代市长殷国光任副组长。领导小组下设工程指挥部。

1990年，红旗瓷厂研制成功的微电子技术控制还原焰煤气隧道窑属国内同行业首创。

12月，省陶瓷工业公司被轻工业部授予"全国轻工业科技进步先进单位"称号。

1990年，省陶研所秦锡麟等研制的陶瓷灯具获全国轻工业博览会金奖。

1991 年

1月15日，全国政协副主席钱正英到景德镇视察。

1月，国家国货精品博览会组委会授予雕塑瓷厂"中国国货精品博览会金奖"。

1月，雕塑瓷厂产品获第二届北京国际博览会金奖。

5月26—27日，全国政协副主席王任重到景德镇视察。

6月8日，"景德镇陶瓷企业集团股份有限公司"注册成立。

6月9日，中央顾问委员会常委刘澜涛到景德镇视察并为光明瓷厂题词："玲珑之家"。

7月18日，经江西省政府批准，省陶瓷工业公司升格为副地市级企业。

8月19日，江西省省长吴官正在景德镇党政领导陪同下视察"4369工程"。

8月20日，中国瓷都景德镇陶瓷企业集团成立，省长吴官正出席成立大会并讲话，中央和省有关部门及兄弟产瓷区的200名代表到会祝贺。

9月20日，从德国引进的国际先进制瓷工艺和设备"4369工程"（景德镇陶瓷股份公司）基本建成。

9月，市为民厂4369工程（试产后定为景德镇瓷厂），完成厂房建设和设备安装，并一次调试成功。试产产品"神风"咖啡具在第二届陶瓷节精品大展赛中获造型一等奖。

12月，光明瓷厂开发的强化瓷新产品通过省级鉴定。

12月28日，中共中央总书记江泽民在经贸部举办的"全国外贸出口商品生产基地成果展览会"上，参观江西景德镇陶瓷展馆时称赞：景瓷声誉中外。

1991年，省陶瓷工业公司开始学习外地"租赁经营"模式的做法，有选择性地实行"一厂两制"改革试验。先后有4369工程（景德镇瓷厂）、陶瓷装饰材料厂、景德镇陶瓷厂等企业尝试这一工作。

1991年，省陶瓷工业公司"七五"期间后期完工的6项技术改造项目竣工投产，并通过轻工业部和省、市各有关部门全面验收。

1992 年

1992年初，省陶瓷工业公司编制的《1992—2000年景德镇陶瓷基地技术改造总体规划和实施方案》经国家有关部、委批准分三期实施，总投资8.50亿元。

1月1日，国内第一条采用微机控制的还原焰燃焦炉煤气隧道窑在景德镇红光瓷厂通过验收，正式点火开烧。

4月23—24日，轻工业部部长曾宪林一行在江西省省长吴官正的陪同下到景德镇视察。

4月25日，江西省省长吴官正主持召开景德镇市陶瓷、电子行业座谈会，市党政主要领导江国镇、殷国光参加。

5月12日，景德镇陶瓷基地技术改造第一期工程在光明瓷厂举行开工典礼，市党政主要领导和轻工业厅有关领导出席典礼并奠基。

5月，国家体委主任荣高棠视察雕塑瓷厂。

6月5日，全国政协副主席叶选平到景德镇视察。

7月20日，台湾陶瓷窑业技术联谊会访问团一行到景考察。

9月17—19日，全国政协副主席、民盟中央主席、著名科学家钱伟长和孙祥英到景德镇视察。

11月10—17日，中央电视台《神州风采》摄制组到景德镇进行《景德镇漫画》（上、下）及《景德镇瓷器精粹》3集专题片的摄制。

11月23—26日，中共江西省委常委、副省长舒圣佑一行到景调研，并协调解决陶瓷技术改造和有关重点工程建设中的问题。

1992年，宇宙瓷厂生产的国徽瓷启运北京。

1993年

3月25—26日，轻工业部委托中国陶瓷工业协会在北京市召开专家会议，对《景德镇陶瓷基地（1992—2000年）技术改造工程项目初步可行性研究报告》（即景瓷技术第二、三期的改造报告）进行论证。

5月，新华瓷厂硼板装烧综合品种单车研制成功。

6月25—27日，省经委和轻工业厅在景德镇宾馆召开景德镇陶瓷"八五"技改工程初步设计审查会。

6月，雕塑瓷厂被国家环境保护局授予"全国环境保护先进企业"称号。

1993年，由省陶瓷工业公司组织编辑的第一套陶瓷职工中级技术培训教材全部出版。

1993年，"景德镇教育学院"更名为"景德镇高等专科学校"。

1993年，省陶研所研制的新型节能间歇窑获全国发明展览会金牌奖。

1993年，省陶研所秦锡麟等研制的现代高档民间青花瓷获全国发明展览会金牌奖。

1994 年

1 月 11—13 日，江西省省长吴官正、副省长黄智权、张云山到景德镇视察陶瓷企业和重点建设工程并召开现场办公会。

1 月 11—12 日，美国国际合作委员会主席、美国国家银行董事、著名美籍华人陈香梅女士一行到景参观访问。

2 月 15 日，中共中央办公厅主任曾庆红一行到景德镇视察。

4 月 27—28 日，国家体改委常委副主任贺光辉一行到景考察。

5 月，泰国三军总司令参观雕塑瓷厂。

6 月 13—14 日，市委召开会议专题听取陶瓷工业方面 21 个专题调研汇报。

8 月 11—12 日，中共中央政治局常委、全国人大常委会委员长乔石到景德镇视察。

9 月 25 日，景德镇设计生产的首批人民大会堂和外交部新品种用瓷启运北京。

10 月，中共景德镇市委，市人民政府评出 24 户"陶瓷世家"。

10 月 11 日，景德镇在市体育馆隆重举行中国瓷都景德镇置镇 990 周年庆典暨第五届国际陶瓷节开幕式。

11 月 2 日，经景德镇市第十届人民代表大会第十六次会议审议通过，每年 10 月 12 日定为"中国瓷都——景德镇国际陶瓷节"。

1994 年，市瓷用化工厂成功开发出釉中彩颜料和釉中彩贴花纸，填补了省内一项空白。

1995 年

2 月 7 日，市委、市政府召开陶瓷企业典型经验汇报会。会上宇宙、红旗、红星、曙光 4 家瓷厂介绍各自的做法和经验。

5月，市政府决定在陶瓷企业进行用工制度改革试点。10月，市劳动局召开全面实行劳动合同制动员大会。光明瓷厂首先实行全员劳动合同制，之后，景兴、东风、红旗、新华、宇宙、春光、红艺等瓷厂和陶机、窑具、轻机、防尘等辅助企业也实行劳动合同制。截至年底，陶瓷系统签订劳动合同企业22户，人数达14708人。

8月24日，由省陶瓷工业公司承担、景德镇国家用瓷办公室承办的由两块8.5寸高白细瓷圆盘和两支50件高白薄胎花瓶组成的共2000件第四届世界妇女大会礼品瓷启运北京。

9月，由江西省轻工业厅、省技术监督局、省消费者协会评定，人民瓷厂"长青牌"青花梧桐餐、茶具；光明瓷厂、红光瓷厂"玩玉"牌青花玲珑中、西餐具；宇宙瓷厂"高岭"牌系列餐、茶具以及景德镇瓷厂"红叶"牌高档强化日用瓷获评江西省轻工名牌产品。

10月14日，市委、市政府召开进一步深化陶瓷企业改革工作会议，拉开陶瓷企业以产权制度改革为核心的企业改革工作，东风瓷厂作为试点单位于当年11月2日制定"两权分离"实施方案并付诸实施。

11月2日，东风瓷厂作为"两权分离"试点单位。

11月6日，市委召开常委会，对进一步贯彻落实代省长舒圣佑10月30日电传信，坚定推进陶瓷企业改革，切实抓好陶瓷企业稳定提出要求和举措。

11月17日，国务院总理李鹏、副总理邹家华到景德镇视察。李鹏为景德镇市题词："弘扬陶瓷文化，振兴瓷都经济。"

11月，省陶瓷工业公司编制《"九五"陶瓷技改方案》，并通过轻工总会专家论证，编成《景德镇陶瓷基地技术改造工程（1995—2000年）初步可行性研究报告》，得到在景德镇考察的总理李鹏、副总理邹家华的原则同意，上报国家经贸委待批。

1996 年

从 1996 年元月 1 日起，景德镇陶瓷行业实施 GB/3532–95 国家标准。

1 月 20 日，湖田古窑保护区发掘出一处宋、元时期古制瓷作坊遗址。保存完整，规模巨大，堪称国内罕见。

3 月 1 日—12 日，江西省副省长朱英培到我市陶瓷、建工建材等企业考察指导工作。先后考察为民瓷厂技改、东风瓷厂、窑具厂、光明瓷厂、华峰瓷业有限公司和陈湾矿标准化原料生产线。

4 月，雕塑瓷厂散花装牌传统人物瓷雕、景德镇红叶牌日用瓷、光明瓷厂玩玉牌青花玲珑瓷被中国名牌商品介绍活动委员会授予全国名牌产品称号。

5 月 2 日—3 日，中共中央政治局常委、国务院副总理朱镕基，在省委书记吴官正、省长舒圣佑的陪同下，对景德镇瓷厂进行考察。

5 月，雕塑瓷厂特艺瓷工程破土动工，宇宙瓷厂骨质瓷工程、瓷用化工厂高档瓷用贴花纸项目、景德镇花岗岩生产技改工程相继启动。

5 月 10 日至 13 日，中共中央政治局常委、中央军委副主席刘华清来景德镇进行考察。

6 月，市瓷用化工厂颜料分成《丝印黄色素烧成工艺的改进》和陶瓷机械厂二车间《攻克大型简体字端曲同轴度攻关》分别获全国轻工总会颁发的优秀成果奖。

8 月 30 日,由市瓷用化工厂承担的国家"九五"重点科技攻关项目"釉中彩颜料花纸及高档小膜花纸生产工艺技术的研究"正式开始实施。

11 月 1 日，景德镇陶瓷历史博物馆被列为全国百个中小学爱国主义教育基地。

11 月 28 日，景德镇陶瓷股份有限公司成立大会暨揭牌仪式在为民瓷厂隆重举行，该公司是由景德镇瓷厂和市为民、红星、光明瓷厂、陶瓷窑具厂的技改线组建而成。

12月8日—22日，省委副书记钟起煌在景市对陶瓷工作进行专题调查研究。

1997 年

1月9日，市委常委会对继续联系陶瓷、服务陶瓷作出决定：一、继续实行领导挂点服务制度；二，选择10户陶瓷企业实行机关干部下派挂职制度。

1月12日–13日，国家经贸委副主任李荣融一行5人，在副省长朱英培的陪同下，对陶瓷工业进行考察。

3月10日，由艺术瓷厂敬制的2万枚瓷质邓小平像章发运北京，敬献出席全国人大八届五次会议的代表和全国政协八届五次会议的全体委员。

5月6日，陶瓷公司制定《省瓷司关于20户陶瓷工业企业产权制度改革工作方案》，同年7月25日，东风瓷厂率先与租赁实体签订租赁期限为50年的租赁合同书。

304

6月，雕塑瓷厂、艺术瓷厂在企业产权制度改革中，推出新举措。国家级工艺美术大师刘远长、高级工艺美术师魏晓阳分别组建的名人作坊和精品公司相继挂牌。同时挂牌的还有省工艺美术大师李恭坤作坊，高级工艺美术师聂乐春、徐波、高峰、吴兆雄作坊。

8月，国务院副总理吴邦国到景德镇视察。

8月30日，由市瓷用化工厂承担的国家"九五"重点科技攻关项目"釉中彩颜料花纸及高档小膜花纸生产工艺技术的研究"正式开始实施。

10月12日，为配合景德镇"97"景德镇陶瓷文化旅游月活动，省陶瓷工业公司和市陶研所共同主办的"陶瓷之最"作品展开幕，共展出瓶、碗、缸、雕塑、镶器、陶艺和平烧瓷板292套件。

10月，经市委、市政府同意，市焦化煤气总公司对市陶瓷窑具厂实施，整体兼并。首开我市国有企业兼并记录。

12月18日，由市瓷用化工厂承担的《釉中新颜料花纸及高档小膜花纸生产工艺技术的研究》和由市陶瓷工业设计研究院等单位承担的《釉中彩烤花窑的消化吸收》两项国家"九五"重点科技攻关项目，通过了省计委主持的中期评估，报国家计委和轻工总会。

1998 年

2月21日，市瓷用化工厂，采取"买断经营、分期付款"的办法，对企业实行股份制改造，全厂职工以认购股份形式分期买断剥离后净资产，三蕾瓷用化工股份有限公司正式挂牌运作。

5月10日，世博园开幕，江西展区（瓷园）以瓷文化为特色亮相，受到好评

6月下旬，景德镇遭遇50年一遇的特大洪水。省陶瓷工业公司所属光明、红旗、红星、人民、建国、红光、曙光、景兴、装饰材料厂等单位遭遇水涝，损失巨大。刚刚进行产权制度改革的陶瓷企业奋力抗灾，开展生产自救。

10月19日，国家轻工业局局长陈士能来景德镇，对轻工总会陶瓷研究所进行考察。

1998年，艺术瓷厂开发出直径110厘米的薄胎碗创薄胎碗新记录，为民瓷厂生产出"世界杯纪念酒"瓷瓶，市宇市瓷业公司蓝釉釉中彩西餐具获国家级新产品证书。

1998年，刘远长创作的"渔翁"被中国工艺美术馆收藏。

1998年，省陶瓷工业公司产权制度改革，共划出498个实体。其中实行中长期租赁的4个，股作制的26个，中期租赁的32个，风险租赁承包的392个。

景德镇日用陶瓷工业经济指标完成情况表（一）
（1979—1993 年）

年代	工 业 总产值 （万元）	日用瓷 产 量 （万元）	出口瓷生 产数 （万元）	日用细瓷 一级品率 %	出口瓷 合格率 %	万件瓷 耗标准煤 （吨）	全员劳动 生产率 （元／人）
1979	14747	25863	13236	60.20	72.40	6.89	4426
1980	16045	28383	14225	63.30	76.00	6.30	4632
1981	17029	29201	12954	62.40	73.00	6.40	4489
1982	18631	30520	13243	64.00	72.30	6.20	4679
1983	19425	29136	12931	56.70	64.60	6.10	4830
1984	20039	29875	9851	54.30	65.10	6.30	5122
1985	21714	30024	10021	50.50	62.00	6.40	5485
1986	23610	33537	12818	53.30	61.80	6.33	5755
1987	26079	36390	13227	55.10	61.60	6.27	5802
1988	29055	34283	11262	55.90	62.30	6.27	6416
1989	29110	35264	12474	53.80	61.00	7.07	6453
1990	29568	36529	13637	53.10	62.10	5.85	6602
1991	46130	40069	14900	57.30	65.20	5.71	10391
1992	52167	40807	15004	58.60	66.70	5.7	11122
1993	55301	41866	13458	60.70	67.30	5.9	11096

景德镇日用陶瓷工业经济指标完成情况表（二）

（1979—1992 年）

年代	销售收入（万元）	利税总额（万元）	销售税金（万元）	利润总额（万元）	流动资金平均占用（万元）	固定资产原值（万元）	职工人数（人）	基本建设投资（万元）	技术改造投资（万元）
1979	12516	2429	1382	1047	3318	8159	33325	236.9	616
1980	14521	2896	1609	1287	3361	8476	35399	688.7	1334.8
1981	16803	3465	1815	1650	3380	13109	37960	485.9	1324.1
1982	17276	3600	1876	1724	4165	12901	39830	1311.6	1392
1983	15347	2810	1687	1123	4931	12137	40220	1353.6	863
1984	17917	2663	1601	1062	5079	13594	40241	625.1	784.1
1985	19849	3908	1411	2497	6411	14413	40681	245.8	980
1986	23383	4295	1681	2820	5706	15845	41028	548.2	1894
1987	28777	5591	2123	3468	6579	17089	44938	383	3413
1988	34234	6158	2300	3858	8121	19817	45286	774	3214
1989	33225	5284	2169	3115	10915	22022	45110	116	1755
1990	31928	3892	2394	1498	12742	22687	44784	205	1554
1991	37098	4547	2722	1825	15359	26088	44396	394	3771
1992	44412	4282	2699	1583	18227	28216	46904	469	10604

景德镇市陶瓷主管部门
历任主要领导任职情况（1979—1998 年）

主管部门名称	领导人姓名	职务	任职时间
省陶瓷工业公司	余传雨	经理	1979.8—1983.9
省陶瓷工业公司	胡仲愚	市委常委、公司党委书记	1983.9—1986.3
省陶瓷工业公司	冯上松	副书记、副经理（主持工作）	1983.9—1984.10
省陶瓷工业公司	刘翮天	经理	1984.7—1989.5
省陶瓷工业公司	徐希祉	市委常委、公司党委书记、经理	1989.5—1993.6
省陶瓷工业公司	刘明寿	书记、经理（副厅）	1993.6—1998.5
省陶瓷工业公司	孙本礼	副书记（主持工作）	1998.5—1999.1
省陶瓷进出口公司	薛仁刚	经理	1985.4—1989.1
省陶瓷进出口公司	于显文	书记	1985.4—1989.1
省陶瓷进出口公司	于显文	经理	1989.2—1992.12
省陶瓷进出口公司	吕广浩	经理	1992.12—1994.3
省陶瓷进出口公司	吕广浩	书记、经理	1994.3—1995.12
省陶瓷进出口公司	余润保	书记、经理	1996.1—2000.11
省陶瓷销售公司	李纯德	副经理（主持工作）	1979.03—1979.10
省陶瓷销售公司	李火保	副书记、副经理（主持工作）	1979.11—1983.10
省陶瓷销售公司	李火保	书记、经理	1983.11—1986.07
省陶瓷销售公司	刘金水	书记	1986.08—1990.02
省陶瓷销售公司	李火保	经理	1986.08—1990.12
省陶瓷销售公司	邹镇昌	副书记、经理	1990.12—1994.04
省陶瓷销售公司	蔡精益	书记	1992.02—1994.07
省陶瓷销售公司	裘德祥	书记	1994.08—1999.05
省陶瓷销售公司	余润保	总经理、副书记	1994.05—1995.12
省陶瓷销售公司	杨亮亮	总经理、副书记	1996.01—2009.08

景德镇部分瓷厂党政领导任职情况（1979—2006 年）*

建国瓷厂

刘龙浪	党委书记	1978—1985.1
	厂长	1982—1984
李映春	党委书记	1985.1—1990.2
	厂长	1984.1—1985.1
	厂长	1994.2—1994.10
邵继梅	党委书记	1990.2—1992.7
江秋顺	党委书记	1992.7—1994.10
姜土生	党委书记	1994.10—1999.5
余喜来	党委书记	1999.5—
王泰辰	厂长	1979—1982
肖公铎	厂长	1985.1—1988.1
刘明寿	厂长	1988.1—1990.2
卢万兴	厂长	1990.2—1992.1
王卫国	厂长	1992.1—1994.2
钟永祥	厂长	1994.10—1995.5
冯友根	厂长	1995.5—1996.4
汪金林	厂长	1996.4—1999.5

---

*说明：1999 年，因陶瓷国企改制，其领导人名录归入本表一并记述，时间截至 2006 年 6 月底。

邵铭亮	厂长	1999.5—

人民瓷厂

程振武	党委书记	1978—1981
赵敬淼	党委书记	1981—1984
	厂长	1979—1981
吴云程	党委书记	1984—1987
王松寿	党委书记	1995.2—1995.10
杨一志	党委书记	1996.7—
余忠谋	厂长	1981—1984
王金阳	厂长	1984—1990.2
刘明寿	厂长	1990.2—1991.8
肖振松	厂长	1995.2—1995.11
张继新	厂长	1995.11—1997.5
李学锋	厂长	1997.5—1999.5
刘贵水	厂长	1999.5—2002.6
余 平	厂长	2002.6—

新华瓷厂

江献民	党委书记	1977.10—1987.8
金细根	党委书记	1988.8—1992.4
	厂长	1992.4—1999.6
江龙明	党委书记	1992.4—2005
李正辉	厂长	1978.6—1981.8
陈新龙	厂长	1981.10—1985.3
程 进	厂长	1985.3—1987.12
王贫如	聘任厂长	1988.1—1989.2
牛水龙	厂长	1989.2—1992.4

郭银苟	厂长	1999.6—2005.3
徐志坚	厂长	2005.3—

艺术瓷厂

李道伦	党委书记	1975.12—1980.12
秦宪波	党委书记	1981.6—1985.1
余玉松	党委书记	1985.1—1993.12
	厂长	1984.1—1985.1
魏晓阳	党委书记	1993.12—2003.11
	厂长	1995.3—1997.1
黄爱民	党委书记	2003.11—
蒋桂生	厂长	1977.4—1979.11
周山东	厂长	1979.11—1984.1
潘文复	厂长	1985.1—1987.8
刘汉文	厂长	1987.8—1993
曾维开	厂长	1993—1994.8
万国忠	厂长	1994.8—1995.2
余振泰	厂长	1997.1—1999.5
李明祥	厂长	1999.5—2002.11
周景平	厂长	2002.11—

东风瓷厂

邵卖生	党委书记	1978.10—1982.9
陈金泉	党委书记	1982.9—1984.6
章 达	党委书记	1984.8—1985.10
	厂长	1982.9—1984.8
刘汉文	党委书记	1985.11—1987.9

陈新龙	党委书记	1987.9—1990.9
	厂长	1990.10—1992.9
江共孔	党委书记	1992.9—1996.7
徐晓峰	党委书记	1996.7—2008
	厂长	1999.10—
缪炎生	党委书记	2008—2010
余忠谋	厂长	1978.10—1981.4
余略尧	厂长	1981.1—1982.9
杨国钧	厂长	1985—1990.9
袁剑秋	厂长	1992.9—1999.10

红旗瓷厂

蒋仁德	党委书记	1977—1979
周日辉	党委书记	1980—1982
	厂长	1978—1979
曹正金	党委书记	1983—1986
余忠谋	党委书记	1987.2—1988.4
	厂长	1984.1—1987.2
牛水龙	党委书记	1988.8—1989.1
青恒鉴	党委书记	1989.1—1994.7
刘贵水	党委书记	1996.9—1997.7
	厂长	1994.9—1996.9
刘子力	党委书记	1999.5—
	厂长	1997.1—
余用长	厂长	1980—1981
王泰辰	厂长	1982
李映春	厂长	1983

黄开涛	厂长	1987—1988.7
陈家泉	厂长	1988.8—1990
王平国	厂长	1991.8—1994.7

光明瓷厂

黄纪元	党委书记	1978—1979
王泰辰	党委书记	1985.1—1987.5
余忠谋	党委书记	1987.5—1992
肖永康	党委书记	1992—2002
	厂长	1991—2002
万仁辉	党委书记	2002—2004
刘火金	党委副书记（主持工作）	2004—2007
	党委书记	2007—2009
江秋顺	厂长	1978.10—1979.12
钱铜山	厂长	1980—1984
徐志军	厂长	1985—1991
廖寿金	代厂长	1998—2002
	厂长	2002—

景兴瓷厂

江兴文	党委书记	1975.10—1980.7
龚同如	党委书记	1983.11—1988.7
余仰贤	党委书记	1988.7—1989.2
钱铜山	党委书记	1989.2—1998.4
	厂长	1989.2—1994.4
刘湘如	党委书记	1998.4—
	厂长	1994.4—
江兴文	革委会主任	1975.10—1980.7

赵 俊	厂长	1980.7—1984.10
舒诗成	厂长	1984.10—1985.4
冯上俊	厂长	1985.4—1989.2

红星瓷厂

郭贵林	党委书记	1977—1981
崔小平	党委书记	1987—1989.2
江秋顺	党委书记	1989.3—1992.7
舒园如	党委书记	1992.8—1996.5
陈济民	党委书记	1996.5—1997.5
杨景华	党委书记	2004.1—2006.7
陈金泉	革委会主任	1977—1982
黄 新	厂长	1982—1985
李亚平	厂长	1985—1988.9
胡志龙	厂长	1988.10—1994.
黄庭辉	厂长	1994.8—1997.5
江镇生	厂长	1997.5—1998.10
艾华强	厂长	1998.10—2002.
余时康	厂长	2002.11—2005.3
马和平	厂长	2005.3—

宇宙瓷厂

吴永春	党委书记	1978.6—1983.9
赵 俊	党委书记	1983.9—1985.10
吴报华	党委书记	1985.11—1992
吴德才	党委书记	1994.11—1995
冯有根	党委书记	2001.2—
	总经理	1996.4—

赵敬淼	厂长	1978.6—1980.2
陈新龙	厂长	1980.12—1981.8
樊 蒲	厂长	1981—1983
刘汉文	厂长	1983.9—1985.4
舒诗诚	厂长	1985.4—1991
陈家泉	厂长	1991—1993.6
王松寿	厂长	1993.7—1994.11
胡小牛	厂长	1994.11—1996.4

为民瓷厂

蒋桂生	党委书记	1979.8—1984.10
吴仁赣	党委书记	1984.11—1988.5
廖豫章	党委书记	1989.1—1993
吴柏祥	党委书记	1995.2—1995.12
	厂长	1995.2—1995.12
张小良	党委书记	2002.11—
钱铜山	厂长	1978.11—1981
刘汉文	厂长	1982.3—1983.10
於石生	厂长	1983.10—1990.9
杨国钧	厂长	1990.9—1993
欧阳寿阳	厂长	1994.8—1995.2
艾华强	厂长	1995.12—1996.12
吕雪祥	厂长	1996.12—1999.5
缪炎生	厂长	1999.5—2000.6
王新华	厂长	2001.10—2002.4
孙 飞	厂长	2002.4—2003.12
朱丽芳	厂长	2003.12—

华风瓷厂

杨廷荣	党总支书记	1978.6—1984.12
	筹建处主任	1978.6—1985.3
舒德辉	党委书记	1984.12—1990.1
	厂长	1989.4—1990.1
王金阳	党委书记	1990.2—1994.10
	厂长	1990.2—1994.4
潘　晟	党委书记	1994.10—
赵克锐	厂长	1984—1985.3
陈家泉	厂长	1985—1988.8
余炳林	厂长	1994.4—2001
汪建业	厂长	2001—2004.1
万仁辉	厂长	2004.1—

316

红光瓷厂

侯绍魁	党委书记	1979—1987
	革委会主任	1979—1985.5
钱铜山	党委书记	1987.5—1988
程　进	党委书记	1988.6—1995.11
陈火根	党委书记	1995.11—
	厂长	1995.11—1997.1
青恒鉴	厂长	1985.5—1989.2
冯上俊	厂长	1989.2—1992.7
牛水龙	厂长	1992.7—1995.6
钟卫阳	厂长	1995.6—1995.11
李　煌	厂长	1997.1—1999.5
周景平	厂长	1995.5—2002.11

汪建中	厂长	2002.11—

曙光瓷厂

江冬旺	党委书记	1980.8—1989
邹英杰	党委书记	1989—1990.2
	厂长	1984—1989.1
傅　昆	党委书记	1994.9—1995.12
姜兆坤	党委书记	1995.12—1999.5
张小良	党委书记	1999.5—2004.1
	厂长	1995.11—2002.11
饶有盛	党委书记	2004.1—2006.7
王景华	厂长	1989.1—1994
陈火根	厂长	1994.9—1995.11
杨景华	厂长	2002.11—2004.1
黄庭辉	厂长	2004.1—

雕塑瓷厂

吴云程	党委书记	1979—1984
	厂长	1979—1982
张荣发	党委书记	1984—1985
余略尧	党委书记	1985.5—1986.3
曾维开	党委书记	1986—1993
刘远长	党委书记	1997.8—1999.5
	厂长	1989—1997.8
胡喜璋	党委书记	1999.5—2009.1
熊钢如	厂长	1982—1986
胡喜璋	厂长	1997.8—1998.8
陈正兰	厂长	1998.8—2001.4

| 何一钢 | 厂长 | 2001.4—2003.6 |
| 许绍文 | 厂长 | 2003.6— |

新光（新风）瓷厂

段万业	党委书记	1981.6—1982.9
余略尧	党委书记	1982.9—1985.5
张荣发	党委书记	1985.5—1988
熊顺保	党委书记	1988—1994.11
高德福	党委书记	1994.11—2001.3
	厂长	1994.11—2001.3
范楷	党委书记	2001.3—
万细苟	厂长	1978—1986
余仰贤	厂长	1986—1988
邓建辉	厂长	1994.4—1994.11
谌守证	厂长	2001.3—

景德镇市"五一劳动奖章"获得者
及劳动模范名单（1979—1998 年）

全国劳模			
姓名	性别	工作单位	评选时间
许光铤	男	瓷用化工厂	1989 年
吴彩云	女	红光瓷厂	1995 年
全国"五一劳动奖章"			
姓名	性别	工作单位	评选时间
万木佑	男	人民瓷厂	1986 年
蔡敬标	男	雕塑瓷厂	1986 年
姜士生	男	建国瓷厂	1987 年
程金根	男	人民瓷厂	1990 年
吴田金	男	新华瓷厂	1991 年
黄淑贞	女	光明瓷厂	1992 年
刘远长	男	雕塑瓷厂	1993 年
蒋利国	男	景兴瓷厂	1997 年
全国建材行业劳动模范			
姓名	性别	工作单位	评选时间
邓小辉	男	景德镇陶瓷厂	1991 年
江西省劳模			
姓名	性别	工作单位	评选时间
章文超	男	艺术瓷厂	1980 年
秦红生	男	红星瓷厂	1980 年
杨茶花	女	跃进瓷厂	1980 年
梁镜芳	女	立新瓷厂	1980 年
董世柏	男	景德镇陶瓷厂	1980 年
余昭柏	男	电瓷电器工业公司	1980 年
金源龙	男	光明瓷厂	1980 年
余桂娥	女	为民瓷厂	1980 年

姓名	性别	工作单位	评选时间
沈丽娟	女	省陶瓷销售公司	1980 年
张俊声	男	瓷用化工厂	1980 年
万玲珍	女	新光瓷厂	1982 年
姜土生	男	建国瓷厂	1987 年
万木佑	男	人民瓷厂	1987 年
邹炳炎	男	人民瓷厂	1987 年
蔡敬标	男	雕塑瓷厂	1987 年
黄禄寿	男	红光瓷厂	1990 年
章文超	男	艺术瓷厂	1990 年
程金根	男	人民瓷厂	1990 年
刘进文	男	青花文具厂	1990 年
陈建国	男	景粮陶瓷传感器研究所	1990 年
秦锡麟	男	省陶研所	1990 年
马火龙	男	竟成瓷厂	1990 年
黄淑贞	女	光明瓷厂	1992 年
吴田金	女	新华瓷厂	1992 年
刘远长	男	雕塑瓷厂	1993 年
余忠恢	男	中国瓷都洁具厂	1995 年
吴彩云	女	红光瓷厂	1995 年
吴田金	女	新华瓷厂	1995 年
程金令	男	宇宙瓷厂	1995 年
蒋利国	男	景兴瓷厂	1995 年
刘义贵	男	青花文具瓷厂	1995 年
获"江西省五一劳动奖章"			
姓名	性别	工作单位	评选时间
杨大勇	男	景德镇陶瓷厂	1992 年
黄淑贞	女	光明瓷厂	1992 年
艾早红	女	宇宙瓷厂	1992 年

320

续表

姓名	性别	工作单位	评选时间
刘述贵	男	华风瓷厂	1992 年
刘远长	男	雕塑瓷厂	1993 年
罗毅渊	男	瓷用化工厂	1994 年
郭楚寿	男	红光瓷厂	1994 年
江正鸿	男	新华瓷厂	1995 年
余美华	女	红星瓷厂	1996 年
徐志坚	男	新华瓷厂	1997 年
王云龙	男	艺术瓷厂	1998 年

景德镇市劳模

姓名	性别	工作单位	评选时间
彭炎君	女	立新瓷厂	1979 年
洪如麒	男	立新瓷厂	1979 年
魏尧森	女	立新瓷厂	1980 年
邵春香	女	立新瓷厂	1980 年
饶爱娥	女	胜利瓷厂	1980 年
戴娇珍	女	东方红美术瓷厂	1980 年
胡正和	男	为民瓷厂	1983 年
卓国清	男	红光瓷厂	1984 年
朱顺保	男	雕塑瓷厂	1984 年
朱山东	男	雕塑瓷厂	1984 年
朱开暖	男	陶瓷机械厂	1984 年
周文丰	男	耐火器材厂	1984 年
周三德	男	建国瓷厂	1984 年
赵虎山	男	景兴瓷厂	1984 年
张美珍	女	宇宙瓷厂	1984 年
张克明	男	大洲瓷土矿	1984 年
占秋生	男	景兴瓷厂	1984 年
占开波	男	景兴瓷厂	1984 年

续表

姓名	性别	工作单位	评选时间
詹太荣	男	建国瓷厂	1984 年
袁孝聪	男	耐火器材厂	1984 年
余恂立	男	景兴瓷厂	1984 年
余旺来	男	光明瓷厂	1984 年
余巧华	男	陶瓷加工部	1984 年
余康训	男	红星瓷厂	1984 年
于金龙	男	艺术瓷厂	1984 年
叶牡香	女	市面砖厂	1984 年
叶娥娇	女	勤俭瓷厂	1984 年
徐子龙	男	艺术瓷厂	1984 年
徐志军	女	光明瓷厂	1984 年
徐良一	男	光明瓷厂	1984 年
徐辉智	男	市面砖厂	1984 年
熊月明	男	陶瓷加工部	1984 年
熊瑜良	男	美雕瓷厂	1984 年
项新民	男	人民瓷厂	1984 年
吴状子	男	曙光瓷厂	1984 年
吴隆权	男	瓷石矿	1984 年
吴春荣	女	红光瓷厂	1984 年
吴爱妹	女	红旗瓷厂	1984 年
韦鸿端	男	瓷用化工厂	1984 年
王应槐	男	红星瓷厂	1984 年
王绳烛	女	东风瓷厂	1984 年
王桂姣	女	宇宙瓷厂	1984 年
王光秀	男	抚州瓷土矿	1984 年
万寿根	男	雕塑瓷厂	1984 年
涂序根	男	陶瓷建筑安装公司	1984 年
涂四强	男	红星瓷厂	1984 年

续表

姓名	性别	工作单位	评选时间
涂水清	男	宇宙瓷厂	1984 年
孙同鑫	男	红旗瓷厂	1984 年
孙金龙	男	宇宙瓷厂	1984 年
史秀明	男	建筑材料厂	1984 年
石龙姣	男	建国瓷厂	1984 年
饶细妹	女	光明瓷厂	1984 年
齐赛娥	女	勤俭瓷厂	1984 年
欧阳娇英	男	为民瓷厂	1984 年
聂新牡	男	建国瓷厂	1984 年
罗贤珠	男	红旗瓷厂	1984 年
罗嗣镇	男	东风瓷厂	1984 年
罗嗣保	男	红旗瓷厂	1984 年
罗秋贵	男	艺术瓷厂	1984 年
罗密项	女	红星瓷厂	1984 年
陆桂英	女	瓷用化工厂	1984 年
龙有民	男	瓷石矿	1984 年
柳墩发	男	景兴瓷厂	1984 年
刘圣祥	男	红光瓷厂	1984 年
刘如生	男	为民瓷厂	1984 年
刘红星	男	红星瓷厂	1984 年
刘草刀	男	雕塑瓷厂	1984 年
梁义文	男	曙光瓷厂	1984 年
梁炳奎	男	东风瓷厂	1984 年
李跃民	男	景兴瓷厂	1984 年
李玉春	女	宇宙瓷厂	1984 年
李建华	男	景兴瓷厂	1984 年
李辉俊	男	新华瓷厂	1984 年
金元生	男	艺术瓷厂	1984 年

姓名	性别	工作单位	评选时间
金锡纯	男	人民瓷厂	1984 年
江正鸿	男	新华瓷厂	1984 年
江孝祥	男	陶瓷建筑安装公司	1984 年
江亲弟	男	景德镇陶瓷厂	1984 年
江经志	男	红光瓷厂	1984 年
黄世作	男	人民瓷厂	1984 年
黄世财	男	宇宙瓷厂	1984 年
胡作明	男	景光釉面砖厂	1984 年
胡润苟	男	陶瓷机械厂	1984 年
胡菊花	女	景德镇陶瓷厂	1984 年
郭贵元	男	景德镇陶瓷厂	1984 年
龚国强	男	新华瓷厂	1984 年
付桃花	女	艺术瓷厂	1984 年
段新风	男	红星瓷厂	1984 年
段大方	男	红光瓷厂	1984 年
邓国林	男	新华瓷厂	1984 年
程玉民	男	景德镇陶瓷厂	1984 年
陈春根	男	景德镇陶瓷厂	1984 年
查金鉴	男	陶瓷机械厂	1984 年
曹达顺	男	石膏模具厂	1984 年
曹长亮	男	光华瓷厂	1984 年
吴菊生	男	华风瓷厂	1987 年
吴录火	男	陶瓷原料总厂	1989 年
黄景根	男	窑炉建筑公司	1987 年
刘加龙	男	余干矿	1987 年
王国英	男	瓷校讲师	1987 年
万根生	男	陶瓷设计院	1987 年
周春梅	女	景兴瓷厂	1987 年

324

续表

姓名	性别	工作单位	评选时间
袁迪中	男	人民瓷厂	1987 年
余育鸿	男	新华瓷厂	1987 年
余秀珍	女	江西省玉风瓷厂	1987 年
杨金香	女	电瓷电器公司	1987 年
吴忠良	男	鹅湖区雕塑瓷厂	1987 年
吴财德	男	耐火器材厂	1987 年
聂海军	男	景德镇陶瓷厂	1987 年
马木生	男	陶瓷原燃材料供应处	1987 年
刘旺前	男	抚州矿	1987 年
李文忠	男	红旗瓷厂	1987 年
李水英	女	电瓷电器公司	1987 年
黄明扬	男	工业瓷厂	1987 年
韩德龙	男	电瓷电器公司	1987 年
付昌寿	男	景德镇陶瓷厂	1987 年
左桂芳	男	为民瓷厂	1987 年
占启安	男	部陶研所	1987 年
王来郎	男	东风瓷厂	1987 年
李明镇	男	电瓷电器设备厂	1987 年
丁细妹	女	瓷石矿	1987 年
王海清	男	陶瓷机械厂	1989 年
徐 波	男	雕塑瓷厂	1989 年
饶蒙朗	男	红星瓷厂	1989 年
刘雪娣	女	电瓷电器公司	1989 年
刘芳林	男	鹅湖面砖厂	1989 年
周火贞	男	省陶瓷工业公司	1992 年
赵玉永	男	陶瓷股份公司	1992 年
杨桂荣	女	艺术瓷厂	1992 年
许小堂	男	艺术瓷厂	1992 年

续表

姓名	性别	工作单位	评选时间
谢木林	男	陶瓷公司	1992 年
夏忠亮	男	陶瓷公司	1992 年
夏跃中	男	陶瓷股份公司	1992 年
王超	男	市陶研所	1992 年
邱赛珍	女	陶瓷股份公司	1992 年
刘述贵	男	华风瓷厂	1992 年
雷爱莲	女	陶瓷学院	1992 年
黄水泉	男	陶瓷馆	1992 年
胡荷根	男	陶瓷公司	1992 年
何招英	女	陶瓷公司	1992 年
冯有根	男	陶瓷公司	1992 年
冯双喜	男	陶瓷股份公司	1992 年
肖春蓉	女	为民瓷厂	1994 年
梁海林	男	电瓷电器工业公司	1994 年
方霞云	女	洪源瓷厂	1994 年
祝衍明	男	艺术瓷厂	1995 年
朱正贵	男	市洪源匣钵厂	1995 年
朱玉仔	男	景兴瓷厂	1995 年
周银娥	女	红旗瓷厂	1995 年
郑钟平	男	景德镇陶瓷厂	1995 年
甄锦豪	男	景华瓷件厂	1995 年
张玉兰	女	景德镇陶瓷厂	1995 年
张沙金	男	景华瓷件厂	1995 年
张美福	男	青花文具厂	1995 年
张金火	男	柳家湾瓷石矿	1995 年
张金官	男	红光瓷厂	1995 年
张建华	男	宇宙瓷业有限公司	1995 年
张火英	女	宇宙瓷厂	1995 年

续表

姓名	性别	工作单位	评选时间
张芳民	男	景兴瓷厂	1995 年
占茂林	男	红光瓷厂	1995 年
占长娥	女	光明瓷厂	1995 年
喻凤凤	女	跃进瓷厂	1995 年
喻冬发	男	陶彩瓷厂	1995 年
俞又新	男	跃进瓷厂	1995 年
余祖忻	男	宇宙瓷厂	1995 年
余昭裕	男	红光瓷厂	1995 年
余焱福	男	红光瓷厂	1995 年
余松发	男	陶瓷公司	1995 年
余梅花	女	艺术瓷厂	1995 年
余惠卿	女	光明瓷厂	1995 年
余华	男	瓷用化工厂	1995 年
余纯清	男	景光瓷厂	1995 年
于赛金	女	陶瓷加工部	1995 年
于长寿	男	雕塑瓷厂	1995 年
叶林凤	女	跃进瓷厂	1995 年
徐振华	男	人民瓷厂	1995 年
徐腾砚	男	余干瓷石矿	1995 年
徐炳火	男	陶瓷机械厂	1995 年
熊明秀	女	艺术瓷厂	1995 年
熊火亮	男	建国瓷厂	1995 年
熊海梅	女	雕塑瓷厂	1995 年
肖水秀	女	陶瓷机械厂	1995 年
夏道迪	男	红光瓷厂	1995 年
吴新华	男	东风瓷厂	1995 年
吴桃欣	女	为民瓷厂	1995 年
吴来友	男	景华瓷件厂	1995 年

续表

姓名	性别	工作单位	评选时间
吴春莲	女	宇宙瓷厂	1995 年
王致伟	男	景华瓷件厂	1995 年
王新华	男	陶瓷股份公司	1995 年
王侯德	男	为民瓷厂	1995 年
王德明	男	三龙乡兴龙瓷厂	1995 年
王存山	男	市耐火器材厂	1995 年
汪定仔	男	瓷用化工厂	1995 年
万义德	男	余干矿	1995 年
万尧坤	男	为民瓷厂	1995 年
万祥邹	男	宇宙瓷厂	1995 年
涂信高	男	筑炉工程处	1995 年
汤水根	男	雕塑瓷厂	1995 年
孙炎如	男	耐火器材厂	1995 年
孙双凤	女	人民瓷厂	1995 年
孙菊英	女	建国瓷厂	1995 年
舒贵荣	男	景兴瓷厂	1995 年
沈菊娥	女	红旗瓷厂	1995 年
邵有根	男	人民瓷厂	1995 年
邵东菊	女	陶瓷加工服务部	1995 年
邱泉林	男	大洲瓷土矿	1995 年
戚培才	男	省陶研所	1995 年
彭芝义	男	景华瓷件厂	1995 年
聂家安	男	耐火器材厂	1995 年
毛海金	男	瓷用化工厂	1995 年
骆铁根	男	陶瓷木箱厂	1995 年
罗毅渊	男	瓷用化工厂	1995 年
罗晓模	男	红旗瓷厂	1995 年
卢盛悟	男	陶瓷机械修配厂	1995 年

续表

姓名	性别	工作单位	评选时间
卢金水	男	陈湾瓷石矿	1995 年
刘新初	男	景华瓷件厂	1995 年
刘翮天	男	景德镇陶瓷厂	1995 年
刘阿章	男	瓷石矿	1995 年
梁春梅	女	光明瓷厂	1995 年
刘筱阳	女	艺术瓷厂	1995 年
李赛英	女	红光瓷厂	1995 年
李梅	女	红光瓷厂	1995 年
李光华	男	红光瓷厂	1995 年
兰春兰	女	东风瓷厂	1995 年
金细根	男	新华瓷厂	1995 年
蒋冬旺	男	红星瓷厂	1995 年
江仁泉	男	新华瓷厂	1995 年
黄生根	男	雕塑瓷厂	1995 年
黄牡兰	女	曙光电瓷厂	1995 年
黄明珠	女	红光瓷厂	1995 年
黄记泉	男	艺术瓷厂	1995 年
黄湖南	男	人民瓷厂	1995 年
黄伯美	男	人民瓷厂	1995 年
胡继忠	男	光明瓷厂	1995 年
胡弟根	男	宇宙瓷厂	1995 年
胡八香	女	瓷用化工厂	1995 年
侯绍新	男	景兴瓷厂	1995 年
洪爵林	男	建国瓷厂	1995 年
何明诚	男	瓷用化工厂	1995 年
何九女	女	景德镇陶瓷厂	1995 年
高国平	男	人民瓷厂	1995 年
方正初	男	光明瓷厂	1995 年

续表

姓名	性别	工作单位	评选时间
方秉乾	男	瓷用化工厂	1995 年
段勇	男	红星瓷厂	1995 年
丁细毛	男	窑炉筑炉工程处	1995 年
丁文荣	男	陶瓷机械厂	1995 年
程细毛	男	景光瓷厂	1995 年
程金保	男	耐火器材厂	1995 年
程花珠	女	景兴瓷厂	1995 年
程宝金	女	红星瓷厂	1995 年
陈秀贞	女	为民瓷厂	1995 年
陈茂物	男	为民瓷厂	1995 年
陈满宗	男	宇宙瓷厂	1995 年
陈兰英	女	景华瓷件厂	1995 年
陈火根	男	红光瓷厂	1995 年
陈德水	男	大洲瓷土矿	1995 年
查雪娥	女	景兴瓷厂	1995 年
艾普照	男	余干瓷石矿	1995 年
艾翠兰	女	景兴瓷厂	1995 年
余美华	女	红星瓷厂	1996 年
王云龙	男	艺术瓷厂	1998 年